古代歷史文化 研究輯刊

二一編

王明蓀 主編

第 14 冊

宋代命理術研究（下）

程佩 著

國家圖書館出版品預行編目資料

宋代命理術研究（下）／程佩 著 — 初版 — 新北市：花木蘭
文化事業有限公司，2019〔民 108〕
目 4+180 面；19×26 公分
（古代歷史文化研究輯刊 二一編；第 14 冊）
ISBN 978-986-485-732-6（精裝）
1. 命書 2. 術數 3. 宋代
618   108001502

ISBN-978-986-485-732-6

9 789864 857326

古代歷史文化研究輯刊
二一編　第十四冊　　　　　　　ISBN：978-986-485-732-6

宋代命理術研究（下）

作　　者　程佩
主　　編　王明蓀
總 編 輯　杜潔祥
副總編輯　楊嘉樂
編　　輯　許郁翎、王筑　美術編輯　陳逸婷
出　　版　花木蘭文化事業有限公司
發 行 人　高小娟
聯絡地址　235 新北市中和區中安街七二號十三樓
　　　　　電話：02-2923-1455／傳真：02-2923-1452
網　　址　http://www.huamulan.tw 信箱 hml 810518@gmail.com
印　　刷　普羅文化出版廣告事業
初　　版　2019 年 3 月
全書字數　348246 字
定　　價　二一編 49 冊（精裝）台幣 122,000 元　　　版權所有・請勿翻印

宋代命理術研究(下)

程佩 著

第四章 命與運：宋代命理術分析的對象

第一節 命與運的概念與關係

一、命與運的概念與關係

　　命的概念。《周易》乾卦《象》曰：「乾道變化，各正性命。」《正義》注云：「命者，人所稟受，若貴賤夭壽之屬是也。」〔註1〕古人對於世間的種種富貴貧賤、榮辱不定、生死無常等現象，有時不得其解，只能看成人所稟受自天，並強名之曰「命」。先秦時期，人們普遍認爲命發源於天，由上天指掌。《詩經·大雅·大明》云：「有命自天，命此文王，于周于京。」《詩經·小雅·十月之交》云：「天命不徹，我不敢傚我友自逸。」〔註2〕諸子百家對命的思考，也多落此窠臼。孔子曰：「死生有命，富貴在天。」〔註3〕在孔子看來，一個人的命的貴賤完全取決於天而不取決於人。故知命者，可以洞悉天命而知道。這樣的人，方可論君子。「不知命，無以爲君子也。」〔註4〕孟子也認爲，人生諸事的發生，看似無緣無故，實則均由天命主宰。「莫之爲而爲

〔註1〕 黃壽祺、張善文撰：《周易譯注》卷1《乾卦第一》，第5、6頁。
〔註2〕 程俊英撰：《詩經譯注》，上海古籍出版社，2004年，第411、317頁。
〔註3〕 黃懷信主撰：《論語彙校集釋》卷12《顏淵第十二》，上海古籍出版社，2008年，第1076頁。
〔註4〕 黃懷信主撰：《論語彙校集釋》卷20《堯曰第二十》，第1747頁。

者，天也；莫之致而至者，命也。」〔註5〕既然如此，人當然應該聽天由命。
「君子行法，以俟命而已矣。」〔註6〕墨子雖強調「非命」觀，但在他所處的
時代執「有命」觀的人更是大有人在：「執有命者之言曰：『命富則富，命貧
則貧，命眾則眾，命寡則寡。命治則治，命亂則亂，命壽則壽，命夭則夭。
命，雖強勁，何益哉。』」〔註7〕總體來看，中國人自先秦起便建立起一套「認
命」的觀念，並長期持續下去。這種觀念爲命理術的出現奠定了堅實的思想
基礎。

運的概念。人的命因爲受到客觀條件的影響而產生的盛衰變化，就是運。
命爲體，運爲用。有命者，未必有運。有運者，未必有命。只有命運兩全的
人，才是大貴之人。有時，運往往能發揮很大的作用於命。古人認爲，一個
人如果時運不濟，其命就會異常坎坷。唐代王勃在《滕王閣序》中這樣歎道：
「嗚呼，時運不齊，命途多舛。馮唐易老，李廣難封，屈賈誼於長沙，非無
聖主。竄梁鴻於海曲，豈乏明時。」〔註8〕命理家認爲，運有別於命。命是先
天稟受的，運是後天形成的。如果說命是截取一個人出生時間的橫截面，以
這個特定時空狀態的干支組合來表示的話，那麼這個特定時空狀態所稟賦的
天地五行之氣是固定的，其所代表的一個人原始的生命信息也是與生俱定
的。這就是人們常說的命。干支組合所主宰的人生基本狀態，自一個人降生
伊始，便已經注定不變了。而運，則屬於命的外延部分。命一開始形成，就
會按著大運、小運、流年的軌跡向前行走。這個軌跡，統稱爲運。命是靜態
的，運是動態的。

人自降生之後，除受先天之命的影響，也受後天之運的影響。命運就是
命與運的有機組合。用馬克思的基本辯證法來講，命是內因，運是外因。外
因通過內因起作用。所以古人論命，首重命局，次重運勢。《三命通會‧論大
運》這樣評價命與運之間的關係：「夫運者，人生之傳舍。探命之說尤以三元
四柱、五行生死、格局致合以定根基，然後考究運氣，協而從之，以定平生
之吉凶也。……更看當生年時得氣深淺。四柱得氣深，迎運便發；得氣淺，

〔註5〕 楊伯峻譯注：《孟子譯注》，中華書局，2010 年，第 204、205 頁。

〔註6〕 楊伯峻譯注：《孟子譯注》，第 314 頁。

〔註7〕 吳毓江撰、孫啓治點校：《墨子校注》卷 9《非命上第三十五》，中華書局，1993
年，第 400 頁。

〔註8〕 （唐）王勃著、（清）蔣清翊注：《王子安集注》卷 8《秋日登洪府滕王閣餞別
序》，上海古籍出版社，1995 年，第 233 頁。

須交過運始發；得其中氣，運至中則發。……仍須察當生根基，十分則應五分，生時則應十分。富與災同。」〔註9〕如果一個人命局較差，就是根基不好，雖然連走佳運，也未必大富大貴。如果一個人命局較好，就是根基強壯，即使一生大運走勢不佳，一生走的應該也不會很艱辛。故韋千里論曰：「人之富貴貧賤，窮通善惡，已在八字中而定。惡乎復用行運為哉。故人之窮通善惡，雖不能出乎八字之外，而行運扶之抑之，足使善者益善，惡者愈惡。此五行之所以不可忽也。」〔註10〕命是事物變化發展的基礎，運是事物變化發展的條件。二者對一個人的命運而言，是相輔相成，互為條件，缺一不可的。

二、宋人眼中的命與運

　　宋人在命與運的關係上，已有著深刻的認識，《燭神經》這樣分析了命與運之間的制約關係：

> 凡推命之禍福，須先度量基地厚薄，然後定災福。運氣譬之船也，命譬之水，隨其水之廣狹深淺，發得船之力也。凡命有八分福神，行三四分惡運，都不覺其凶，福力厚故也。若五六分惡運，只浮災細累而已。至七分惡運，方有重災。凡五分福命，行三四分惡運，為凶甚切。若四五分惡運，則須死，蓋基地不牢固也。凡命中五行衰者，運宜盛（《寸珠尺璧》云：凡衰處行運到旺處脱）。五行盛者，運宜衰。衰者復行衰運，是謂不及。五行不及，則遞塞沉滯。五行盛而復行盛運，是謂太過。過則擊作成敗也。〔註11〕

宋人形象地將運譬之於船，命譬之於水。水若深，則船可大；水愈淺，則船宜小。隨其命之水之廣狹深淺，發得運之船之力也。命是一個人的基礎，基礎的厚薄，決定了一個人可以承擔的厄運的等級。若福力深厚，有八分厚度，則行三四分厄運而不覺其凶，行五六分厄運方有不順之感，行至七分厄運方有重災；若人命福力一般，只有五分厚度，則行三四分厄運已為大凶，行至四五分厄運，須死。由此可見，一個人命運之吉凶不僅取決於運的好壞，更取決於此人命的厚薄。宋人對命與運關係的認識，顯然為後世所繼承發揚。而且，宋人在看一個人命運時，要把此人的命局與大運、流年等作為一個整

〔註9〕　（明）萬民英撰：《三命通會》卷2《論大運》，第128頁。
〔註10〕　韋千里著：《千里命稿》，第132頁。
〔註11〕　（宋）廖中撰：《五行精紀》卷33《論大運》，第253、254頁。

體系統結合起來看。單從命局來看，宋人分析命局之好壞的重要標準便是看命局中五行是否平衡，若出現五行太過、不及的情況，他們多半將此命作賤命來看。同樣，宋人分析人命運的好壞也遵循著這樣一種中和原則。若命局中五行衰，則運宜盛；命局中五行盛，則運宜衰。命局衰而復行衰運，是為五行不及；命局盛而復行盛運，是為五行太過。五行太過不及，命運皆為蹇滯。很顯然，宋人是把歲運放到命局之中，把命運作為一個整體而結合分析的。宋人分析命運時所運用的這種整體觀念，對後人推算大運、流年的吉凶產生了直接的影響。〔註12〕

值得一提的是，宋人不僅認為每個人有自己的命運，人類歷史也已經安排好了自己的命運。北宋邵雍按照自己創立的元會運世的宇宙進化史觀編製了一份世界歷史年表。這一年表，上自唐堯，下至五代，逐年按周易卦象，對照重大歷史事件加以核對吉凶。「其書以元經會，以會經運，以運經世，起於帝堯甲辰，至後周顯德六年己未，而興亡治亂之跡皆以卦象推之。朱子謂《皇極》是推步之書，可謂能得其要領。」〔註13〕當然，邵雍的人類歷史不可能只限於短短的幾千年。他以元會運世外加歲月日辰以應八卦從而推導出十餘萬年乃至無窮盡的人類的歷史演變軌跡。按照邵雍的規定，一元等於十二會，一會等於三十運，一運等於十二世，一世等於三十年，一年等於十二月，一月等於三十日，一日等於十二辰。《宋元學案‧百源學案》總結其運算法則道：「皇極之數，一元十二會，為三百六十運；一會三十運，為三百六十世；一運十二世，為三百六十年；一世三十年，為三百六十月；一年十二月，為三百六十日；一月三十日，為三百六十時；一日十二時，為三百六十分；一時三十分，為三百六十秒。蓋自大以至於小，總不出十二與三十之反復相承而已。」〔註14〕如此推算，一元之數為十二萬九千六百年。滿一元天地將發生一次大的變化，而後再步入新的一元。試以邵雍之子邵伯溫繪製的《經世一元消長之數圖》來看一元期中，世界由開闢到滅亡的過程：

〔註12〕 如民國時期韋千里在《千里命稿》「運限篇」中歸納的「善運惡運之分析」，就是以大運同用神或生助用神者為善運；以大運剋泄用神者為惡運。這實質上就是宋人分析命運時所用到的整體觀念。參見韋千里著《千里命稿》，第132～138頁。

〔註13〕 《四庫全書總目》卷108《子部‧術數類一》，第915頁。

〔註14〕 （清）黃宗羲原著、（清）全祖望補修、陳金生、梁運華點校：《宋元學案》卷10《百源學案下‧附黎洲皇極經世論》，中華書局，1986年，第456頁。

經世一元消長之數表

元	會	運	世			
日甲	月子一	星三十	辰三百六十	年一萬八千	復	
	月丑二	星六十	辰七百二十	年二萬一千六百	臨	
	月寅三	星九十	辰一千八十	年三萬二千四百	泰	開物 星之巳七十六
	月卯四	星一百二十	辰一千四百四十	年四萬三千二百	大壯	
	月辰五	星一百五十	辰一千八百	年五萬四百	夬	
	月巳六	星一百八十	辰二千一百六十	年六萬四千八百	乾	唐堯始 星之癸一百八十辰二千一百五十七
	月午七	星二百一十	辰二千三百二十	年七萬五千六百	姤	夏殷周秦兩漢兩晉十六國南北朝隋唐五代宋
	月未八	星二百四十	辰二千八百八十	年八萬六千四百	遯	
	月申九	星二百七十	辰三千二百四十	年九萬七千二百	否	
	月酉十	星三百	辰三千六百	年十萬八千	觀	
	月戌十一	星三百三十	辰三千九百六十	年十一萬八千八百	剝	閉物 星之戌三百一十五
	月亥十二	星三百六十	辰四千三百二十	年十二萬九千六百	坤	

　　上表是邵伯溫根據其父思想編製的。在這樣一個列表中，可以發現，從復卦到乾卦，六爻之中陽爻由一至六，陽逐漸上升，陰逐漸減退。當陽初長，陰尚盛時，萬物未俱；至第三寅會時，泰卦主事，陰陽持平，至此開物。而後陽爻逐漸佔據上風，至第六巳會，乾卦主事，陽達極盛，遂有唐堯在世，上古盛世來臨。這是人類歷史居於上升的階段。而後從姤卦到坤卦，陰逐漸上升，陽逐漸減退。人類歷史開始逐漸走向下坡路。所以至第七午會，姤卦主事，人類進入三代至今時期，雖歷史持續發展，但總體上在走下坡路，已

不及堯舜之時。而至十一戌會末期，剝卦主事，陽剝盡，進入閉物時期，人與萬物喪失生存條件，歸於消亡。最後至十二亥會，坤卦主事，天地歸於消亡，一元結束，新的一元即將開始。邵雍把中國歷史的發展當做他的元會運世說的一種驗證，並以此說爲人類歷史的命運進行了推命。難怪朱熹將邵雍的《皇極經世書》列爲推步之書。只是這種推步，是對人類歷史大勢的推步，而不同於一般宋代命理術士的僅僅限於個人命運的推步了。

第二節　命局的構成

一、何謂命局

所謂的命局，主要是指一個人出生的年、月、日、時、胎等時間所組成的四柱、五柱甚至更多柱的干支組合。通俗來講，今天看命所依憑的四柱八字就是一個人的命局。比如一個人出生於 1981 年 5 月 19 日中午 11 點半（陽曆），那麼查萬年曆，可以得出此人出生時間換成干支紀時即爲辛酉年癸巳月丁酉日丙午時。命理術士會將此年月日時干支紀時排成如下兩種格式〔註15〕：

格式一：

年柱	月柱	日柱	時柱
辛	癸	丁	丙
酉	巳	酉	午

格式二：

年柱	辛酉
月柱	癸巳
日柱	丁酉
時柱	丙午

因爲年月日時干支數爲四柱八字，故人們往往俗稱一個人的命局爲四柱或者八字。四柱或八字，就是對今天的命局的代稱。但是在宋代，一個人的命局

〔註15〕根據推命的需要，命理術士還會在命局中標明每一個干支所附的十神名稱，如此命局中，丁火爲日主，其他干支以日主爲根據，分別定出十神名稱。本文爲了簡單明瞭，在命局中僅列各柱干支，不再一一羅列十神。它處同此。又，此處所列的兩種格式，無論橫豎，古往今來皆有大量應用，但在今天部分命理術士們看來，橫四柱格式表示健在之人，豎四柱格式表示已故之人。本文爲統一體例，只選用第一種格式，而不慮人之健在否。特此説明。

可能不僅僅是四柱八字，有時依命理術士的需要，其命局可能是六字、八字、十字甚至更多字。這是因爲在宋代，人們論命有時只看年、月、日三柱干支，有時卻要看年、月、日、時四柱干支，有時甚至要看年、月、日、時、胎五柱干支。而且單看一個胎柱，又有胎元、胎息及胎氣之分。故宋人命局，最多可達七柱十四字干支。當然，在宋人具體的推命實例中，很少見到一個人的命局組成超過五柱十字的，但是命局干支變數如此之多，還是難以用今人的四柱八字代稱宋代的命局。故而筆者在本文中不以四柱、八字代稱命局，而直接以命局二字稱之。古往今來，命局皆是由局中各柱干支所構成。下面，本文就將關注的目光放在這些表示時間的各柱上。不過，在知道宋人確立各柱法則之前，首先要瞭解命局中各柱確立的基礎——干支紀時。

二、節氣紀月與年柱、月柱的確定

命局的構成依賴於干支紀時。無論是今天命理術中四柱的確立還是宋代命理術中五柱的確立，都是依據干支記時。所以，在研究宋人確立命局五柱之前，首先應該瞭解一下占人干支紀時的方法。〔註16〕今人在得知一個人的陽曆或陰曆出生時間後，可以迅速比對萬年曆找出這個人的各柱干支，從而確定出其命局組成。然而需要明白的一點是，干支紀時既不同於陽曆，也不同於陰曆，它事實上採用的是節氣紀月的方法。節氣紀月的計時方法，從本質上來講又不屬於陰曆的範疇，因爲它是以地球繞太陽運轉週期來制定的，反映的是太陽運行的規律。因而較之陰曆，它與公曆的關係更爲密切。一年當中有 24 個節氣。由年初開始，它們依次是立春、雨水、驚蟄、春分、清明、穀雨、立夏、小滿、芒種、夏至、小暑、大暑、立秋、處暑、白露、秋分、寒露、霜降、立冬、小雪、大雪、冬至、小寒、大寒。以上 24 個節氣中，包含著 12 個節氣，12 個中氣。其中逢單爲節氣（簡稱節），逢雙爲中氣（簡稱氣）。直至今天，人們判斷一年的起始、四季的變更乃至各月的始終，還是以12 節爲依據。如傳統說法，每一年第一天既不是陽曆的 1 月 1 日，也不是陰曆的正月初一，而是從立春那天算起。命理術之命局年柱的確立便是依此。如公元 2014 年爲甲午年，其春節在陽曆的 1 月 31 日，而立春在陽曆的 2 月 4

〔註16〕有關干支紀時的這節論述，筆者主要參考滕德潤著《神秘的八字》（廣西人民出版社，2009 年，第 33～44 頁），陸致極著《中國命理學史論》（上海人民出版社，2008 年，第 64～67 頁），秦倫詩著《八字應用經驗學》（內蒙古人民出版社，2009 年，第 82～116 頁）。

日。那麼，甲午年春天的開始不是起於春節（1 月 31 日），而是在立春（2 月 4 日）的這一天。從立春這天起，其年份干支方以甲午來算。因此，2014 年立春前出生的人，其年柱只能為癸巳；立春後出生的人，其年柱方可為甲午。

同理，各月干支的起始也以 12 節氣的到來為據，而非依據陰曆。如公元 2014 年的陰曆二月初一在公曆的 3 月 1 日這一天，而標誌節氣紀月的第二個月份卯月始於驚蟄節。查萬年曆，該年驚蟄在公曆的 3 月 6 日，也就是陰曆的二月六日。所以卯月起始並非在陰曆的二月初一，而是在二月初六。以地支來紀月，十二地支恰好對應一年十二個月，但是古人以何地支對應正月，卻是存在過一些爭論的。相傳夏曆正月建寅，商曆正月建丑，周曆正月建子。「夏正以正月，殷正以十二月，周正以十一月。蓋三王之正若循環，窮則反本。天下有道，則不失紀序；無道，則正朔不行於諸侯。」〔註 17〕這就是所謂的「三正論」。今人錢寶琮認為，先秦時期建寅、建丑、建子是當時不同地域的曆日制度，不應該看作是三代對正朔的改變。〔註 18〕不過，從漢武帝太初元年（公元前 104 年）開始，正月建寅便作為一項曆法制度延續下來，直至今日。所以，宋代曆法中月支與一年十二個月的對照關係是這樣的：正月建寅，二月為卯，三月為辰，四月為巳，五月為午，六月為未，七月為申，八月為酉，九月為戌，十月為亥，十一月為子，十二月為丑。節氣紀月完全由一年中 12 節所決定，其與陰曆的十二個月或有重合，但絕大多數情況下二者是不會完全重合的。所以，不能將陰曆的各月與干支各月等同視之。不過在現實中，為了符合人們的習慣及敘述的方便，人們還是常常將寅月代稱為正月，卯月代稱為二月，辰月代稱為三月，巳月代稱為四月，午月代稱為五月，未月代稱為六月，申月代稱為七月，酉月代稱為八月，戌月代稱為九月，亥月代稱為十月，子月代稱為十一月，丑月代稱為十二月。

在確定下了十二地支與十二月的對應關係後，古人還要進一步確定十天干與十二月支的搭配。古代天文學者和命理術士們在長年的實踐中，創造了一套依年干確定月干的「五虎遁」歌訣。所謂五虎遁，是命理術中以年干確定月干的一種基本方法。通常，當確定了年干之後，就可以依五虎遁之歌訣很快推出月柱的天干。《五行精紀》中五虎遁歌訣如下：「甲己之年丙作首，

〔註17〕 （漢）司馬遷撰：《史記》卷 26《曆書》，第 1258 頁。
〔註18〕 錢寶琮：《從春秋到明末的曆法沿革》，見氏著《錢寶琮科學史論文選集》，科學出版社，1983 年。

乙庚之歲戊爲頭，丙辛庚位依次數，丁壬壬起順行流，戊癸更徙何處起，正月便向甲寅求。」〔註19〕依此歌訣，凡甲年和己年出生之人，其月柱天干是從丙開始順排，正月爲丙寅，二月爲丁卯，三月爲戊辰，四月爲己巳……十二月爲丁丑。這就是「甲己之年丙作首」的含義。其餘乙庚、丙辛、丁壬、戊癸年出生之人亦以此歌訣一一確定各月干。依五虎遁歌訣，製作了以下以年干起月干表：

年干起月干表

月支 月干 年干	寅	卯	辰	巳	午	未	申	酉	戌	亥	子	丑
甲己	丙	丁	戊	己	庚	辛	壬	癸	甲	乙	丙	丁
乙庚	戊	己	庚	辛	壬	癸	甲	乙	丙	丁	戊	己
丙辛	庚	辛	壬	癸	甲	乙	丙	丁	戊	己	庚	辛
丁壬	壬	癸	甲	乙	丙	丁	戊	己	庚	辛	壬	癸
戊癸	甲	乙	丙	丁	戊	己	庚	辛	壬	癸	甲	乙

這樣，依照上述知識，就可以推出一個人月柱的干支。如一個己酉年出生的人生於立春與驚蟄之間，可以很快確定此人生於寅月，然後依「甲己之年丙作首」，推斷出其月干爲丙；一個壬戌年出生的人生於寒露與立冬之間，可以確定此人生於戌月，然後依「丁壬壬起順行流」，推出其月干爲庚。

節氣紀月是農曆的重要組成部分，是我們的祖先在長期的農業生產實踐中總結出的，因而它與農業、氣候有著密切的聯繫。古人認爲，二十四節氣的安排反映出一年之中天地陰陽五行之氣的變化規律，因而古代命理術士將這種計時方法引入到了命理術之中。

〔註19〕（宋）廖中撰：《五行精紀》卷28《雜釋諸例》，第217頁。此歌訣在後世《淵海子平》、《三命通會》中均有轉引，爲後人研習命理術的基礎知識。不過，五虎遁歌訣究竟出現於何時，我們還難以下定論。筆者發現的最早的五虎遁歌訣出現於晚唐五代宋初之敦煌文獻S.0612V。該文獻的後半部分講述了一些命理術的基礎知識，其中有「五子元例正建法」，就是年干推算月干的方法。由於該文獻起自民間祿命知識，故其歌訣的形成時間必然早出許多，絕非宋人所創。參見黃正建著《敦煌占卜文書與唐五代占卜研究》，學苑出版社，2001年，第127、128頁。

三、日柱、時柱的確定

（一）日柱的取法

干支記日的方法形成較早。從出土的甲骨文資料來看，夏代時，古人已用天干來記日。商代，人們開始以干支相配來記日。雖然干支記日的傳統由來已久，但是在不查萬年曆的情況下，日柱干支的確定相比於月柱、時柱、胎柱都較爲困難。因爲月、時干支的確定有規可循，胎柱干支則依月柱干支而定。相比之下，日柱干支則無甚規律可循。陰曆曆法中有月大、月小之分，月大 30 天，月小 29 天。本來，干支記日，60 天爲一輪迴，如果每月均爲 30 天，則隔月干支會完全一致。但是由於有月大、月小的差異，使得隔月干支很難一致。所以命理術士（尤其是盲人）在不查萬年曆的情況下，必須要牢記住每年的年干支、正月初一日干支、立春日時、月小的月份。熟記這些內容後，才可以心算出日柱干支。在筆者走訪的眾多命理術士中，能心算出日柱干支的少之又少，只有少數受過舊時代師傳訓練的高齡術士可以在短短幾分鐘內推出一個人的日柱。這大概是因爲今天隨著電腦網絡等工具的普及，研習命理的人已不會將大量精力投入到這種口訣記憶中來，致使這種江湖派秉承的傳統逐漸消亡。但是在古代，不少盲人術士爲了糊口，不得不去掌握這門繁雜的技藝。可以想見，在清末民國時期，掌握這種技術的術士當不在少數。若再大膽追根溯源，宋代應該也有不少的命理術士可以以心算推知一個人的日柱干支。

（二）時柱的取法

時柱的基礎是干支紀時法。古人以日影測時的方法來規定一天的十二個時辰，從半夜的子時開始，依次爲丑時、寅時、卯時、辰時、巳時、午時、未時、申時、酉時、戌時、亥時。一般來說，日影最短的時刻爲午時，天剛亮的時刻爲卯時，太陽落山的時刻爲酉時。由此可見，古人的十二時辰是對太陽運行規律的充分體現。今人將十二時辰與北京時間的二十四小時做了一一的對應，大體可以依照具體鐘點推導出具體的時辰：

時辰	子	丑	寅	卯	辰	巳
鐘點	23～1	1～3	3～5	5～7	7～9	9～11
時辰	午	未	申	酉	戌	亥
鐘點	11～13	13～15	15～17	17～19	19～21	21～23

　　僅僅有十二地支表示時柱還不夠，與日柱一樣，時柱也是以六十甲子來表示時間的。而且時柱的干支確定與日柱的干支還有著緊密的聯繫。通常，時柱以日柱甲子為起點，起於該日的甲子時，至第五日戊辰日結束，正好至癸亥時，五天裏，共歷六十時辰。所以干支紀時每五天一循環。古人早已掌握了時柱的這一循環規律，所以編成日上起時干法以供人們確定時辰干支。宋代命理文獻《三命纂局》便錄有此訣：「甲己還生甲，乙庚丙作初，丙辛當戊子，丁壬庚子居，戊癸起壬子，此是遁時書。」〔註20〕

日干起時干表

日干 時干 時支	甲己	乙庚	丙辛	丁壬	戊癸
子	甲	丙	戊	庚	壬
丑	乙	丁	己	辛	癸
寅	丙	戊	庚	壬	甲
卯	丁	己	辛	癸	乙
辰	戊	庚	壬	甲	丙
巳	己	辛	癸	乙	丁
午	庚	壬	甲	丙	戊
未	辛	癸	乙	丁	己
申	壬	甲	丙	戊	庚
酉	癸	乙	丁	己	辛
戌	甲	丙	戊	庚	壬
亥	乙	丁	己	辛	癸

　　人們只要熟記此口訣，即可很快確定一個人時柱的干支。比如一位己巳日午時出生的人，按「甲己還生甲」，己日子時的天干為甲，丑時天干為乙，寅時天干為丙……一直數到午時，其天干為庚，其時柱應為庚午；又比如一位乙酉日子時出生的人，按「乙庚丙作初」，其時柱為丙子。〔註21〕

─────────────

〔註20〕　（宋）廖中撰：《五行精紀》卷28《雜釋諸例》，第218頁。
〔註21〕　筆者這裡舉出的最後一例乙酉日子時出生之人，其時柱的確定方法在宋代即如是，但是在今天，我們卻又細分子時為早子時與夜子時。同一個子時，其前半部分（23點至24點）叫夜子時，其後半部分（零點至1點）叫早子時。

四、胎柱的確定

（一）胎柱的概念

宋人雖也言及八字，但爲數不多，大部分情況下見到更多的詞彙是「三命」、「祿命」等。這是因爲在宋代命理術中，命局的組成常常並不是固定在四柱八字，有時它還會包含胎元一柱，成爲五柱十字。胎柱，是指胎元所在之柱。所謂胎元，是指受胎的月份。古人認爲，人在形成胞胎時就已經開始稟受天地五行之氣了，因而一生的吉凶禍福從這時起就已經逐漸注定。東漢王充言：「凡人受命，在父母施氣之時，已得吉凶矣。」〔註22〕「命謂初所稟得而生也。人生受性，則受命矣。……王命定於懷妊，猶富貴骨生，有鳥雄卵成也。非唯人、鳥也，萬物皆然。」〔註23〕降至晉代，葛洪亦表達了同樣的觀念，認爲人生的吉凶早在結胎受氣之日就已定下：

> 《玉鈐經》主命原曰：人之吉凶，制在結胎受氣之日，皆上得
>
> 列宿之精。其值聖宿則聖，值賢宿則賢，值文宿則文，值武宿則武，
>
> 值貴宿則貴，值富宿則富，值賤宿則賤，值貧宿在貧，值壽宿則壽，
>
> 值仙宿則仙。〔註24〕

從命理術的角度來講，胎柱也是算命時不可忽略的一柱，但是胎柱在今天的命理術中已完全消失了。今人在追溯胎柱早期發展歷程時，往往引用《李虛中命書》、《三命通會》、《淵海子平》等的相關記載。如《李虛中命書》載：「四柱者：胎、月、日、時。」「胎本立於歲前，因歲得之胎月，故立胎在歲後月前。」〔註25〕是以知宋時胎柱在命理術中確曾一度盛行。明代中後期，雖然在算命中命理術士們基本上已對胎柱棄之不用，但是在《三命通會》、《淵

夜子時出生者，其日柱仍用前日日柱，時柱卻用本日推出的子時干支；早子時出生者，其日柱用本日干支，其時柱亦用本日推出的子時干支。舉例來講，一個甲、己日子時出生的人，若是早子時，時柱應爲甲子；若爲夜子時，其日柱天干應爲戊、癸，但其時柱仍爲甲子。這種早子時與夜子時的區分，應該是隨著近代以來西方天文曆法，尤其是鐘錶的傳入而逐漸產生的，並非傳統命理學所關注的問題。二十世紀二十年代韋千里就批評了當時命理術所引入的早子時與夜子時之說：「俗有所謂早子時、夜子時之分別者，乃以夜間12時前，爲本日之夜子時。12時後，爲下日之早子時。……此論曆法則可，論命則萬萬不可。」（韋千里著：《千里命稿》，第271頁。）

〔註22〕（漢）王充撰：《論衡校注》卷2《命義篇》，第26頁。

〔註23〕（漢）王充撰：《論衡校注》卷3《初稟篇》，第62頁。

〔註24〕王明著：《抱朴子內篇校釋》卷12《辨問》，中華書局，1985年，第226頁。

〔註25〕《李虛中命書》卷下，文津閣《四庫全書》第268冊，第178頁。

海子平》等代表性著作中還在論及胎柱的重要性：

> 胎元受胎之月也。子平有曰：先推胎息之位，次斷變息之理，精命者不可不用此例也。[註26]

> 夫胎者，受形之始，故易乾知太始，以形言也，月者，成氣之時，故傳曰：積日爲月，以氣言也。今談命或不以胎月爲重，殊不思胎月是四柱之根苗，日時雖爲緊，若不犯破胎月，或乘旺氣祿馬之處則爲福尤多，或日時之吉而爲胎月所犯，則吉亦歸無用。是胎月最爲樞要。[註27]

由此可見，胎柱的消失是經歷了長時期的過程的。它貫穿於命理術的古法時期和今法時期。雖然胎柱不是命理術古典模型和標準模型的根本區別，但是從表面來看，在古典模型中常常可以見到的胎柱，在標準模型的四柱八字中並沒有其位置。

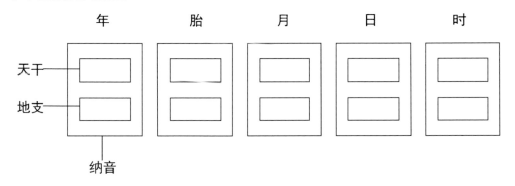

古典模型圖

標準模型圖

〔註26〕李峰注解：《新刊合併官板音義評注淵海子平》卷1《論起胎法》，第44頁。
〔註27〕（明）萬民英撰：《三命通會》卷2《論胎元》，第125、126頁。

而且從論命方法上來講，以日爲主，專主五行，不主納音的子平術從未將胎柱干支放入自己的系統思維中。因而，對於明代今法時期胎柱的殘存，不應將其視爲從古典模型到標準模型的延續，而是應判爲古典模型在明代尚未消失的證據。例如上文所舉《三命通會》內容，實際轉自宋代王廷光注《珞琭子》的一段話。〔註 28〕由此可證，此處胎柱的重要性是相對於宋代古法時期命理術而言的，非對明代子平術而言。從這個角度來講，如果能在宋代命理術的古典模型中尋找出胎柱逐漸消失的痕跡，那麼這也可以看作是古典模型在向標準模型靠近的一個直接證據了。

（二）胎元、胎息及胎氣的取法及應用

宋代命理術中的確有相當一部分內容涉及胎柱。《五行精紀》卷 11 後半部分就是專門論述胎元、胎息及胎氣內容的。在胎元取法上，宋人是按人出生的月份干支來起胎元。胎元天干在生月天干後一位，胎元地支在生月地支後三位。「且戊子生甲寅月，便以乙巳爲胎」，「且如辛未人得壬辰月，以癸未爲胎」。〔註29〕戊子人生甲寅月，以甲寅月來起胎元干支，甲向前推一位爲乙，寅向前推三位爲巳，則該人月柱干支爲乙巳；辛未人生壬辰月，以壬辰月來起胎柱，壬向前推一位爲癸，辰向前推三位爲未，則此人胎柱爲癸未。這一推法，爲明代《淵海子平》傳承，其影響延至今日。〔註 30〕而後世竟皆以爲此法祖於《淵海子平》。

除了胎元的取法，宋人還制定了胎息與胎氣的取法。首先來看胎息——受胎之日的取法。宋人是以生日所在之柱的干支來取受胎日干支的。《神白經》、《太乙降誕定經》都有對這種方法的詳解：

> 《神白經》云：或有不足月生者，或有出月生者，如何取的？
> 曰不然，胎月者，乃天地父母會而始合，造化之月也。物豈無始，往往不曾窮其奧旨，得其妙論，所以失也。術曰：受胎之日，與所生日爲天地合，人乃方生，若受胎之月無是日，故有出月也。又術曰：胎與四柱交並，即有異母。

> 《太乙降誕定經》引《甘氏經》云：胎與生日之干（支）合，

〔註28〕 見（宋）廖中撰《五行精紀》卷11《論胎》，第88頁。
〔註29〕 （宋）廖中撰：《五行精紀》卷11《論胎》，第88頁。
〔註30〕 李峰注解：《新刊合併官板音義評注淵海子平》卷1《論起胎法》，第44頁。

　　爲受胎日，於受胎月中尋其日辰，若月內無，則推後一兩月尋之。
〔註31〕

　　這種方法具體來講，就是以日柱干支爲依據，取與其干支皆合的干支爲胎息之柱。如甲子日出生的人，以天干甲與己合，而取己爲胎息柱天干；以地支子與丑合，而取丑爲胎息柱地支。如此，甲子日生者，其胎息即己丑。這種取息方法，於宋時流傳最廣，也爲後世所傳承。〔註32〕

　　宋時還有一種取胎息法，是宋人王廷光發明的。這一起法是以日柱干支爲胎息干支。王廷光在注解《珞琭子》時認爲時人以月柱干支取胎柱干支的方法未爲精當，沒有考慮到閏月的有無，不如以生日前三百日爲受胎之日。如此，則干支易定而又不用考慮閏月因素：「今人以約法取胎，未爲精當，且戊子生甲寅月，便以乙巳爲胎，殊不明有閏無閏。凡是貴命受胎，定在三百日，有一法取之簡要，只以當生前三百日爲十月之氣，乃是受胎之正也。譬之甲子日生，便以甲子日爲受胎之日，蓋五六計三百日也。看其生日是在何月而取之，則閏在其中矣。」〔註33〕王廷光的這一方法，後爲《三命通會》所襲，並對後世產生了深遠影響，以致於今日論述此法，皆祖於萬民英，而不知其本於王廷光：

　　　　胎元之取，唯有一法，以當生前三百日爲十月之氣，乃是受胎
　　　　之正，譬甲子日生便以甲子爲受胎之日，蓋五六計三百日，看其生
　　　　日在何月中有，則閏在其中矣。且如戊子生人甲寅月乙丑日，須於
　　　　半月前十月或十一月內，尋當生乙丑日，乃是三百日之正胎。〔註34〕

　　然而令人啼笑皆非的是，萬民英在此處卻混淆了一個概念，那就是他所求的是受胎之日的干支而非受胎之月的干支。他前稱「胎元之取，唯有一法」，後面卻緊跟著「以當生前三百日爲十月之氣，乃是受胎之正」，從根本上混淆了胎元與胎息的概念。前文已講到，宋人所謂胎元乃指受胎月，非指受胎日也。王氏不明此意，而後世竟以訛傳訛數百年而無有質疑者！後人於宋代命理術之不明，由此可知一二。

　　最後，再看看宋人對胎氣的取法。宋人對胎氣的概念沒有任何解釋，從

〔註31〕（宋）廖中撰：《五行精紀》卷11《論胎》，第89頁。
〔註32〕此法後爲《淵海子平》所載，傳於後世。見於李峰注解《新刊合併官板音義評注淵海子平》卷1《論起息法》，第45頁。
〔註33〕（宋）廖中撰：《五行精紀》卷11《論胎》，第88頁。
〔註34〕（明）萬民英撰：《三命通會》卷2《論胎元》，第126頁。

其取法來看，應相當於人受胎之時。《五行精紀‧論胎》對胎氣有這樣一段描述：

> 假令甲子年、丙寅月、丁亥日、己酉時、胎月丁巳、入胎日壬寅、受氣甲辰，餘皆仿此。又云：夫人處三才之中，稟五行之氣，氣聚而形成，天地交合，化生萬物，欲知其氣所出，且先定其生時，遁取時之支合干，得何支干。譬如辛卯年十二月辛丑、丙戌日、己亥時，用己合甲、亥合寅，即知是甲寅納音水爲胎氣。胎氣屬水，其人形圓肥，亥時水得臨官，一生榮樂。〔註35〕

從這樣一段描述中，可知胎氣的取法即以時柱干支爲據，與其干支皆合者即爲胎氣干支。如己亥時出生之人，天干己合甲，地支亥合寅，則甲寅爲其人胎氣。宋人似乎以胎氣的納音五行來推人外貌體徵及其他。胎氣在宋代命理術中出現很少，筆者僅見於此處。後世命理術也曾論及之，但名之曰「變」。《淵海子平》、《星平會海》皆錄有「推變法」，即是宋人起胎氣之法。〔註36〕

如上所述，在今人熟知的年月日時四柱之外，宋代命理術中還有胎柱。但是胎柱也並非一柱，宋人又可以據月、日、時三柱而推導出胎元、胎息、胎氣三柱。「假令甲子年、丙寅月、丁亥日、己酉時、胎月丁巳、入胎日壬寅、受氣甲辰，餘皆仿此。」由這一例子，可以發現宋人論命，一個命局中最多竟可達七柱。當然，絕大多數情況下，當時論命最多可能也只到五柱，即年、胎（元）、月、日、時。本文所指胎柱，也主要指胎元一柱。

第三節　命局的重心：年柱

一、年柱三命的概念

與明清以來子平術論命以日干爲主不同，宋代古法時期的命理術在推命時，絕大多數情況下是以年柱爲主，其他三（四）柱爲輔的。不少宋代命理文獻是將命局中的年柱視爲命主的己身。這也就是說，宋代的命局的論命重心是在年柱上。而在具體的推命過程中，一些命理術士可能使用年柱納音，一些命理術士可能著眼於年柱天干，還有一些命理術士可能是以年柱地支爲

〔註35〕（宋）廖中撰：《五行精紀》卷11《論胎》，第88頁。
〔註36〕參見袁樹珊著《新命理探原》，第38頁。

主。這裡就出現了一個問題，那就是宋人以年柱為己身時，年柱納音、年干、年支三者在推命時均產生了一定作用。三者到底有何不同，又應以何為重呢？

宋代命理術中，年柱納音、年干、年支三者的具體作用是不同的，宋人往往將此三者通稱為三命。在這裡首先要搞清楚三命的真正含義。古代命理書籍中常常提到「三命」這個概念。許多命理書甚至直接以「三命」來冠名，如宋代的《三命提要》、《三命指掌》、《三命纂局》、《三命指迷賦》，明代的《三命通會》。那麼，這些三命究竟是何含義呢？宋代及後世對此的解釋往往是將三命等同於年、月、日三柱。如晁公武在《郡齋讀書志》中認為：「三命之術，年、月、日支干也。加以時、胎，故曰五命。」〔註37〕明代翟灝也認同晁氏之說：「按唐有《珞琭子三命》一卷，祿命家奉為本經，三命即年、月、日干支也。宋林開加以時、胎，謂之五命，撰《五命秘訣》一卷，皆見晁氏《讀書志》，今所謂八字，即取用時，仍不加胎，非三命，亦非五命，乃四命耳。」〔註38〕

晁、翟二人的這種說法，引起了後世余嘉錫的質疑，他指出命理術中的三命非指年、月、日三柱，而是確指四柱命理術：

> 其（翟灝）謂三命為年、月、日，本之晁公武。考《讀書志》卷十四，其所錄之《珞琭子三命》，即今之《三命消息賦》，有徐子平、釋曇瑩二家注，皆言年、月、日、時，正是今所謂八字，晁氏自不得其解耳。《夷堅志補》卷十八云：何清源丞相因改秩入都，適術士過前，詢其技，曰：能論三命。乃書年月日時示之。元朱思本《貞一齋雜著》卷一《星命者說》云：「以人之生年、月、日、時，配以十干、十二支，由始生之節序，推而知運之所值五行生、剋、旺、相、死、絕，而知吉凶禍福焉，謂之三命。」又朱德潤《存復齋文集》卷四《湘中廖如川談三命序》云：「湘中廖子能以人始生年、月、日、時，推五行生剋制化，言休咎。」是皆三命用時之證也。明蘇伯衡《平仲文集》卷十《書徐進喜三命辯後》云：「以五十一萬八千四百之四柱，包括天下古今生人之命，蓋昉於虛中。」是則三命即四柱也。……然則三命、四命、五命，命雖不同，其揆一也。〔註39〕

〔註37〕（宋）晁公武撰、孫猛校證：《郡齋讀書志校證》卷14《五行類》，第621頁。
〔註38〕（清）翟灝撰、顏春峰點校：《通俗篇》卷21《藝術》，中華書局，2013年，第292頁。
〔註39〕余嘉錫著：《四庫提要辯證》卷13《子部四》，第763頁。

　　余嘉錫考證出三命非年月日三柱，乃是四柱命理術，但是他也沒有說明三命確指何物。其實，如果把眼光放回宋代及宋代以前，完全可以從當時的道教及命理文獻中找出答案來。三命一詞，最早見於唐代道教文獻。晚唐五代著名道士杜光庭（850～933）在《廣成集》中多次談到三命一詞。如《上官子榮黃籙齋詞》中提到：「某氏以今年大小行運之內，恐三命衰微；陰陽宿曜之中，恐五星照臨。」〔註40〕又如在《三會醮籙詞》提到：「善功未立，過咎易彰。真氣靈官，未垂應祐。玄司天府，譴責不專。三命五行，災衰未蕩。且夕憂懼，冰炭在懷。」〔註41〕杜光庭所提到的三命，雖然未給予其解釋說明，但是很顯然是與五行、祿命等內容緊密相連的，應為宋代三命一詞之直接來源。而在宋代張君房於宋真宗時期編纂而成的《雲笈七籤》中，則對道教中的三命一詞給予了解釋：「夫人身有三魂，謂之三命。一主命，一主財祿，一主災衰。」「第一魂胎光，屬之於天。常欲得人清淨，欲與生人延益壽算，絕穢亂之想。久居人身中，則生道備矣。第二魂爽靈，屬之於五行。常欲人機謀萬物，搖役百神，多生禍福災衰刑害之事。第三魂幽精，屬之於地，常欲人好色嗜欲、穢亂昏暗、耽著睡眠。」〔註42〕從該文中的描述來看，三命本於三魂，三魂又主命、祿、身。那麼，這與宋代命理術中三命所指是否相同呢？宋人王廷光和宋代命理文獻《金書命訣》都講到了命理術中三命之所指：

　　　　談命者當分祿命身，以干配祿，以支合命，以納音論身，之謂三命。（《珞琭子》王廷光注文）〔註43〕

　　　　干為祿，定貴賤，支為命，定修短，納音為身，察盛衰。（《金書命訣》）〔註44〕

　　由此可以明確，三命即指祿──年干、命──年支、身──年柱納音。年干為祿，定貴賤；年支為命，定修短；年柱納音為身，察盛衰。這種所指，和上文中道教之三命所指基本一致。因此，大體可以認定，三命一詞是起源於唐代道教，後被引入命理術中，並於宋代逐漸成為命理術之代稱。古往今

〔註40〕　（唐）杜光庭撰：《廣成集》卷4《上官子榮黃籙齋詞》，中華書局，2011年，第49頁。
〔註41〕　（唐）杜光庭撰：《廣成集》卷6《三會醮籙詞》，第80頁。
〔註42〕　（宋）張君房編：《雲笈七籤》卷54《魂神·說魂魄》，中華書局，2003年，第1188～1190頁。
〔註43〕　（宋）廖中撰：《五行精紀》卷6《並論干神》，第49頁。
〔註44〕　（宋）廖中撰：《五行精紀》卷9《論五行三》，第76頁。

來，人們找術士看命，無非就是想知道自己的健康壽夭、禍福貴賤等情況，而祿、命、身三者，基本上涵蓋了人們的上述所求。故而也就不難理解爲何會見到如此多的宋明命理文獻冠以「三命」之名了。

不過這裡需要特別指出的是，干爲祿，支爲命的說法並非起於宋人。祿命的概念更是早已普及。祿命之說，漢已有之，但當時祿命術尚未獨立形成，故此祿命非彼祿命。魏晉南北朝時，祿命之術漸具系統，此時冠以「祿命」之名的書籍有《雜元辰祿命》、《漉河祿命》、《五行祿命厄會》，但此時的祿命術多與時日禁忌相結合，還未脫離擇吉術。故其祿命範圍較之宋代祿命要寬泛許多。至隋代開始出現祿命專書，《隋書·臨孝恭傳》載臨孝恭撰有《祿命書》二十卷，反映出當時祿命之學開始獨立，並趨於系統。唐代，祿命書籍開始大量出現。舊《唐志》著錄祿命類書籍四種，新《唐志》增補開元以前祿命書五種，又增補開元以後祿命書三種。〔註45〕據黃正建統計，可能出現在晚唐五代宋初的祿命類敦煌文書就有22件。如S.0612V，前半抄寫整齊，後半抄寫混亂，以推祿命爲主。其中後半的「推祿法」明確說「十干爲祿，十二支爲命」。〔註46〕宋代以後，祿命著作較之前代明顯增多，但不再冠以「祿命」之名，而多以「三命」爲題。

二、三命的運用

宋代命理術中，三命的重要性是不言而喻的，因爲一個人的榮辱貴賤、身體健康都與此息息相關。宋人一般是將三命合而論之，三者同吉，命吉；三者同凶，命凶：

> 夫人生處得祿，命身居旺相宮，三才有氣，則爲快樂長壽之命，若祿、命、身值死絕，三才無氣，則爲塵埃，困窘之命矣。（《金書命訣》）〔註47〕

> 凡命先看干神，有無剋制，支神有無刑沖，干支納音有無戰鬥降伏。〔註48〕

〔註45〕以上研究統計參見趙益著《古典術數文獻述論稿》，中華書局，2005年，第112、113、151、177、189頁。

〔註46〕參見黃正建著《敦煌占卜文書與唐五代占卜研究》，學苑出版社，2001年，第127、128頁。

〔註47〕（宋）廖中撰：《五行精紀》卷9《論五行三》，第76頁。

〔註48〕（宋）廖中撰：《五行精紀》卷9《論五行三》，第76頁。

干神得地，謂甲乙得亥卯，丙丁得寅午，庚辛得巳酉，壬癸得申子，戊己得辰戌丑未。支神得地，謂見祿馬貴神官印食神學堂，及祿馬貴神相合，暗合，互換見也。納音得地，謂五行如在生旺庫，而無刑害沖犯也。大抵五行得地，納音相宜，吉神無助亦榮。五行無氣，納音相妨，縱有吉神，不用也。〔註49〕

得祿命身三財，則夫榮兒貴。

歲干所剋曰祿財，歲支所剋曰命財，納音所剋曰身財，其三財所屬之五行，在命中，一則不乏，而得之全者，夫必榮，兒必貴。（《壺中子》）〔註50〕

但在實際推命過程中，人們很少能遇到三命一榮俱榮、一損俱損的狀況。很多情況下，祿、命、身三者的榮辱程度並不一致，有時甚至會發生嚴重的衝突。遇到這類情況，又該怎麼辦？從筆者掌握的資料來看，宋人對此的論述不多。這也難怪，早期命理術簡單粗糙，多以單柱的喻象分析以及神殺論命，要讓宋人對一個年柱的干支納音有明確的辯證分析，似乎是超越了那個時代的水平。不過，在僅有的一些關於三命的論述中，還是可以看到宋人對三命及命局內其他因素發生矛盾時，孰輕孰重的一些認識。比如王廷光對《珞琭子》的這段注釋就反映出宋人對三命之間及三命與其他因素之間的辯證的認識：

大殿天元贏弱，宮吉，不及以為榮，上下興隆，卦凶能不成其咎。

王氏注云：天元者干也，以干為祿，人之生也，以得祿為榮，失祿為辱，必以天元為主，在五行生旺之處，而遇天祿者，官易於榮顯也，或大段天元五行無氣之謂贏弱，雖所臨宮分之吉，亦不及為榮也。譬如甲申水人，得庚申甲子，甲祿至子以敗，逢庚為鬼，申子是甲申水生旺之宮，以其天元無氣，雖宜吉亦不及榮也。中下興隆者，中元曰支主命，下元曰納音主身，身命俱臨五行興隆之地，雖八卦定分為凶，亦不能致害也，如甲寅水人，得乙亥月水木，得亥以逢相旺之氣，可謂中下興隆，雖亥中有乾卦屬金，金傷甲木，為

〔註49〕 （宋）廖中撰：《五行精紀》卷9《論五行三》，第76頁。
〔註50〕 （宋）廖中撰：《五行精紀》卷29《釋女命例》，第229頁。

鬼卦之傷祿，以其身命五行生旺，故曰卦凶而不能成其咎矣。〔註51〕

按照王氏的觀點，年干爲祿，當年干得地時，官位榮顯。在中國古代這樣一個官本位的國度裏，大貴莫過於官貴。祿爲官位榮顯的保證，若祿強旺，非榮而何？如果年干祿強，其他因素既便不利，也無妨；如果年干無氣，那麼其他因素再有利，也難以判爲貴命了。比如甲申水命人，他柱或歲運爲庚申、甲子，年干甲爲祿，甲至子爲沐浴敗地，至申爲破祿絕地，且甲又遇庚剋，可謂失地失勢。雖然地支申子半合水局，助此人納音之身，但是無奈祿辱，不能判榮顯之命。是以知祿在身之上。又，三命之中，不慮年干，而年柱納音、年支身命二者俱臨五行興隆之地，也可算是中下興隆之命。既便命運中偶遇挫折，亦無傷大貴。由王氏的這段評述，大體可以得出如下的結論：三命之中，祿爲貴，身命次之。三命是判斷一個命局貴賤的首要因素。三命若強旺，雖命有缺憾亦無傷大雅。

不過，在另一部宋代命理文獻《玉照定眞經》中，三命之間的輕重關係就不是這般排列了。且看下面這段陳述：

日時來破音凶，而干見還輕。

注云：凡干剋在頭面，音剋在身及四肢也，故干輕音重也。

假令辛巳金人，得丁亥日、時，丁剋辛，然干剋下有土生金，見之輕耳。主先貧而後富，先賤而後貴，又須詳太陰在其中無氣之鄉而言之應耳。

假令辛巳金人，得己丑日時，己丑火剋辛巳金，納音剋重而凶耳。

假令辛巳金人，乙未月、乙丑日、丁亥時，六月土旺金印，故得丁鬼爲官也。若五月乙丑日丁亥時者，（丁）爲鬼也。〔註52〕

與王廷光重年干祿不同，《玉照定眞經》更重年柱納音身，認爲身在祿之上。而該書給出的理由是：「凡干剋在頭面，音剋在身及四肢也，故干輕音重也。」若年柱納音被日、時柱納音所剋，災重而凶。如辛巳金命人，遭日時柱己丑火剋，即是。若年柱天干被日、時柱天干所剋，雖有災而爲災較輕。如辛巳金命人，日、時柱爲丁亥，年干辛金遇日時干丁火剋，是爲災。不過

〔註51〕 （宋）廖中撰：《五行精紀》卷9《論五行三》，第77頁。
〔註52〕 《玉照定眞經》，文淵閣《四庫全書》第809冊，第31頁。

此災顯然不重，而且該命例中，年柱納音五行金又得日時柱納音五行土相生，所以判其先貧而後富，先賤而後貴。很明顯，《玉照定眞經》此處認爲身在祿之上，這與王氏的說法恰好相反。

不管上述兩種文獻說法有何矛盾之處，在宋代這樣一個推命以年柱爲主的時代，三命作爲年柱的組成部分，無疑是當時推命的重中之重。雖然宋人推命也重神殺，也講求四（五）柱間的生剋關係，但是這一切都是以年柱的利益作爲根本的出發點。瞭解了這一點，也就不難理解宋人爲何如此重視三命了。

第四節　大運

一、大運的編排

現存命理文獻中有關大運的最早記載可能是《俄藏敦煌文獻》中編號爲Φ.362A 的一件文書。該文書有如下文字：

> 一論流運者，是一世？之動，作百年之期。凡大運」如大軍，如小卑將，大歲如人君，三者相」和，然後濟事。大運五歲令八個月逆行。」今大運見居甲午金。今詳此運：貴神在位，」諸煞伏藏。一德扶身，眾凶皆散。此運之內，己」身亨通。此運之中，財物散失。此運之中，」大歲四十五歲，兼有遠行之災，不」爲害矣。四十六、七、八，財帛進旺，稍有」破財不利爲忌。四十九五十歲，雖有」空亡暗合主氣，丁壬化木之本位。以此」（下缺）〔註53〕

據黃正建推斷，該文書應該是宋以後的文書。不過，黃氏的論據主要是因爲大運及起運法的出現一定是在宋代以後。這就不免有先入爲主的偏見。〔註54〕因此，此文書的出現時間還可存疑。此段記載，不僅有大運的字樣，而且提到「大運五歲令八個月逆行」，應是大運起運時間。當然，由於這裡語爲不詳，無法確切得知當時人是如何編排大運的，其編排方法是否與宋人相同。今天能看到的大運編排方法，最早可以追溯到宋代。

〔註53〕　轉引自黃正建著《敦煌占卜文書與唐五代占卜研究》，學苑出版社，2001 年，第 131 頁。

〔註54〕　黃正建著：《敦煌占卜文書與唐五代占卜研究》，學苑出版社，2001 年，第 132 頁。

大運的編排，指如何起大運、排大運。這是判斷一個人大運吉凶的前提，是推算一個人命運必須要完成的準備工作。有關大運編排的最早記載見於宋代《珞琭子》，其文曰：「運行則一辰十歲，折除乃三日為年。」對於這樣一個簡短描述的起運方法，王廷光注云：「論折除之法，必用生者，實歷過日時，數其節氣，以合歲月之數，乃若陽男陰女，大運以生日後，未來節氣日時為數，順而行之。陰男陽女，大運以生日前過去節氣日時為數，逆而行之。」〔註55〕

仔細分析一下這段話。所謂的「運行則一辰十歲」，指的是人的每一個大運干支主宰人生十年。宋人為何判定一步大運管人生十年，王廷光是這樣解釋的：「大運一辰十歲者，何也？蓋一月之終，晦朔周而有三十日，一日之內，晝夜周而有十二時，總十年之運氣，凡三日有三十六時，乃見三百六十日，為一歲之數，在一月之中，有三百六十時，折除節氣算計，三千六百日為一辰之十歲也。人生以一百二十歲為周天。」〔註56〕

第一個大運的干支，是從月柱順排或逆排而來，之後的大運干支，再依此順排和逆排。如何來確定第一個大運的干支呢？首先，要從命主的年干的陰陽來區分出命主是陽男陰女還是陰男陽女。若命主為男，生在年干為甲、丙、戊、庚、壬等年中，是為陽男；若命主為女，生在年干為乙、丁、己、辛、癸等年中，是為陰女。陽男陰女，按月柱干支順排其大運。如下面這兩個命造：

乾造：年柱 月柱 日柱 時柱　　　　坤造：年柱 月柱 日柱 時柱
　　　壬　丁　己　庚　　　　　　　　　丁　乙　甲　丁
　　　戌　未　酉　午　　　　　　　　　卯　巳　申　卯

左邊的乾造（男命）年干為陽干壬，屬於陽男。其大運按月柱干支順排。月柱為丁未，則其大運依次為戊申、己酉、庚戌、辛亥……；右邊的坤造（女命）年干為陰干丁，屬於陰女。其大運亦按月柱順排。月柱為乙巳，則大運分別為丙午、丁未、戊申、己酉……。反之，如果命主為男，生在年干為乙、丁、己、辛、癸等年中，是為陰男；若命主為女，生在年干為甲、丙、戊、庚、壬等年中，是為陽女。陰男陽女，按月柱干支逆排其大運。試以下面兩

〔註55〕 （宋）廖中撰：《五行精紀》卷33《論大運》，第252頁。
〔註56〕 （宋）廖中撰：《五行精紀》卷33《論大運》，第252頁。

個命造為例：

乾造：年柱　月柱　日柱　時柱　　　　坤造：年柱　月柱　日柱　時柱
　　　丁　　壬　　辛　　乙　　　　　　　　戊　　壬　　丁　　庚
　　　巳　　子　　丑　　未　　　　　　　　辰　　戌　　未　　子

　　左邊的乾造年干為陰干丁，屬於陰男。其大運按月柱干支逆排。月柱為壬子，其大運依次為辛亥、庚戌、己酉、戊申⋯⋯；右邊的坤造年干為陽干戊，屬於陽女。其大運亦按月柱干支逆排。月柱為壬戌，則大運依次為辛酉、庚申、己未、戊午⋯⋯。從以上的列舉可以得知，判定了陽男陰女及陰男陽女，才可以以月柱干支為依據，確定每一步大運的干支。

　　知道了大運推排的原則，還需知道人幾歲入運，即何時起大運。古往今來，命理術士們一直採用宋代的折除法來起大運。「論折除之法，必用生者，實歷過日時，數其節氣，以合歲月之數，乃若陽男陰女，大運以生日後，未來節氣日時為數，順而行之。陰男陽女，大運以生日前過去節氣日時為數，逆而行之。」〔註 57〕計算大運的起運歲數，陽男陰女，從本人生日那天起，順數到下一個節令為止，看共有幾日，然後將所數天數除以 3，所得的商即為起運歲數。除不盡者，餘數為 1，則為幾歲零四個月起運；餘數為 2，則為幾歲零八個月起運。通常，以三天計一年，一天計四個月，一個時辰計十天。相反，陰男陽女起大運，從本人生日那天起，逆數到上一個節令為止，看共有幾日，然後將所數天數除以 3，所得商即為起運歲數。舉例來說，一個甲子年出生的男性（陽男），十二月二十四日巳時出生。該月二十九日申時立春，那麼就從其出生之日順數至立春之日，得五天零三個時辰。以五除以三，商一餘二，計一歲零八個月，再加上三個時辰共計三十天，則此人實際是在一歲零九個月起的大運。又比如一個壬午年出生的女性（陽女），三月八日未時出生。女性陽年生逆數至上一個節令，上一個節令為二月二十日酉時之清明。從三月八日未時逆數至二月二十日酉時，共計十六天零七個時辰。以十六除以三，商五餘一，計五歲零四個月，再加上七個時辰共計七十天，則此人大約是在五歲零六個月起的大運。

　　這裡尤其要注意的是農曆的 24 個節氣。農曆一年中有二十四個節氣，其中十二個個節氣，十二個中氣。正月立春，二月驚蟄，三月清明，四月立夏，

〔註57〕　（宋）廖中撰：《五行精紀》卷 33《論大運》，第 252 頁。

五月芒種，六月小暑，七月立秋，八月白露，九月寒露，十月立冬，十一月
大雪，十二月小寒，這些是一年中的十二個節氣；正月雨水，二月春分，三
月穀雨，四月小滿，五月夏至，六月大暑，七月處暑，八月秋分，九月霜降，
十月小雪，十一月冬至，十二月大寒，這些是一年中的十二個中氣。其中每
個月有一個節氣一個中氣，十二月合計二十四個節氣。

二十四節氣表

月份	正月	二月	三月	四月	五月	六月	七月	八月	九月	十月	十一月	十二月
節氣	立春	驚蟄	清明	立夏	芒種	小暑	立秋	白露	寒露	立冬	大雪	小寒
中氣	雨水	春分	穀雨	小滿	夏至	大暑	處暑	秋分	霜降	小雪	冬至	大寒

推算一個人的起運時間，要以節氣來推算，不能以中氣來推算。無論是
陽男陰女還是陰男陽女，都是從其出生日到下一個或上一個節氣為止，而不
是到下一個或上一個中氣為止。也就是說，對於推算起運時間而言，宋人真
正重視的是一年中的十二節氣。

千百年來，宋人的起大運法輾轉流傳至今。至於宋人為何判陰男陽女以
月柱逆排推起大運，今人已很難知道這其中確切的理由。不過，王廷光對《珞
琭子》的一段注釋談到了這個問題，可以供後人參考：

> 王氏注云：男，陽也。或稟五行之陰而生，則謂之陰男。女，
> 陰也。或稟五行之陽而生，則謂之陽女。陰男陽女稟氣不順，故大
> 運歷過去節，不順者，時觀出運入運之年而有吉凶之變。順者雖不
> 以出入之年為應，亦不可與元辰之厄會。〔註58〕

王廷光認為，相對於陽男陰女稟氣之順，陰男陽女生來便稟氣不順，故
而起大運時以出生日辰逆向前推，直至遇到上一個節氣為止。稟氣順而順推，
稟氣逆而逆推，如此，也算是順天應人吧。

二、大運的吉凶判定

分析一個人一生運勢的好壞，主要查的就是他的大運的吉凶。「小大災
福，皆以大運為之主。」〔註59〕無論古今，人們皆是把歲運放到命局之中，

〔註58〕　（宋）廖中撰：《五行精紀》卷33《論大運》，第253頁。
〔註59〕　（宋）廖中撰：《五行精紀》卷34《論晦數》，第264頁。

把命運作爲一個整體而結合分析的。今人在將大運與命局放在一起討論大運吉凶時，往往認爲若大運爲命局喜用神，則該運走高；若大運爲命局忌神，則該運走低；若大運既非喜神也非忌神，則此運爲稀疏平常之運。當然，有關大運吉凶的斷法遠非如此單一，筆者只是述其基本推理原則。〔註60〕那麼，追溯到宋代，命理術士們又是以何標準判定大運的吉凶呢？

綜合起來看，宋人的判定標準可以分爲兩條：一是命主對大運的喜忌隨其年齡階段的不同而不同。大體說來，就是人在早年，喜逢生旺之運，晚年，喜遇衰絕之運。大運若能順之人的生長規律，在成長發育、身強體壯時運勢處身命得地之處，在年老體衰時運勢處身命不得地之處，就是吉運。若逆之，即是衰運。釋曇瑩注解《珞琭子》時講到身須逐運，勢須及時的行運之道就是如此：

> 其爲氣也，將來者進，功成者退。

> 瑩和尚注云：將來者進，迎之以臨官、帝旺。功成者退，背之以休廢、死囚。則福禍凶吉可見也。

> 或曰：生逢休敗，早歲孤貧；老遇建旺之鄉，臨年偃蹇。

> 瑩和尚注云：身須逐運，必假運而資身，勢須及時，亦假時而成勢。生逢旺歲，運須處於旺鄉，晚遇衰年，運恰宜於困地。〔註61〕

在該處，《珞琭子》提到大運應遵循「將來者進，功成者退」之原則。另一部宋代命理文獻《燭神經》曾有對此語的相關解釋：「功成者謂五行稟旺氣者也，旺而能止息，是謂退藏。將來者五行在冠帶胎養之地，其氣虧而未盈，故欲子母相生，以益其氣，則有榮進振發之道也。」〔註62〕功成者貴於退藏，將來者貴於榮振。人之早年，大運應處身命之旺地。人到晚年，大運也要到身命之衰地。人之旺歲衰年與運之旺衰是要一一對應的。這也就是釋曇瑩所謂的「生逢旺歲，運須處於旺鄉，晚遇衰年，運恰宜於困地」。如若大運的旺衰走勢與人生的生老病死步驟不相一致，甚至前後顛倒，那麼這就違背了《珞

〔註60〕 大運吉凶的判定方法多種多樣，有關這方面的論述，可參照韋千里著《千里命稿》，第132～138頁；秦倫詩著《八字應用經驗學》，內蒙古人民出版社，2009年，第146～150頁；亦可參照凌志軒著《古代命理學研究：命理基礎》，中山大學出版社，2013年，第73、74頁。

〔註61〕 （宋）廖中撰：《五行精紀》卷33《論大運》，第252頁。

〔註62〕 （宋）廖中撰：《五行精紀》卷8《論五行二》，第63頁。

珠子》所言的將來者進，功成者退的原則，而其後果也只能是人逢驅馳連蹇之運了。「凡人初中之限，合行生旺，而不生旺，晚老之年，合行衰絕，而不衰絕，乃爲運背，此等人三限最爲驅馳連蹇也。」〔註63〕

細推起來，若將人生分爲早、中、晚三限，則三個時期大運旺衰亦不同，其所臨之五行十二宮宜分仔細。人生早年，大運喜逢胎、養、長生、沐浴、冠帶之鄉；人逢壯年，乃可行臨官、帝旺處；人至晚年，行運不可復旺，宜行衰、病、死、墓、絕地。《壺中子》總結道：「生旺雖吉，而未必吉，衰滅雖凶，而未必凶，達此者始可論運。蓋人自生至老，必從微以至少壯，十歲二十歲方當少年之時，惟可行胞胎、養、生、沐浴、冠帶處。三十、四十歲當陽強齒壯之時，乃可行旺處。五十、六十歲當天癸枯竭，只可行衰限。反此者如老得少年脈，少年得老年脈，非所宜也。」〔註64〕由此可見，生旺雖好，但不宜見於晚景；死衰雖惡，卻合人生晚年之境況。所以，宋人在論及大運的吉凶時，並非一心只求旺運。

宋人判定大運吉凶的第二條標準是大運喜逢旺地及有吉星高照。上文提到，宋代命理文獻記載大運的旺衰走勢應與人生的生老病死步驟相一致。但是大運行至身命休敗之地，雖然符合了人生晚年之衰朽境況，還是讓很多人無法接受。或許在不少宋人看來，人生無論早晚，運勢均是愈旺愈好，畢竟，誰也不喜歡晚景的淒涼。王廷光曰：「論行運至五行生旺之地，如木之得春，其敷榮華實可知矣。或行運至五行休敗之地，如木之逢秋，衰朽枯槁亦可見矣。人之四柱五行休旺、生死之理，在乎悟理窮幽，達微通變，以盡其妙。」〔註65〕行運之五行得地處，春風得意，富貴榮華接踵而至；行運至五行失地處，秋風蕭瑟，衰朽枯萎不可避免。好生惡死，乃人之常情。雖然王廷光這裡並未指出何者爲吉，何者爲凶，但從王氏言談中，人們不難做出對大運的喜好選擇。於是，可以看到宋代命理文獻中另一種對大運喜忌的評判標準：大運只喜旺地，不喜衰地。

> 凡大運到臨官地旺之地，主人盛旺快樂，發權進財，生子骨肉之慶，一運中亨通也。凡大運到衰病之鄉，一運中多退、破財、疾敗事。凡大運到死絕鄉，一運中，骨肉死喪，自身衰禍、鈍悶、百

〔註63〕 （宋）廖中撰：《五行精紀》卷33《論大運》，第253頁。
〔註64〕 （宋）廖中撰：《五行精紀》卷33《論大運》，第252、253頁。
〔註65〕 （宋）廖中撰：《五行精紀》卷33《論大運》，第252頁。

事寨塞也。凡大運到五行敗鄉，主人落魄懶惰，酒色荒迷。大運到胎

庫成形冠帶之鄉，一運中百事得中，安康平易也。(《燭神經》) 〔註66〕

上面這段話很明確地表示出，一個好的大運，與人的年齡無關，只與大運在五行十二宮中的位置有關。「夫五行之性，大概以胎、生、旺、庫為四貴，死、絕、病、敗為四忌，餘為四平，……」〔註67〕所以，《燭神經》的作者認為，大運到胎庫成形冠帶之鄉，一運中百事得中，安康平易。大運到臨官帝旺之地，該人發權進財，運勢亨通。而大運一旦行至衰病死絕等敗地，那麼破財、疾病、死喪等厄運當然也就接踵而至。

大運的喜忌不僅與其得地不得地有關，更牽涉到吉神與兇殺。如果說大運已不考慮人生的旺衰規律，只喜歡一味高走的話，那麼它當然也只喜歡吉神而討厭兇殺。《廣信集》、《三命提要》簡單列舉了一些大運所喜好的吉神：

凡行運至夾貴、華蓋、貴人、六合上，及乘生旺氣者，皆主喜慶，仍須察當生根基，十分則應五分，生時五分則應十分，福與災同。〔註68〕

凡大運到歲干祿馬同位，生馬同位，祿長生處，長生臨官旺庫，驛馬貴神，貴窠，以上十位，皆為大亨之運。運上更帶正官、正印，尤吉。……運行到祿合命、六合，更帶六神干，亦為亨運。〔註69〕

大運對於吉神的極度喜好也決定了其對兇殺的極度厭惡。宋代命理文獻列舉的一些兇神惡煞，若大運行至此處，往往意味著人生已步入「大凶之運」：

運到伏吟上，逢喪弔、白衣、飛廉、孤寡、歲刑剋身者，定主災厄。凡得此限，不利親戚，主有喪服。(《鬼谷遺文》) 〔註70〕

凡大運行到祿干死絕病敗上，為大凶之運。行到伏吟、反吟、空亡、三刑、六害、兇殺驟處，及祿逢鬼，皆為凶運(太歲行運，行到主一年凶)。(《三命提要》) 〔註71〕

以上講到了宋人判定大運吉凶的兩條標準。兩條標準孰對孰錯，後人難以做出評判，可以說二者都有一定道理。前者更符合人生老病死的成長規律，

〔註66〕 (宋) 廖中撰：《五行精紀》卷33《論大運》，第253頁。

〔註67〕 (宋) 廖中撰：《五行精紀》卷8《論五行二》，第63頁。

〔註68〕 (宋) 廖中撰：《五行精紀》卷33《論大運》，第254頁。

〔註69〕 (宋) 廖中撰：《五行精紀》卷33《論大運》，第257頁。

〔註70〕 (宋) 廖中撰：《五行精紀》卷33《論大運》，第257頁。

〔註71〕 (宋) 廖中撰：《五行精紀》卷33《論大運》，第258頁。

後者更符合人們好生惡死的心理需求。況且，很多命理法則是命理術士們在長期算命實踐中積累起來的經驗總結，其法則的修改演變往往以命理術士們的實踐檢驗為依據。如《三命提要》的作者就是以自己常年算命應驗結果來「證明」自己理論的確切無誤：「余歷觀貴人之運，死於死絕病敗者，十有七八。死於伏吟、反吟、空亡、刑害之運者，十有五六。死於三兇殺或二兇殺聚處者，十有三四也。此謂祿在無氣處者。如運到伏吟、反吟上，主有喪服、哭泣之災。古人云：伏吟反吟，悲哭淋淋。若大運小運相沖，或太歲壓運，或太歲小運亦到凶處，此為災發之年也。災大則父母亡，災小則陰人小口之哭。若伏吟、反吟運到祿馬建合，生庫旺相位上，於祿則利，於家則有小災。若晚年福衰祿謝，到此運，又是祿命凶位，必死也。」〔註 72〕該文作者如此信誓旦旦保證自己理論的應驗，是因為他的理論都是建立在以往應驗的數據上。依照其說法，貴人之運，亦懼死絕病敗之地，兇神惡煞之臨。從後來的命理術演變情況來看，大運吉凶的第一條判定標準在明清以後的命理文獻中已經消失不見了。雖然由宋至今，命理術已經發生了翻天覆地的變化，但是大運吉凶的判定標準基本上沿襲了大運喜逢旺地及有吉星高照的準則。為什麼後人承襲了宋人的第二條判定標準而捨棄了第一條判定標準？第二條標準的準確度是否高於第一條判定標準的準確度？要回答這個問題，還是要回到明清以來日漸盛行的子平術上。依筆者的分析來看，大運吉凶的第二條判定標準似乎更接近於明清以來子平術的命運判定標準。在子平術中，無論是命局還是大運流年，只要干支為喜用神，那麼它便喜行十二長生運的長生、建祿、帝旺等旺地，忌行衰、病、墓、絕等衰地。這恐怕才是後人選擇第二條標準的主要原因吧。

三、轉運與換甲運

《五行精紀》在講到大運的專題時，也談到了大運的轉換問題。從上一個大運到下一個大運的轉換，通稱為轉運。宋人認為，人在轉運之時，運勢並不會隨著新的大運的吉凶轉變而迅速轉換。轉運期間，人的大運還會受到上一個大運的一段時間的影響：

> 年雖逢於冠帶，尚有餘災。初入衰年，尤披剝福。

> 王氏注云：年運或初離沐浴暴敗之地，而順行才至冠帶之上，

〔註 72〕 （宋）廖中撰：《五行精紀》卷 33《論大運》，第 258 頁。

未可便以爲福，蓋尚有衰敗之餘災也。或自旺之地而行，初至衰鄉，
亦不可便以爲禍，蓋尤披旺鄉之勸福也。所以行運有前後五行之說，
蓋由此耶。(《珞琭子》) 〔註73〕

大運也好，小運、太歲也好，在運勢交接之後的短暫時間裏，都會受到
上一個運勢的影響。由敗運初值好運，尚有衰敗之餘災。由好運初值衰鄉，
福運尚存，不可立論災至。更有甚者，認爲大運在由災轉福之時更有重災，
由福轉災之時更有重福。《壺中子》就認爲在大運轉換之時，前運之福禍尤應：

將徹不徹，寧有久否之殃；欲交不交，尚有幾殘之福。

運在衰絕處，將入吉慶之地者，必於臨離之時，更有重撓。運
在吉慶之地，將入衰絕之處，必於初入時，更有重福也。(《壺中子》)
〔註74〕

無論是《珞琭子》中王廷光的觀點，還是《壺中子》中的觀點，都可以
看出，在宋人眼中，轉運並不意味著命運的即刻轉變，它還是需要一定時間
的等待的。這種觀點也深刻影響到了後人。

宋代還有一種特別的轉運概念，叫換甲運。「凡行運有逆行換甲入癸者，
有順行換癸入甲者，名曰換甲運。」換甲運，即大運由癸×運順行轉至甲×
運，或大運由甲×運逆行轉至癸×運。由於天干隔十遇甲，而一個大運又管
人生十年，因此，人的一生中至多只能逢一次換甲運。在宋人看來，換甲運
不同於其他的大運轉換，它是一個獨特的災運。「古語云：傷寒換陽，行運換
甲，換得過是人，換不過是鬼。」〔註75〕此運老人尤忌，多恐奪命。幼年或
少年經換甲者，可以度過難關，然亦多病多災，或父母早亡。

並不是每一個人的大運適逢換甲便可稱作換甲運，換甲也是需要一定的
條件的。「凡換甲者，謂六甲旬中，至換甲處，被納音所剋，換甲無氣也。」
具體說來，人逢換甲運時，年柱納音五行所代表之身命，須被換甲運納音五
行所剋，且換甲運之納音五行自坐地支爲死、墓之位。若納音五行金、木、
水、火、土自坐死、坐墓，通常稱其爲死金、死木、死水、死火、死土。所
以，「換甲所畏者，謂生金畏死火，生火畏死水，生水畏死土，生土畏死木，
生木畏死金」。試看《三命鈐》中所舉換甲運之命例：

〔註73〕 （宋）廖中撰：《五行精紀》卷33《論大運》，第253頁。
〔註74〕 （宋）廖中撰：《五行精紀》卷33《論大運》，第253頁。
〔註75〕 （宋）廖中撰：《五行精紀》卷33《論大運》，第255頁。

　　　　假令甲子金人，二月建丁卯，是金胎處生，男命順行，大運經

　　　巳爲金長生，此人大運到酉戌即死，緣甲子至癸酉，是十干氣止處，

　　　換得甲戌納音屬火，到酉爲死，到戌爲墓，所謂生金畏死火，此爲

　　　換甲無氣也。〔註76〕

查六十甲子納音表，甲子海中金，一個甲子金命人生於二月丁卯月。男命陽
年生，其大運干支依月柱干支順行，行至第七步大運至甲戌運，恰逢換甲。
甲戌納音屬火，剋甲子金人之身命，且火自坐墓，爲死火。所以，這就恰恰
符合了換甲運的生金畏死火的要求。這就是一個典型的換甲運的命例。而按
照此處說法，此甲子金人，「大運到酉戌即死」，看來此換甲運是必死之運。

　　再比如《三命提要》中所列舉的這樣一個命例：

　　　　如納音是木，木爲身，運過癸亥長生處，交到甲子金，是換甲

　　　逢死鬼也。謂金死在子，墓在丑，故一金皆爲死鬼也，其人必死。

　　　餘準此。〔註77〕

一個身命爲木的人，運交甲子金運，恰剋其身。又甲子金自坐死，故謂之換
甲逢死鬼也。這就是所謂的生木畏死金。這也是一個標準的換甲運，交上這
樣大運的人，命書判爲「其人必死」。

　　另有一些大運雖逢換甲，但是可以與平常大運一般看待，無須將其視作
換甲災運。試看《三命鈐》下面所舉之命例：

　　　　凡納音不經長生至換甲處，納音不在死墓，即不爲換甲也。假

　　　令丁卯人，正月中氣日生，作五歲氣運算，正月建壬寅，男命逆行

　　　即平生不換甲也。緣逆行過去之月，謂五歲以前在壬寅，七十五歲

　　　大運方到甲午，納音已屬金，故不爲換甲也。〔註78〕

查六十甲子納音表，丁卯爲爐中火。這是一個陰年生之男命，故其大運逆推。
其月柱壬寅，行至第八步大運方至甲午沙中金運。論其納音五行，身命反剋
大運，且大運納音五行自坐沐浴。這裡姑且不論此步大運之吉凶，但無疑其
並非換甲運。

　　換甲運可以說是宋代命理術特有的產物，後世命理學者評判大運時，不
再設此特殊之運，而將換甲之運與其他大運一視同仁。這應該也是符合命理

〔註76〕　（宋）廖中撰：《五行精紀》卷33《論大運》，第255頁。

〔註77〕　（宋）廖中撰：《五行精紀》卷33《論大運》，第255頁。

〔註78〕　（宋）廖中撰：《五行精紀》卷33《論大運》，第255頁。

術發展趨勢的。

第五節　小運與太歲

一、大運爲主，小運、太歲爲輔

在命理術中，大運、小運、太歲統稱爲歲運或運。大運，主宰著人生每十年一個階段的變化，是人生歲運中最重要的部分。分析一個人一生的運勢好壞，主要查的就是他的大運。小運、太歲則是次要的。「大運爲尊，其大歲小運資以次之。」〔註79〕「小大災福，皆以大運爲之主。」若大運、小運並太歲皆在吉處，當然這就是吉運；若三者都在凶處，這就是凶運。但是若大運在吉處，小運、太歲在凶處，或者大運在凶處，小運、太歲在吉處，這時的吉凶判定標準就要以大運爲主：

> 大凡大運在凶處，小運太歲皆到吉地，不能爲大福，止爲當年之利也。大運在吉處，小運太歲皆到凶位，不能爲大災，止爲當年之不利也。（《三命提要》）〔註80〕

> 大運至吉鄉，卻遇逐年太歲小運到刑害之鄉，亦主細累浮災，但不爲重害也。凡大運至本命宮，五行死絕，支干刑沖六害，一切凶殺者，爲屯蹇，凶禍之運，……其小運與太歲到生旺、祿馬、貴人一切吉神者，其年卻主有小喜，遂快事。但歲神過宮，福如故也。（《燭神經》）〔註81〕

當大運與小運、太歲發生矛盾衝突時，人的運勢當然也會發生一定的波折，但只要大運是平安的，則任何波折都是暫時的。如果大運走低，即使小運與太歲不錯，也只能表明那幾年有小吉，小吉一過，依然黴運當頭。

其實，大運與小運、太歲的關係也非常類似於命與運的關係。上文提到，命是一個人的基礎，基礎的厚薄，決定了一個人可以承擔的厄運的等級。同樣，大運也是小運、太歲的基礎，舉凡大運福厚者，雖有太歲、小運來沖剋，不爲禍或者爲禍不重；舉凡大運福薄者，流年小運一沖便破，災難立現。《燭神經》就以這樣的觀點解釋了歲運福禍的根由：「凡大運行十二宮，曾歷過本

〔註79〕（宋）廖中撰：《五行精紀》卷27《論凶殺》，第211頁。
〔註80〕（宋）廖中撰：《五行精紀》卷34《論晦數》，第264頁。
〔註81〕（宋）廖中撰：《五行精紀》卷33《論大運》，第253頁。

命長生處者，謂之氣盛之運，雖歲運來沖剋者，為禍不重，蓋運氣強故也。如大運未經長生，而歲運刑沖剋破則便為災，蓋氣未備，運弱故也。」〔註82〕

二、小運

　　小運，是人生中除了大運以外另一個重要的運勢。明清以來命理術今法時期的小運，指的是小孩子未交上大運以前的一種運勢，是專門用來補大運之不足的。「《三命通會》云：夫小運者，補大運之不足而立名也。然必須先詳八字衰旺喜忌，然後與大運及用神互相較量，吉凶乃定。至於幼童未交大運，尤宜用此法衡之。」〔註83〕今法時期的小運的推法類似於大運，其以時辰的干支作為出發點，陽男陰女順推，陰男陽女逆推。〔註84〕例如，一位壬午年丁亥時出生的男性，其為男命陽年生，大概六歲起大運，那麼六歲以前就要看其小運高下。從丁亥時順推，其一歲小運為戊子，二歲小運為己丑，三歲小運為庚寅……一直數到五歲小運壬辰。六歲以後承接大運，小運便沒有了。又比如一位男命陰年生的八字：丁未年，己酉月，乙酉日，庚辰時。其起大運時間約在五歲，那麼五歲以前，此人一直在走小運。由庚辰時逆數，其人小運一歲為己卯，二歲為戊寅，三歲為丁丑，四歲未丙子，五歲則承接大運戊申，小運終止。還有一些人，因為大運起始較早，是沒有小運的。因為小運指的是小孩子未交上大運以前的一種運勢，是用來補大運之不足的，因而一些一歲開始起大運的人就沒有小運。比如下面一個坤造，1971 年 7 月 7 日（陽曆）丑時出生，其四柱八字為：

年柱　月柱　日柱　時柱
辛　　甲　　癸　　癸
亥　　午　　巳　　丑

查萬年曆，此人出生第二天即臨小暑節令，不足一歲開始起乙未大運。這樣的女命，也就來不及起小運。

　　宋代命理術中的小運概念卻與今日之小運概念迥然不同。《燭神經》云：「小運名行年，男一歲起丙寅，女一歲起壬申，男順女逆而行，逐太歲交之。」《三命提要》論曰：「小運一年移一位，男子一歲起丙寅，順行依次數向前，

〔註82〕　（宋）廖中撰：《五行精紀》卷33《論大運》，第 254 頁。
〔註83〕　袁樹珊著：《新命理探原》，第 263 頁。
〔註84〕　關於小運的論述，可參照凌志軒著《古代命理學研究：命理基礎》，中山大學出版社，2013 年，第 79、80 頁。

六十一歲又自丙寅數起也。婦人一一歲起壬申，逆行依次數向後六十一歲，又自壬申數起也。」〔註 85〕由此可見，宋代小運起法非常簡單，凡男子皆從丙寅數起順行，凡女子皆從壬申數起逆行，皆一歲一運。〔註 86〕且宋人的小運，非是指小孩子未交上大運以前，用來補大運之不足的一種運勢，而是一種相伴終身的運勢。六十年一甲子輪流完畢後，可以再重新開始。

爲什麼宋人以丙寅作爲男命小運的起始，並一生順行；以壬申作爲女命小運的起始，並一生逆行？《閩東叟書》這樣解釋道：「小運者，陰陽生成之數也。陽生於子，至寅三陽成矣。故男一歲順起於丙寅，陰生於午，至申三陰成矣，故女命逆行，一歲起壬申。火至陽之氣，木少陽之氣，丙火寅木，而火生在寅，則丙寅者純陽也，故男子之運均起於丙寅。水至陰之氣，金少陰之氣，壬水申金，而水生在申，則壬申乃純陰也，故女子之運均起於壬申。」〔註 87〕

小運的編排法則其實最早見於隋代蕭吉的《五行大義》。《五行大義·論人遊年年立》專門提到了「行年」、「年立」的概念。這裡的行年和年立，就是宋代命理術中的小運。行年和年立，二者名雖異而實爲一。「年立即是行年。立者，是住立爲義，以其今年立於北辰也。就人而論，常行不息，故謂曰行。就歲而論，今之一歲，年住於此，故謂之立。」《五行大義》講解了行年或年立的推演之法，這種方法，在晚唐五代的敦煌文獻中多有反映（詳見本文第一章第三節第三小節「敦煌文書中的晚唐五代命理術」），也是宋代命理術的起小運之法：

> ……遊年從八卦而數，年立從六甲而行。六甲者，男從丙寅左

〔註 85〕（宋）廖中撰：《五行精紀》卷 33《論小運》，第 259 頁。此處小運的推法亦可見於明代的《淵海子平》、《三命通會》等命學典籍，見《新刊合併官板音義評注淵海子平》卷 1《論行小運法》，第 83 頁；（明）萬民英撰《三命通會》卷 2《論小運》，第 131 頁。

〔註 86〕不過，在《五行精紀》收錄的另一部宋代命理文獻《五行捷論》中，還有另一種起小運方法：「陽男陰女寅至卯。寅上起一歲，卯上起二歲，辰上起三歲。陰男陽女申至未。申上起一歲，未上起二歲，午上起三歲。右一年行一位，凡撞辰巳戌亥年，定有災殃，號名孩兒運。」（《五行精紀》卷 28《釋小兒例》，第 223 頁）《五行捷論》中的起小運方法，並不是按照男女籠統劃分，而是以陽男陰女、陰男陽女來起運的，更接近於起大運的方法。不過，這裡面只提到小運地支的排列，並未提到小運的天干安排。而且，所謂的「凡撞辰巳戌亥年，定有災殃，號名孩兒運」的說法，也是此處所僅見。

〔註 87〕（宋）廖中撰：《五行精紀》卷 33《論小運》，第 259 頁。

行，女從壬申右轉，並至其年數而止，即是行年所至，立於其處也。
若欲算知之者，男以實年加二算而左數，女以實年加一算而右數，
並從甲子旬始，盡其算，即是立處也。所以男從丙寅數，何者？日
生於寅，日爲陽精，男從陽，故取日。丙爲太陽，故取丙以配寅。
女從壬申數，何者？月生於申，月爲陰精，女從陰，故取月。壬爲
太陰，故取壬以配申。陽故左行，陰故右轉。《孔子元辰經》云：「若
甲子旬，男從丙寅，女從壬申；甲戌旬，男從丙子，女從壬午；甲
申旬，男從丙戌，女從壬辰；甲午旬，男從丙申，女從壬寅；甲辰
旬，男從丙午，女從壬子；甲寅旬，男從丙辰，女從壬戌。」皆曰
行年。〔註88〕

然而，據南宋洪邁考證，這種起小運法起源更早，發端於漢代。洪邁的
考證或可視爲一說，現錄其說於下：

今之五行家學，凡男子小運起於寅，女子小運起於申，莫知何
書所載。《淮南子·泛論訓》篇云：「禮三十而娶。」許叔重注曰：「三
十而娶者，陰陽未分時俱生於子，男從子數左行三十年立於巳，女
從子數右行二十年亦立於巳，合夫婦，故聖人因是制禮，使男子三
十而娶，女人二十而嫁。其男子自巳數左行十得寅，故人十月而生
於寅，故男子數從寅起；女自巳右行得申，亦十月而生於申，故女
子數從申起。」此說正爲起運也。〔註89〕

宋人很少以小運爲對象單獨推算一個人的運勢，他們往往將大小運甚至
太歲合而論運。小運，更多的時候是作爲大運的附屬在起作用。「小運助大運
太歲相依負而爲吉凶。」〔註90〕在宋代命理文獻《三命鈐》中，作者便是將
大小運相配合來論一個人的喜運及厄運的：

大小二運爲喜會者：（一）謂大運至祿旺，小運至驛馬，假令癸
丑人，大運至子，小運至亥，是也。（二）謂大運至驛馬，小運至建
祿，假令癸丑生人，大運至亥，小運至子，是也。（三）謂大運至驛
馬，小運至馬合，假令癸丑生人，大運至亥，小運至寅，是也。（四）

〔註88〕（隋）蕭吉撰：《五行大義》卷5《論人遊年年立》，第288、289頁。
〔註89〕（宋）洪邁撰、孔凡禮點校：《容齋續筆》卷15《男子運起寅》，中華書局，
2005年，第409頁。
〔註90〕（宋）廖中撰：《五行精紀》卷33《論小運》，第259頁。

謂大運至驛馬合，小運至驛馬，假令癸丑生人，大運至寅，小運至亥，是也。（五）謂大運至祿庫，小運至祿庫合，假令癸丑生人，大運至辰，小運至酉，是也。（六）謂大運至祿財長生，或命財長生，小運至合。假令癸丑生人，寅爲祿財長生，寅與亥合，申爲命財長生，巳與申合，是也。（七）謂大運至祿長生，小運至建祿，假令癸巳生人，大運至申，小運至子，是也。（八）謂大運至身旺，小運與本命合，假令癸丑生人，大運至卯，小運至子，是也。（九）謂大運小運至祿命旺相之鄉，假令癸丑生人，至亥子是也。

大小二運爲厄會者：（一）謂大運至祿命絕，小運至敗，假令癸丑生人，大運至巳，小運至酉，是也。（二）謂大小二運併在祿命無氣之鄉，假令癸丑生人，巳爲絕，酉爲敗，丑爲衰，寅爲病，卯爲死，辰爲墓，是也。（三）謂大運小運相沖，假令癸丑生人，大運至卯，小運至酉，或大運至酉，小運至卯，又卯酉爲死敗之鄉，是也。（四）謂大運在本命，小運又沖破，假令癸丑生人，大運至丑，小運至未，是也。（五）謂大運至生月，小運至胎月，假令癸丑三月生，大運至辰，小運至未，是也。（六）謂大小二運併在三刑、六害、元辰之位。假令癸丑生人，六害、元辰在午，三刑在未，是也。（七）謂大小二運至災劫二殺之位，假令癸丑生人，劫殺在寅，災殺在卯，是也。（八）謂大小二運落空亡，假令癸丑人，是甲辰旬中寅卯爲空亡，是也。（九）謂大小二運至男女正天羅地網，假令戌生男，遇亥，亥生女，遇戌，爲正天羅。辰生男，遇巳，巳生女，遇辰，爲正地網是也。〔註91〕

據此，一個人的運勢好壞，應按照大運、小運如此各九種搭配：

大小二運喜會表

大運	小運	舉例
祿旺	驛馬	癸丑人，大運至子，小運至亥是也。
驛馬	建祿	癸丑人，大運至亥，小運至子是也。
驛馬	馬合〔註92〕	癸丑人，大運至亥，小運至寅是也。

〔註91〕 （宋）廖中撰：《五行精紀》卷34《論二運》，第261頁。
〔註92〕 馬合，指的是驛馬合，即小運地支與大運驛馬相合。

驛馬合	驛馬	癸丑人，大運至寅，小運至亥是也。
祿庫	祿庫合	癸丑人，大運至辰，小運至酉是也。
祿財長生或命財長生〔註93〕	與祿財長生或命財長生合	癸丑人，寅爲祿財長生，寅與亥合，申爲命財長生，巳與申合是也。
祿長生	建祿	癸巳人，大運至申，小運至亥是也。〔註94〕
身旺	與本命合	癸丑人，大運至卯，小運至子是也。
祿命旺相之鄉	祿命旺相之鄉	癸丑生人，至亥子是也。

大小二運厄會表

大運	小運	舉例
祿命絕	祿命敗	癸丑人，大運至巳，小運至酉是也。
祿命無氣之鄉	祿命無氣之鄉	癸丑人，巳爲絕，酉爲敗，丑爲衰，寅爲病，卯爲死，辰爲墓是也。
沖小運	沖大運	癸丑人，大運至卯，小運至酉，或大運至酉，小運至卯是也。
本命	沖本命	癸丑人，大運至丑，小運至未是也。
同生月地支	同胎月地支〔註95〕	癸丑三月生，大運至辰，小運至未是也。
三刑、六害、元辰	三刑、六害、元辰	癸丑人，六害、元辰在午，三刑在未是也。
災、劫二殺	災、劫二殺	癸丑人，劫殺在寅，災殺在卯是也。
空亡	空亡	癸丑人，是甲辰旬中寅卯爲空亡是也。
天羅地網	天羅地網	戌生男，遇亥，亥生女，遇戌，爲正天羅。辰生男，遇巳，巳生女，遇辰，爲正地網是也。

　　上述大小運搭配原則中，雖然大部分大運、小運並不完全一致，但是已經有少量大小運是採用相同標準的了。而在另一部命理文獻《燭神經》中，

〔註93〕 所謂祿財長生，指年干五行所剋五行長生之位。如癸丑生人，年干癸水以火爲財，火長生位在寅，故寅爲癸丑人的祿財長生；所謂命財長生，指年干五行長生之位。如癸丑生人，年干癸之五行在水，水長生之位在申，故申爲癸丑人的命財長生。
〔註94〕 原文爲小運至子，但依原文之意，小運至建祿，應爲亥，據此改。
〔註95〕 此處胎月是生月上數九月所得。

作者在判定一個人運勢吉凶時，則完全將大運、小運等同視之，不分彼此了：

　　凡二運見貴人，主少災無撓，主有人引接，進職加官。貴人多，
主見君登封。常人生子得財，婦人夫子之喜，僧道利見大人。二運
見祿，貴人加冠遷祿。常人得財。二運見驛馬，官員帶職差遣，或
宣力四方。常人榮干得財。婦人生男，夫位有喜。僧道征行吉也。
二運見華蓋、夾貴，文官遷職清華，武官罷職，常人破財停權，但
主無禍。僧道披剃，百事大吉。二運到正印，官人建大功名。常人
聚財得權。婦人骨肉之憂，僧道章服、住持。二運見金輿，不以貴
賤，主婚姻慶賀，骨肉之喜。婦人百事大吉，僧道干陰貴人。

　　凡二運見伏吟、返吟，不以貴賤，主人疾病、破財、離鄉、哭
泣之事。惟僧道披剃吉利。二運見喪門、弔客，主死喪哭泣不祥之
事，不以貴賤論之。惟僧道大吉，章服權握之喜。二運見劫殺，武
官非橫遷職，文官胥吏起訟或致黜責。常人橫事失權散財，婦人損
胎，僧道公事不利上人。二運見官符，官人僚友辯舌，上官窖涉督
責，常人鬥訟，婦人骨肉不和，僧道官事發覺不詳也。二運見大耗，
官人上司問難，暗昧讒佞難伸。常人破家失財。婦人憂夫泣子，疾
病驚恐，甚者死也。僧道還俗罷權。二運見咸池，官人贓濫發覺，
不測暗昧，連累。常人酒色，婦人亦然，及損血氣陰撓。僧道疾病
還俗，不寧之兆。二運見空亡，官人罷祿，被逐。常人官事破財鈍
悶。婦人憂夫子。僧道平和慰快之年（凡太歲到以上諸殺位，亦依
此論之）。二運到無禮刑，官人民吏起訟，上官詰責，僚屬相侮，不
利見君。常人上下不睦，陰小多災。婦人有淫訛發覺。僧道爭權。
二運至無恩刑，官人不利薦舉，屬官家宅陰小死亡。常人恩中生害，
六親失義。婦人損胎。僧道俗家骨肉服。二運至恃勢刑，官人同僚
不和。常人爭打，是非紛冗。婦人不和，僧道平常。凡運至勾絞者，
主勾連連累遠方之事。運至二八門者，主動搖猶豫。二八門者，卯
酉是也。運至陰陽二路者，子午是也，主多迍寒，諸事隔絕。運至
當生胎月上者，主有祖宗舊事動搖也。〔註96〕

　　《燭神經》中，作者將大、小二運視為一體，凡二運見貴人、祿、驛馬、

〔註96〕（宋）廖中撰：《五行精紀》卷34《論二運》，第260頁。

華蓋、夾貴、正印、金輿等吉神時，貴人、常人、婦人、僧道多有不同貞吉之事；凡二運見伏吟、返吟、喪門、弔客、劫殺、官符、大耗、咸池、空亡等凶殺及三刑時，不同人等又見不同凶險之事。當然，在少量命例中也會出現大小運相同的情況，這種情況下，將二運等同視之並無不妥，但絕大多數的大運、小運是不同的。比如說大運見到吉神，小運見到的可能是吉神（但也是不同的吉神），也可能是凶殺。這時產生的差異，該如何面對。宋人沒有告訴後人詳細的區分標準。通常宋人判運時是以大運爲主，小運、太歲爲輔，但是這樣，二運就沒有必要視爲一體，或者一個基本單位。所以，很顯然，宋代命理術並沒有明確區分大小運的不同。這是很不嚴謹的一種習慣，也給後人留下了改進的空間。後來的事實證明，後代命理術士在保留大運的同時，也逐漸廢除了宋人的小運。〔註97〕

三、太歲

太歲，同大運、小運一樣，也是一個命局的外延，屬於運的一個組成部分。命理術中的太歲有兩種。一種是命局中的年柱，叫做當生太歲；另一種是逐年輪轉而至的，叫做遊行太歲，也叫做流年。當生太歲是終身不變的，不屬於運勢的一部分。我們該節討論的是後者——遊行太歲，也即流年。古人很重視太歲，「夫太歲者，乃一歲之主宰，諸神之領袖」〔註98〕。宋人也認爲，「太歲者，木星之精也。每歲一位，其神爲諸殺之君，故諸殺視之以定其位」〔註99〕。雖然太歲的重要性是次於大運的，但是具體到某一年的吉凶，流年太歲所起的作用更爲直接，故稱其爲一歲之主宰是恰如其分的。

太歲的吉凶往往與本命、神煞緊密相關。尤其是本命，成爲判定太歲吉凶最主要的依據。太歲「所至之宮，欲常與本命支干納音相合，無沖害、刑剋，仍加本命貴人、祿馬，一切福神之地，則其年有遷官得財、成名進身．婚姻生子、利見大人之福」。無論是本命天干、地支也好，納音也罷，只要是能與太歲相合而無沖害、刑剋，那麼該年就不會逢凶歲。若能命局中再帶些

〔註97〕宋人小運的推法至明代《淵海子平》、《三命通會》等命理書籍仍可見到，但是在《三命通會・論小運》中已講到了醉醒子的小運推法，即今之小運推法。見（明）萬民英撰《三命通會》卷2《論小運》，第131頁。可見在明代，宋代小運的概念已被逐漸更替，而我們今天的命理術中早已不見這種小運了。

〔註98〕（明）萬民英撰：《三命通會》卷2《論太歲》，第132頁。

〔註99〕（宋）廖中撰：《五行精紀》卷34《論太歲》，第262頁。

吉神，那麼一年當中就會福星高照。但是太歲「如在本命支干納音，三才刑
剋、死絕，一切兇殺之地，則主疾病、官災、破財，不祥、死喪，動有不快，
上人怪責之事，更以運氣扶合用之」。本命干支、納音處太歲死絕之地，或與
之刑剋，或兇殺臨之，均代表著疾病、官災、破財、死喪之類災禍。詳細到
具體的本命與太歲之間的推命，《燭神經》這樣規定到：「凡太歲與本命相生
年，利見大人。凡太歲與本命相剋年，宜防上人怒責。凡太歲與本命相刑年，
主有官事。凡本命納音生太歲年，破財勞冗，百事不成。凡太歲生本命年，
事多逐心。凡太歲壓本命年，主動為稽滯不快。」〔註100〕

　　太歲不僅與本命息息相關，也與神煞有密切的關聯。與命局及大小運一
樣，太歲也喜逢吉神，惡遇兇殺。通常，宋人將運勢視為命局的外延，以命
局中各柱為依據，來看有何吉神兇殺降臨歲運之上，再以神煞的吉凶判定該
歲運的好壞。《燭神經》就規定了太歲與不同神煞結合產生的不同命運的細
則，為今人瞭解宋代判定太歲吉凶具體斷語提供了樣板：

> 凡太歲入宅，主家宅動搖，宅者命前五辰是也。凡太歲臨大耗
> 年，多賣田產。凡太歲至空亡年，失脫破財。凡太歲至劫殺年・主
> 咽喉目赤之災。凡太歲見咸池年，淫亂公事。凡太歲到破命年，多
> 驚恐暴橫之事。凡太歲壓元辰年，主移徙，或妻妾親人失義也（命
> 前一辰是）。凡文官命見學堂貴人，金水木食神驛馬合命。若太歲在
> 身生旺之年，同人登第，仕人轉資見君，登封發祿之歲。凡武官命
> 見倒食、祿鬼、刑沖、官符、合祿、劫殺逢生、刑害見旺之年，必
> 主功立事在邊職也。（《燭神經》）〔註101〕

在這裡，不同的神煞降臨太歲導致命主當年命運各異。而且，太歲遇到神煞
後對命主的身份也有一定的要求。如文所載，若太歲帶學堂貴人等吉神且在
命主身旺之年，那於文官便意味著登第發祿。而若倒食、官符、祿鬼等凶神
見於太歲，命主身命亦旺，這樣的情況對於武官是最有益的。因為武官喜刑
殺，須借殺以立功立威。

〔註100〕（宋）廖中撰：《五行精紀》卷34《論太歲》，第262頁。
〔註101〕（宋）廖中撰：《五行精紀》卷34《論太歲》，第262頁。

第五章　宋代命理術的推命方法

第一節　以年柱三命爲主

一、以年柱爲主來推命的宋代古法

宋代古法時期的命理術在推命時，絕大多數情況下是以年柱爲主，其他的三（四）柱爲輔的。不少宋代命理文獻將年柱視爲身命，凡身命強旺得遇他柱或歲運生助，吉神加持，那麼就是大吉之命。凡身命死絕無氣，爲他柱或歲運刑害，又遭遇兇殺，那麼就很可能是凶命。《閭東叟書》將年命所遇的第一種情況稱爲福聚之地，將第二種情況稱爲禍聚之地：

> 若遇生、旺、庫、印、天乙、天官、華蓋、文星、學堂、官印、
> 祿馬之類，爲福聚之地，遇剋破空亡惡殺、刑官、休敗、死絕之地，
> 爲禍聚，然有華蓋、正印、雖少、倍增。無學堂驛馬雖多減半，清
> 貴之家，驕貴之族，亦以此別之。（《閭東叟書》）〔註1〕

宋人常視年柱爲己身，故其判命也以年柱身命爲主，但凡身命處福聚之地，即可判爲富貴之命；但凡身命陷禍聚之地，就難逃凶災卑賤。

然而細看這個福聚、禍聚之地，發現其實裏面包含了眾多判命的因素，比如五行間的刑沖害合、神殺吉凶、命主得地與否……所謂的福聚、禍聚之地只是諸多判命法則籠統的說法。因此，具體到對它的應用，不少的問題及矛盾就會凸顯出來。比如五行福聚之地，難以求全，而不同貴命所臨之福亦

〔註1〕　（宋）廖中撰：《五行精紀》卷18《論食神》，第138頁。

各有差。如此，宋人難免要以福聚差別將貴命分爲數等。如林開《五命》就視貴格條件之高下而將貴命分爲九等，術士論命只需對號入座即可：

> 謂年月日時胎，五行排成若無沖破、空亡、死絕，更有福神，互爲之助，五行入庫，最爲上格，貴極一品。雖不入庫，只生旺亦可，然不及入庫爲貴也。又不入庫，不生旺，只純粹不駁雜，亦可爲兩府。純粹不駁雜者，無死絕沖破空亡。若有空亡死絕，即從減論，然有他處納音救之，亦可爲兩府兩制，然頗多難，其履歷須反復進退，卻終有壽。若無救，有福神爲之助，當作卿監。若無救，更空亡，而有福神互爲之助，不過一多難員正郎，平生不能有土。若有沖破空亡，而又無一福神，不過薄尉州縣官，仍累經停替。若有三刑六害，即作有名舉人，或清高僧道。更有死絕，定是一富足百姓。〔註2〕

可依此制定一個九等貴命表格如下：

九等貴命表

貴命等級	福聚之地
一等：一品	無沖破、空亡、死絕，更有福神，互爲之助，五行入庫。
二等：一品	無沖破、空亡、死絕，更有福神，互爲之助，五行不入庫。
三等：兩府兩制	無死絕沖破空亡，不入庫，不生旺，只純粹不駁雜。
四等：兩府兩制	有空亡死絕，然有他處納音救之，不入庫，不生旺，只純粹不駁雜。
五等：卿監	有空亡死絕，無救有福神爲之助，不入庫，不生旺，只純粹不駁雜。
六等：員正郎	有空亡死絕，無救，而有福神互爲之助，只純粹不駁雜。生不逢土。
七等：薄尉州縣官	有沖破空亡，而又無一福神，只純粹不駁雜。
八等：舉人或僧道	有三刑六害，有沖破空亡，而又無一福神，只純粹不駁雜。
九等：富足百姓	有三刑六害，有沖破空亡，更有死絕，而又無一福神，只純粹不駁雜。

上述九等貴命表格，還只是諸多貴命格局的一小部分，實際的貴人之命的判定情況可能比這要複雜的多。宋代命理術士在爲人推命時不得不將貴格

〔註2〕 （宋）廖中撰：《五行精紀》卷7《論五行一》，第59頁。

進一步細化，以應付眾多的求卜者。於是，另一部宋代命理文獻《三命提要》
將貴命分成了二十種：

> 凡貴人之命，不可一塗而定，須推生月日時之所遇，有遇四貴
> 者，有遇五行本位及華蓋而貴者，有遇正天乙而貴者，有遇本家祿
> 而貴者，有遇干合而貴者，有遇正官印而貴者，有遇天乙神而貴者，
> 有遇天乙貴神合而貴者，有遇祿馬同位而貴者，有遇支干四字全而
> 貴者，有遇驛馬而貴者，有遇貴神足而貴者，有遇帶三祿而貴者，
> 有遇君相五行而貴者，有遇貴窠而貴者，有遇命合祿合而貴者，有
> 遇食神福會而貴者，有遇三支迭三奇全而貴者，有遇胎生元命而貴
> 者，有遇學堂而貴者，以上分爲廿例，……

但這樣的劃分還是遠遠不夠，《三命提要》要求推命者能夠靈活看待命局
福聚之地，如福遇多者如何斷，福遇少者如何斷，不同的吉神福力又如何劃
分等級……這些都需要術士們有一個度的把握：

> ……以上分爲廿例，非爲遇一例便爲貴人，但以生月日時三位
> 上占例數多者爲上貴，謂臺相兩府之人也。占例數中者，爲中貴，
> 謂侍從清華也。占例數少者，爲下貴，謂帶貼職並朝奉郎。以上入
> 爲省郎清望之官，出歷監司潘府之任，若知小州軍者，在下等也。
> 占例數又少者，京朝官而已，又少者選人而已。就二十例中，更以
> 福力之高下，則四貴位五行本位，正天乙本家祿，祿馬同鄉（不犯
> 沖破刑者）以上爲上等。上下合正官、正印、華蓋、天乙、貴人、
> 合生馬同位（陽祿臨官馬同）、有氣貴神（不與忌神同者）、支干四
> 字全、貴神足君相五行帶三祿以上，爲宜中等。食神福會，三支又
> 三奇，全干合胎生元命學堂無氣貴神（與忌神同），病馬絕馬祿合馬
> 合六合貴窠（命中胎生旺庫已爲四貴此謂其餘者也），以上宜爲下等
> 也。〔註3〕

福聚、禍聚之地的組成要素眾多，成爲判命難的第一個原因。而眾多
術士對福聚、禍聚之地福禍的界定的不同，又成爲禍福難斷的第二個原因。
比如對年柱身命的旺衰，大多數宋代命理文獻是主張身命強旺的，認爲身
命強旺，可以氣實壽長，超達進取：「凡貴命切要五行生旺，不可死絕，生
旺則超達，死絕則卑冗，生旺則權謀機變，死絕則沉滯坎坷，而於政事亦

〔註3〕 （宋）廖中撰：《五行精紀》卷22《論貴局下》，第173、174頁。

不敏也。」〔註4〕「大抵稟五行生旺，則氣實，氣實則壽長；五行死絕則氣薄，氣薄則短夭，蓋死絕則失時者也。」〔註5〕「夫人壽夭修短之數，大抵生旺爲壽長，死絕則爲夭折。如根深者蒂固，源濬者流長也。凡命皆要逢生旺，則爲有壽。」〔註6〕但也有少數文獻是反對身命強旺的，如沈芝《源髓》聲稱無論男女，皆不宜臨過旺之地，以免殺妻傷夫：「臨官帝旺二殺，雖五行壯，男多殺妻，女多傷夫。」〔註7〕而且越到後來，隨著中和原則的逐漸確立，這種一味強調身命強旺的原則也越來越爲後世命理家們所摒棄。所以，福禍之地到底是身命喜旺還是喜衰，自宋代始，便一直充滿爭議。

又比如宋代術士們在對吉神、惡殺的喜忌上，口徑也不一致。一些命理術士或許想當然地認爲，人之命造，五行無論怎樣搭配，必喜吉神而惡兇殺。吉神到，自然是福聚之地；兇殺到，自然是禍聚之地。但是事實上遠非如此，一些命理文獻反而把兇殺視爲武職或冢宰之命所必須的條件：

> 凡命入格局，須有一官重得之者愈增。然又須能辨其可以宜文、可以宜武。……或五行生旺，而無學堂、納音，見金火、官符，與劫殺往來，大耗與羊刃相承，刑沖帶馬剋，處貴氣主之，倒食帶殺。祿貴逢生，皆宜武官。
>
> ……
>
> 凡貴命見生旺帶殺，刑沖破及剋者，多刑獄兵刃之權。（《燭神經》）〔註8〕
>
> 凡命有清氣、有官印、有福神、有吉殺，天月德合，卻犯空亡、六害者，建功立業臺輔之命，蓋無空亡、無度量、無六害、無斷制也。
>
> 凡大用冢宰之格，須是六害空亡全，方有斷制、度量以能建功立業事也，凡冢宰輔臣皆以五行朝命，有殺論之，不可離空亡六害。
>
> 〔註9〕

〔註4〕　（宋）廖中撰：《五行精紀》卷22《論貴局下》，第174頁。
〔註5〕　（宋）廖中撰：《五行精紀》卷28《釋小兒例》，第220、221頁。
〔註6〕　（宋）廖中撰：《五行精紀》卷31《論壽夭》，第242頁。
〔註7〕　（宋）廖中撰：《五行精紀》卷29《並釋男女命例》，第231頁。
〔註8〕　（宋）廖中撰：《五行精紀》卷22《論貴局下》，第174頁。
〔註9〕　（宋）廖中撰：《五行精紀》卷22《論貴局下》，第175頁。

　　再有，並不是所有的人都喜福聚之地，惡禍聚之地的。這裡面最顯著的例子便是僧道。「凡道德命，較之他人用事相反」。一些常人畏懼忌諱的惡殺，正可應用在僧道身上無妨：

　　　　凡推道德命者，喪門、孤角、空亡，同類福者，是也。

　　　　……

　　　　凡道德命，較之他人用事相反，歲運上見喪門、弔客、孤寡、

　　　　伏返，常人哭泣持服喪禍處，乃為僧道披剃緣會，及賜服住持之時

　　　　也。(《燭神經》) 〔註10〕

　　　　孤寡兩犯，圓頂方袍；亡劫並刑，羽衣道士。

　　　　孤寡重重犯者，為圓頂之流，亡辰劫殺並三刑者，為羽衣之士。

　　(《壺中子》) 〔註11〕

　　　　孤辰、寡宿、華蓋，遇空亡，或道或僧。(《隱迷賦》) 〔註12〕

有時這些惡殺反而成為僧道之流的福聚之地：「二運見喪門、弔客，主死喪哭泣不祥之事，不以貴賤論之。惟僧道大吉，章服權握之喜。」「二運見空亡，官人罷祿，被逐。常人官事破財鈍悶。婦人憂夫子。僧道平和慰快之年。」〔註13〕與常人相較，僧道的福聚、禍聚之地的組成顯地截然不同。二者的福禍，有時甚至是相反的。而且，不止僧道，其餘如胥吏、九流之人的福聚、禍聚之地，都或多或少有著自己的特點。〔註14〕要掌握這些福禍判定標準的不同，就需要宋代命理術士們在論命時著重注意來訪者的身份。

　　在宋代，惡殺是對年柱身命造成傷害的重要因素。《珞琭子》就專門提到「身剋殺而尚輕，殺剋身而尤重」的概念。南宋釋曇瑩對此注釋到：

　　　　須要明其神殺輕重校量，身剋殺而尚輕，殺剋身而尤重。

　　　　瑩和尚注云：吉凶神殺，百有餘坐，或得於日時，或逢於歲運，

　　　　但以殺剋身而重，身剋殺而輕，更要隨器審詳，臨機消息。〔註15〕

按照釋曇瑩的注解，剋年柱身命之殺無論吉凶，都是對自己不好的。不

〔註10〕 （宋）廖中撰：《五行精紀》卷30《論僧道》，第235頁。

〔註11〕 （宋）廖中撰：《五行精紀》卷30《論僧道》，第235頁。

〔註12〕 （宋）廖中撰：《五行精紀》卷30《論僧道》，第236頁。

〔註13〕 （宋）廖中撰：《五行精紀》卷34《論二運》，第260頁。

〔註14〕 參見（宋）廖中撰《五行精紀》卷30《論九流》、《論吏卒》，第236、237頁。

〔註15〕 （宋）廖中撰：《五行精紀》卷34《論歲運》，第266頁。

過，宋代命理術更注重的還是惡殺對身命的剋制，並且認為，惡殺剋身則災重，不剋身則災輕。《五行精紀・雜釋諸例》就詳舉九位惡殺與身命的關係來說明這一點：

六厄至凶之神，剋臨則為災重，不然亦小災。

……

劫殺至凶之神，主貴權，大貴人主建節，剋臨身則災，不然則否。

災殺至凶之神，主兵刑之權，大貴人主建節，剋臨身則定凶，不然則只主喪服哭泣之事。

……

天殺凶神主權，不剋身不為災，剋身為災亦重。

……

歲殺主權，主文筆，不為災，剋身則為災亦重。

……

月殺凶神，文主侍從清華之貴，武主橫行帶職之位，剋身為災亦重。

地殺凶神，主權，大貴人主建節，不為災，剋身則為災重。

……

亡神至凶之神，主兵刑之權，大貴人主建節，剋臨身則為大災，不然則否，又只凶服哭泣之事。

……

刑殺（與將星同位）至凶害物之神，帶金火尤重，主兵刑之權。大貴人主建節，帶土木水不剋臨身，不為災。剋臨身則主有不測之禍，四仲人在本命，如帶金火，雖不剋身亦主有不測之禍。〔註16〕

上列九殺，無論取法如何，作用如何，一旦其對身命形成剋害，就會造成嚴重的惡果。當然，年柱身命所懼的剋害不僅僅來源於惡殺，其餘諸如他柱及歲運的刑剋也一樣會對命主造成傷害。如《壺中子》在論述大小運及流

〔註16〕（宋）廖中撰：《五行精紀》卷28《雜釋諸例》，第216頁。

年和年柱身命的關係時這樣說到：「凡行年二運至相生比合之鄉，則吉，至相剋不比合之鄉，則凶。行年二運生我命者吉深。我命生行年五行者吉淺。行年二運之五行剋我者凶多，我命剋行年二運之五行者凶少。」〔註17〕又如《玉照定眞經》在論述刑沖破害與身命的關係時也明確表示：「凡六害、三刑，刑沖破敗一歸只不剋身者，无咎；剋者，有凶也。」〔註18〕宋人往往還將命中四柱視爲一個有根有苗有花有果的植物，年柱就是一個植物的根。「分四柱者，年爲根，月爲苗，日爲花，時爲實。」〔註19〕根的紮實與否，決定了一個人命的堅韌程度。若身命五行根實深厚，就不懼外部因素的干擾；若身命五行根本不牢，外因稍一沖殺，就很有可能飄散零落。《金書命訣》講：「大凡看命，根實支茂，得月令氣象牢固，有氣無沖破廢脫，則歲運雖有刑、剋、沖、戰、殺神擊搏，雖災必解，而輕。若根本不牢，月令廢脫，則歲運雖有些小神殺沖擊，便至十分之災也。」〔註20〕

二、以年柱納音爲主推命

與子平術的標準模型只以日干爲分析的著眼點不同，古法時期的古典模型雖以年柱爲身命，卻沒有明確到底是以年干（祿）爲主，年支（命）爲主，還是年柱納音（身）爲主。事實上，在不同的場合、不同的命理文獻中，一個人的身命往往牽涉到年柱的干支或納音。換言之，凡年柱上的正五行、眞五行、納音五行，都可以視爲分析的主要依據。當然，在宋代命理術尤重納音的時代，以年柱納音五行爲主推命的習俗大概是最爲普遍的。《三命鈐》就是以年柱納音與他柱納音五行之關係來定得六親：

> 妻位者，以己身納音所剋者爲之，若在有氣之鄉，主得妻賢明婉淑，終身相保。假令甲子金人，以木爲妻，二月生是。餘準此。若在死墓無氣之鄉，則主所聚狠戾惡妬，或即頻妨剋。假令甲戌火命，以金爲妻，十一月十二月生，值妻死墓之月。餘準此。
>
> 夫位者，以剋我者爲夫，若夫在旺相有氣之鄉，則生得賢夫有官爵，終身和睦。假令甲子金命人，以火爲夫，五月生逢火旺。餘準此。若夫位在無氣墓絕之鄉，主得強暴凶悖之夫，或即其夫抱病，

〔註17〕（宋）廖中撰：《五行精紀》卷34《論歲運》，第266頁。
〔註18〕《玉照定眞經》，文淵閣《四庫全書》第809冊，第42頁。
〔註19〕（宋）徐大升撰：《子平三命通變淵源》卷上《定眞論》。
〔註20〕（宋）廖中撰：《五行精紀》卷34《論歲運》，第265頁。

或有妨剋。假令己巳木命，以金爲夫，十二月生金入墓。餘準此。

妾位者，以妻命所剋者爲之，謂木命人以水爲妾之類，若在旺相有氣之鄉，主有好婢妾，存心忠良，不相剋害。若在無氣絕木之鄉，及落空亡者，主無婢妾，縱有，心懷異志，或抱疾患，或多逃亡之類。

父位者，以剋母者爲之。謂如木命以土爲父，若遇父在有氣之鄉，其父必居華顯或得父祖麻蔭，名望升達。假令戊辰木命人，以土爲父，十一月生爲旺鄉，若居無氣之鄉，則主其父不利，或幼失尊長，或父抱疾，終當孤立。假令丁卯火命人，以金爲父，九月生爲衰鄉。他皆彷此。

母位者，以生我者爲之。謂如木命，以水爲母。遇母位在有氣之鄉，則主母有賢德性慈愛。假令庚午土命，以火爲母，五月生爲旺鄉。若遇母位居墓絕之鄉，則主幼失其母，多病患，或母性惡戾。假令壬申金命人，土爲母，十二月生，爲衰鄉。他皆彷此。

伯叔位者，以其父同類推之。謂如金命人，以木爲父，則以甲爲伯，乙爲叔。若遇伯叔在有氣之鄉，則主有足智略聰明伯叔。假令戊辰木命人，用土爲父，以戊爲伯，己爲叔，五月六月生，戊在午，己在未，仲夏土乘旺氣。諸準此例。若遇伯叔在墓絕之鄉，則主叔伯別異不親睦。假令己巳木命人，用土爲父，以戊爲伯，己爲叔，三月四月生，戊在辰，己在巳，季春土入墓，孟夏土絕。他皆彷此。

兄弟位者，取己身同類推之。謂如木命人，以甲爲兄，乙爲弟，如推伯叔法也。若遇兄弟在有氣之鄉，則主有孝友兄弟，終身和睦。假令丁酉火命人，以丙爲兄，以丁爲弟，五月六月生，丙在午，丁在未，夏火乘旺氣。餘準此。若遇兄弟在衰病之鄉，則主無兄弟，縱有多疾或常隔越。假令丙寅火命人，丙爲兄，丁爲弟，七月八月生，丙在申，丁在酉，孟秋火病，仲秋火死。餘彷此。

子位者，以妻命所生者爲之。謂如木命人以金爲子，若遇子位在旺相有氣之鄉，則生有聰明忠孝之子，光顯祖宗。假令甲子人以火爲子，五月生火乘旺氣。餘準此。若是陰命人，定子位，並以所

生者爲子，如木命人，火爲子。他彷此。其吉凶休咎，皆如前法夫
命推之。〔註21〕

在這些錯綜複雜的關係中，年柱納音所剋者爲妻；女命則他柱納音剋年
柱納音者爲夫；妻柱納音所剋者爲妾；生年柱納音者爲母；剋母柱納音者爲
父；與父柱納音五行同之天干爲叔伯；與年柱納音五行同之天干爲兄弟；妻
柱納音所生者爲子息。無論上述六親之關係如何複雜多變，其依據的起始點
都是在年柱納音上。因爲年柱納音即是身命，是己身。在自己所處的家族網
絡裏，一切親屬關係都必須與自己發生一定的聯繫。年柱納音所推出的六親，
其實就是現實中由自己出發推導出的龐大的家族網絡的眞實反映。

年柱納音既然代表了自身，那麼自身當然不希望命局中的其他因素來制
約自己。若年柱納音受到他柱納音等因素的刑沖剋害，往往意味著身命的夭
折或病殘。如《三命鈐》就以年柱納音和月柱納音之間的生剋關係來判斷一
個人的壽夭：

> 凡欲知人壽命長短，但以本年納音，與生月納音，觀其刑剋，
> 若生月剋命，即多夭折。命剋生月，主壽籌延永。假令癸亥水命人，
> 四月生即無壽，以戊癸年，四月建丁巳，納音屬土，土能剋水，是
> 生月剋命也。又癸亥人四月爲祿命絕處生，故無壽。如癸丑木命，
> 三月生，即有壽，以戊癸之年，三月建丙辰，納音土，木剋土，是
> 命剋生月也。設如兇殺下生，亦爲身制殺也。〔註22〕

在這裡，單以年月二柱納音五行之間的生剋關係來看，凡年柱納音剋月
柱納音者，主長壽；凡月柱納音剋年柱納音者，主夭折。是故所舉命例中，
癸亥水命人四月生者，夭；癸丑木命人三月生者，壽。以年柱納音被剋否來
推斷一個人的壽夭，這種思想在《五行精紀》、《玉照定眞經》中都有大量的
反映，只是具體到推命細則上又有不同。比如《玉照定眞經》就沒有把對年
柱納音的剋制因素僅限於月柱上：

> 身命逢刑，返剋時，必然夭賤。
>
> 注云：支與納音也。凡人身命（被）日時剋破者，夭賤也。
>
> 假令辛巳金人，五月丙寅日、時，寅刑巳，下火又剋金，故爲

〔註21〕　（宋）廖中撰：《五行精紀》卷29《並釋男女命例》、《論父母位》，卷30《論
　　　　　子息位》，第230～233頁。
〔註22〕　（宋）廖中撰：《五行精紀》卷31《論壽夭》，第242頁。

天賤也。

假令壬申金人，四月，乙巳日時，乙巳火四月旺，巳又刑申，
故祿廢之地，必大敗。

假令庚午土人，壬午日時，壬午自刑，正月甲木，木又剋土，
故應上文。外仿此。〔註23〕

依上文所述，年柱納音被剋，年柱地支再被刑，命主必然爲短命夭賤之
人。不過具體到此處舉出的三個命例，又可以分兩種情況來看待。一是年柱
地支被刑，年柱納音被他柱納音所剋。如第一個命例，辛巳金人，五月（甲
午）丙寅日、時生，其四柱干支爲：

年柱　月柱　日柱　時柱
辛　　甲　　丙　　丙
巳　　午　　寅　　寅

該命局中，年柱辛巳納音五行爲金，日時柱丙寅納音五行爲火，年柱納音被
日時柱納音所剋。年柱地支巳也被日時柱地支寅所刑。

第二種情況是年柱地支被刑，年柱納音被他柱地支所剋。如第三個命例，
庚午土人，正月（戊寅）壬午日、時生，其四柱干支爲：

年柱　月柱　日柱　時柱
庚　　戊　　壬　　壬
午　　寅　　午　　午

庚午納音五行爲土，壬午納音五行爲木，木雖剋土，但此處剋庚午土者
乃是月支寅木（即「正月甲木」）。年柱地支午又被日時柱地支午自刑。故亦
判爲短夭賤命。

三、以年柱干、支爲主推命

除去年柱納音，年柱的天干（祿）與地支（命）也往往作爲推命的出發
點。年干爲身時，當其受到他柱的天干、納音甚至地支的沖剋時，就會有相
應的禍事發生。如《玉照定眞經》下面的這段文字，就是因年干受他干或他
支剋制而導致了尊長和女子、小兒之災：

青龍與六合逢金，男女尊人之禍

〔註23〕　《玉照定眞經》，文淵閣《四庫全書》第809冊，第30頁。

　　甲青龍到申或見庚，乙六合到酉或見辛，主尊長陰小之禍患耳，

詳三主言之。〔註24〕

　　這段文字較爲晦澀，須仔細分析，方可解讀出其推命方法。星命學中，十天干分別對應十個神殺，或稱十個天將，具體安排爲：甲，青龍；乙，六合；丙，朱雀；丁，螣蛇；戊，勾陳；己，太常；庚，白虎；辛，太陰；壬，天后；癸，玄武。〔註25〕所謂「青龍與六合逢金」，即是指甲與乙命中逢金。具體而言，就是年柱天干爲甲，遇地支申或見他柱天干庚，則有災。因甲爲陽尊，故年干甲遇剋，主尊長有災。年柱天干爲乙，遇地支酉或見他柱天干辛，亦有災。因乙爲陰，六合主小兒，故年干乙遇剋，主女人、小兒之災。通過以上分析可以看到，很顯然這裡的推命是以年干爲身的。

　　宋代命理術中，也有以年支爲身的，其推理原則一如年柱納音、年干爲身者。只是以年支爲身者，其年支往往結合三合局或三會局的地支來判。推命時，但凡年支爲三合局或三會局地支之一者，皆以三合局、三會局五行視之。還以《玉照定眞經》中命例說明之：

　　　地刑兩見，他母所生。

　　　犯地殺兩重也。申子辰人兩見戌，巳酉丑人兩見未，寅午戌人
　　兩見辰，亥卯未人兩見丑。假令甲戌人，戊辰月，己未日，戊辰時
　　應耳。但一見地殺，時居上者應耳，外同。〔註26〕

　　此處，凡年柱地支爲申子辰之一者，他柱地支再有二戌，則判身命兩見地殺。其餘如年柱地支爲巳酉丑之一而兩見未、寅午戌之一而兩見辰、亥卯未之一而兩見丑，都可以判爲年支兩見地殺。凡身命兩見地殺者，主爲他母所生。如下命例中四柱：

　　年柱　月柱　日柱　時柱
　　　甲　　戊　　己　　戊
　　　戌　　辰　　未　　辰

若以年支爲身命來判，此人屬寅午戌人，上文中規定，凡寅午戌人兩見辰而爲他母所生。此人四柱中月柱和時柱地支均爲辰，故判其兩見地殺，爲他母生無疑。《玉照定眞經》在此處的判命就是以年支爲著眼點的。

〔註24〕　《玉照定眞經》，文淵閣《四庫全書》第 809 冊，第 34 頁。
〔註25〕　《玉照定眞經》，文淵閣《四庫全書》第 809 冊，第 43 頁。
〔註26〕　《玉照定眞經》，文淵閣《四庫全書》第 809 冊，第 36 頁。

以年干或年支爲身命者，還有一個共同點，那就是術士們經常以神殺爲其推斷吉凶，其身命往往是推神殺的依據。宋代命理術中，神殺推命占很大一部分，而大部分神殺的查詢就是以年干或年支爲主的。這樣來講，推命其實就是以年干或年支爲依據查找神殺、確定格局的過程。神殺既然爲斷命的依憑，那麼其推命的著眼點當然也就放在年柱或年支上了。如《廣信集》在論述「絪縕殺」、「祿頭鬼」兩個格局時，都是以年干爲推祿的依據，並進而定下格局判命的：

【絪縕殺】

　甲人戊寅　乙人己卯　丙人辛巳　丁人庚午　戊人癸巳　己人壬午

　庚人甲申　辛人乙酉　壬人丁亥　癸人丙子

　以上乃祿頭是財，主人富有聲望，古詩云：祿生於絪縕，因財反有名，君子榮顯祿，常人主豐盈。

【祿頭鬼】

　甲人庚寅　乙人辛卯　丙人癸巳　丁人壬午　戊人乙巳　己人甲午

　庚人丙申　辛人丁酉　壬人己亥　癸人戊子

　以上又名赤舌殺，君子主甲科，常人口舌刑責，若別有貴救，主家世超越，三代富有，行年太歲遇之，主有災。(《廣信錄》) 〔註27〕

再比如天乙貴神，也是以年干爲主來推斷神殺的典範。而且天乙貴神在不同的情形下其神殺性質也不盡相同。宋代命理文獻《金書命訣》便詳細劃分出了天乙貴神下屬的各個小貴神，現根據原文，製成表格。以下便是甲戊庚人、乙巳人、丙丁人、壬癸人、辛人在月、日、時柱上的不同的天乙貴神名稱〔註28〕：

甲戊庚人在月、日、時柱上的天乙貴神名稱表

貴神名稱	文星貴神	退氣貴神	大敗貴神	武星貴神	羊刃貴神	華蓋貴神（截路空亡貴神）	退氣羊刃貴神	羊刃貴神	華蓋貴神（空亡大敗貴神）	伏神華蓋貴神
天干	乙	丁	己	辛	癸	乙	丁	己	辛	癸
地支	丑	丑	丑	丑	丑	未	未	未	未	未

〔註27〕 （宋）廖中撰：《五行精紀》卷15《論祿》，第 114 頁。

〔註28〕 參照（宋）廖中撰《五行精紀》卷14《論天乙貴神》，第 109 頁。

乙巳人在月、日、時柱上的天乙貴神名稱表

貴神名稱	進神貴神	交神貴神	福神貴神	德合貴神	羊刃貴神	截路空亡貴神	大敗貴神	伏馬貴神	建祿貴神	大敗貴神
天干	甲	丙	戊	庚	壬	甲	丙	戊	庚	壬
地支	子	子	子	子	子	申	申	申	申	申

丙丁人在月、日、時柱上的天乙貴神名稱表

貴神名稱	破祿貴神	喜神貴神（大敗貴神）	進神貴神	建祿交貴神	福神貴神	天德貴神	文星貴神	臨官貴神	正祿馬貴神	大敗貴神
天干	乙	丁	己	辛	癸	乙	丁	己	辛	癸
地支	酉	酉	酉	酉	酉	亥	亥	亥	亥	亥

辛人月、日、時柱上的天乙貴神名稱表

貴神名稱	進神貴神	交羊刃貴神	伏羊刃貴神	文星截路貴神	祿旺氣貴神	文星建祿貴神	文星貴神	伏馬貴神	祿馬貴神	截路貴神
天干	甲	丙	戊	庚	壬	甲	丙	戊	庚	壬
地支	午	午	午	午	午	寅	寅	寅	寅	寅

壬癸人月、日、時柱上的天乙貴神名稱表

貴神名稱	天喜貴神	截路貴神	進神貴神	交破祿貴神	旺祿貴神	正祿馬貴神	九天祿庫貴神	九天祿馬庫貴神	截路貴神	伏馬貴神
天干	乙	丁	己	辛	癸	乙	丁	己	辛	癸
地支	卯	卯	卯	卯	卯	巳	巳	巳	巳	巳

　　以上表格中的貴神，干支皆是同處一柱。從其名稱可以推斷，有些貴神是吉神，如旺祿貴神、天德貴神、正祿馬貴神等；有些貴神名帶惡殺，定不為貴，如大敗貴神、截路貴神等。事實上，以上這些天乙貴神衍生出的支系，不過是命局中其他干支與年干作用的結果。其名稱的吉凶反映的正是這種關係的吉凶。正如《金書命訣》對其論道：「凡如此以上貴神，若於祿馬同窠，不犯交退伏神，支干相合者，定須官高職清。若無德，更值空亡交退伏神，五行無氣，至老不貴。緊要在月日時支干相合，則為吉，不然乃庸常流也。」〔註29〕如此

〔註29〕　（宋）廖中撰：《五行精紀》卷14《論天乙貴神》，第109頁。

說來，在判命的實際過程中，也不必太計較這些貴神的名稱，只要認清天乙貴神與命局中其他干支之間的關係就可以了。

此外，以年支爲主者亦如是。宋人在論述驛馬時，年支爲寅午戌、申子辰、亥卯未、巳酉丑之人在月、日、時柱上推出的驛馬種類繁多。在宋代，驛馬的使用是較爲複雜的。在查出一人命帶驛馬後，還需要關注此驛馬位列何干之下。如年干爲寅午戌之人，驛馬在申，若是甲申則是截路空亡馬，若是丙申則是大敗馬，若是戊申則是福星伏馬……。依《五行精紀》中之「驛馬位歌」，現將各天干坐驛馬之名列表如下：

寅午戌人月、日、時柱上驛馬名稱表

驛馬名稱	截路空亡馬	大敗馬	福星伏馬	建天關馬	大敗馬
天干	甲	丙	戊	庚	壬
地支	申	申	申	申	申

申子辰人月、日、時柱上驛馬名稱表

驛馬名稱	正祿文星馬	福星馬	伏馬	破祿馬	截路馬
天干	甲	丙	戊	庚	壬
地支	寅	寅	寅	寅	寅

巳酉丑人月、日、時柱上驛馬名稱表

驛馬名稱	天德馬	天乙貴馬	旺祿馬	正祿馬	大敗馬
天干	乙	丁	己	辛	癸
地支	亥	亥	亥	亥	亥

亥卯未人月、日、時柱上驛馬名稱表

驛馬名稱	正祿馬	旺氣馬	九天祿庫馬	截路馬	天乙伏馬
天干	乙	丁	己	辛	癸
地支	巳	巳	巳	巳	巳

並且，驛馬的發應時間也是有嚴格限制的。按照宋人規定，寅午戌人驛馬於巳、酉、丑、申年月日時發應；申子辰人驛馬於亥、卯、未、寅年月日時發應；巳酉丑人驛馬於申、子、辰、亥年月日時發應；亥卯未人驛馬於寅、

午、戌、巳年月日時發應。〔註30〕

　　大體這些推命過程，就是以年柱干支爲著眼點，先定神殺，再定格局，然後依據神殺、格局的斷語來定義人的命運。這些都可以看作是以年干、年支爲依據查找神殺進而判命的典範。

第二節　以各柱間的尊卑生剋來判命

一、各柱尊卑的確定

　　在確立了以年柱爲主的推命方法後，還需要注意命局中四、五柱間的尊卑生剋關係。命局無論四柱五柱，皆以年柱爲尊。如果不考慮胎元一柱，那麼四柱間從尊到卑的順序依次是年、月、日、時；如果加上胎元一柱，那麼五柱間的尊卑順序則依次爲年、胎、月、日、時。釋曇瑩云：「立年爲尊，其胎月日時資以次之。」〔註31〕《鬼谷子遺文》云：「五行各有奇儀，須分逆順，歲、胎、月、日、時者順。時、日、月、胎、年者逆。」〔註32〕這裡有一個問題，宋人爲何將胎柱置於年柱和月柱之間，而不置於年柱之前？因爲按照宋代六親宮位的排法，胎柱爲祖上宮，年柱爲父母宮，月柱爲兄弟宮，日柱爲夫妻宮，時柱爲子女宮。〔註33〕按照長幼尊卑的次序，胎柱是應該排在年柱之前的。對此，《鬼谷子遺文》這樣解釋道：「胎本立於歲前，因歲得之胎月、或立胎在歲後月前。」〔註34〕不過這樣的解釋並不是所有人都認可的，就如當時六親宮位的排法還有爭議一樣〔註35〕，宋代命理術中命局的五柱尊

〔註30〕參照（宋）廖中撰《五行精紀》卷16《論馬》，第119、120頁。

〔註31〕（宋）廖中撰：《五行精紀》卷27《論兇殺》，第211頁。

〔註32〕（宋）廖中撰：《五行精紀》卷18《論三奇》，第141頁。

〔註33〕《廣信集》中論述太歲與命局中各柱刑沖所導致的親人災害曰：「凡太歲刑沖壓害生年，主父母亡身之災；刑沖壓害生月，主兄弟僚友之災；刑沖壓害生日，主妻妾己身之災；刑沖壓害生時，主子孫之災。五行不戰則生兒女；刑沖壓害胎元，主父母長上骨肉之災。」從太歲與各柱沖刑所導致的親人災害來看，年柱是主父母的，月柱是主兄弟的，日柱是主妻妾己身的，胎柱是主祖妣的。見（宋）廖中撰《五行精紀》卷34《論晦數》，第263頁。

〔註34〕（宋）廖中撰：《五行精紀》卷18《論三奇》，第141頁。

〔註35〕《五行精紀·釋男命例》開篇便說：「凡推男命，以年爲父，胎爲母，月爲兄弟（官員以月爲僚友），日爲己身、妻妾，時爲子孫。」這裡的六親宮位中年柱爲父宮，胎柱爲母宮，月柱爲兄弟宮，日柱爲夫妻宮，時柱爲子孫宮。其中年柱和胎柱的六親宮位較爲奇特。見（宋）廖中撰《五行精紀》卷29《釋

卑順序也有另外的說法。《廣信集》言：「凡人命年不可剋胎，月不可剋年，日不可剋月，時不可剋日，胎不可剋時，皆以納音論之。」〔註36〕這裡，五柱間似乎是循環相剋的關係，但其尊卑順序無疑是胎、年、月、日、時。胎柱的重要性在年柱之上，倒也與五柱中六親宮位的安排相吻合。遺憾的是，《廣信集》的這一說法並沒有爲當時命理界廣泛接受，從筆者今天搜集到的史料來看，以年、胎、月、日、時爲尊卑序列的說法還是在宋代命理術中佔據著主要位置。而且從後文推命的敘述中，不難發現年柱在五柱中更多代表的是命主自己，並不代表父母。這大概才是它之所以居於四（五）柱之首而爲最尊的根本原因。這樣，以年柱爲尊爲己，從年柱開始，到胎柱、月柱、日柱、時柱，一個從上到下、由尊至卑的序列便形成了。本文所論述的五柱間的尊卑生剋，都是以這一序列爲依據的。

二、尊生卑賤、卑生尊貴

依照命局中四（五）柱間的尊卑順序，宋代命理術確立了推命的兩條基本規則。一是以尊生卑爲賤，卑生尊爲貴；二是以尊剋卑爲治，卑剋尊爲逆。宋代命理文獻中，對於這兩條規則記敘最多的當屬《廣信集》與《玉照定眞經》。關於《廣信集》的情況，據劉國忠考證，該書原注者爲李翔。李翔，字迅叔，道號九萬，宣和、紹興間人。〔註37〕由此可以推斷出該書很可能成於南宋初年。而《玉照定眞經》已是南宋末年的作品。筆者之所以選取《玉照定眞經》來解說這一命理法則，是因爲此書形成於宋代命理術在古法時期相對成熟的階段。這種四（五）柱間以尊卑順序推命的法則在《玉照定眞經》中應用地也最爲成熟。此二書，跨越南宋命理術百餘年歷史，故下文通過對此二種文獻的重點分析，大體可以窺見整個南宋時期命理術在各柱間尊卑生剋判命規則方面的具體實施情況。

先來看第一條規則。所謂的以尊生卑爲賤，卑生尊爲貴，具體來說，就是四（五）柱間納音五行順生，主命主卑微，納音五行逆生，主命主發達。這種尊卑相生判吉凶的規則最早在《廣信集》中有一些描述：

　　　　　男命例》，第 224 頁。

〔註36〕（宋）廖中撰：《五行精紀》卷 10《論年月日時胎》，第 79 頁。

〔註37〕劉國忠：《〈五行精紀〉與〈三命通會〉》，見氏著《唐宋時期命理文獻初探》，
　　　　　黑龍江人民出版社，2009 年。

　　凡命五行下生上曰助氣，主一生享福，凡事容易受人福力，上生下曰盜氣，主一生爲人謀，多庇蔭他人，供他人之福。〔註38〕

　　又李莊顯謨丙寅年火，庚寅月木，丁未日水，壬寅時金，無剋制富貴而壽，蓋四柱下生上而粹爲實也。〔註39〕

　　按照《廣信集》的說法，命局中各柱之間，下生上（即卑生尊）爲助氣，主一生享福，易得他人相助；上生下（即尊生卑）爲盜氣，主多蔭庇他人，自己則甘爲他人做嫁衣。該書又舉李莊顯謨之命具體說明：

年柱	月柱	日柱	時柱
丙	庚	丁	壬
寅	寅	未	寅
爐中火	松柏木	天河水	金箔金

　　此命造四柱納音由下至上遞生，依次爲時柱金箔金生日柱天河水，日柱天河水生月柱松柏木，月柱松柏木生年柱爐中火。這正符合由時柱到年柱的卑生尊爲貴的規則，所以可以判此命爲前程發達之命。《廣信集》判此命「無剋制富貴而壽，蓋四柱下生上而粹爲實也」。

　　宋代的另一部命理文獻《玉照定眞經》中也有對這一規則的詳細描述：

　　　上來生下身貧賤；

　　論納音也，凡年生月，月生日，日生時者，身必貧賤也，然富貴亦非長久也。假令甲子金年，丁丑月水，戊辰日木，戊午時火，皆應上生下也，外頗同。

　　　下如生上進前程。

　　時生日，日生月，月生年、胎者，皆下生上也，應進發之命。假令甲子年金，辛未月土，己卯日土，癸酉時金，壬戌胎水，時生胎，月、日生命，應進財名也。〔註40〕

　　何謂尊生卑而賤？《玉照定眞經》指出，以納音五行來推斷，凡年柱生月柱，月柱生日柱，日柱生時柱者，身必貧賤。縱使現在富貴，富貴也不能長久，並舉以下命例說明之：

〔註38〕　（宋）廖中撰：《五行精紀》卷9《論五行三》，第70頁。
〔註39〕　（宋）廖中撰：《五行精紀》卷8《論五行二》，第67頁。
〔註40〕　《玉照定眞經》，文淵閣《四庫全書》第809冊，第42頁。

年柱	月柱	日柱	時柱
甲	丁	戊	戊
子	丑	辰	午
海中金	澗下水	大林木	天上火

此命造干支納音五行由上而下遞生，即海中金生澗下水，澗下水生大林木，大林木生天上火。按照上文說法，上來生下身貧賤，故此賤命無疑。這就是所謂的尊生卑爲賤。

三、尊剋卑治、卑剋尊逆

再來看第二條規則，四（五）柱間以尊剋卑爲治，卑剋尊爲逆。《五行精紀》對此項規則的描述主要集中在王廷光注《珞琭子》及《廣信集》二書中。先來看看王廷光是怎麼說的：

> 若乃尊凶卑吉，救療無功，尊吉卑凶，逢災自愈。
>
> ……
>
> 王氏注云：五行四柱或上尊凶而下卑吉者，卑勝尊也，下之剋上曰伐也，剋我之謂鬼，故雖救療亦無功也。或上尊吉，而下卑凶，陰陽理順，上之制下曰治也，我剋之謂，故雖不藥而自愈。(《珞琭子》) 〔註41〕

王廷光借注《珞琭子》之機闡發了自己對四柱五行尊卑相剋的理解。文中，對於《珞琭子》的「尊凶卑吉，救療無功」，王廷光注解爲四柱之間下剋上，鬼剋我，故卑勝尊，上尊凶而下卑吉，雖救療亦無功。這與本文所闡述的卑剋尊爲逆的規則正相符合；對於《珞琭子》的「尊吉卑凶，逢災自愈」，王廷光注解爲四柱之間上剋下，尊剋卑，我剋他爲治，陰陽理順，故曰上尊吉而下卑凶，雖不藥而自愈。這也與本文所闡述的尊剋卑爲治的規則不謀而合。

再看看宋代另一部命理文獻《廣信集》對這一規則的描述：

> 凡命五行下剋上，主沉滯難發，上剋下，主有威勢，害物，不利妻妾子孫，大抵皆孤獨，生旺則差慢。〔註42〕
>
> 【鬼中有鬼】

〔註41〕（宋）廖中撰：《五行精紀》卷27《論兇殺》，第211頁。
〔註42〕（宋）廖中撰：《五行精紀》卷9《論五行三》，第70頁。

如土命人，生木月，金日時之類是也，主有官勢威權根基，若
劣弱太凶。經云：五行切忌下賊上，平生不足事相萃。〔註43〕

……又如李迨侍郎，乙丑年金，己丑月火，癸巳日水，丁巳時
土，雖作二十年從官，而不在君側，無妻無子，蓋四柱下剋上也，
壽亦短於莊。〔註44〕

按照第一條文獻的說法，似乎各柱之間無論尊剋卑還是卑剋尊都不是太
好。卑剋尊，主沉滯難發；尊剋卑，雖主威嚴，但卻害物害人。不過，尊剋
卑的危害顯然還是遠低於卑剋尊的危害。大概正因為如此，《閶東叟書》曾對
四（五）柱納音五行之間的尊卑生剋的利害有這樣一個簡單的排序：「自下生
上者上也。年水月木日水時木，自上生下者次之。年火月金，日火時金者，
又次之。」〔註45〕該語句略顯不通順，不過「自下生上者上也」，「自上生下
者次之」，顯然就是指各柱五行之間卑生尊之命勝於尊生卑之命。「年火月金，
日火時金者，又次」指的是四柱之間尊剋卑者，此類命局又次之。如果再
加上卑剋尊之命，按照《閶東叟書》的排序，四種命局之間的貴賤次序顯然
是卑生尊最貴，尊生卑次之，尊剋卑又次之，卑剋尊最下。不過，這種命之
高下排列方法，尚未見到宋人在文獻中的具體應用，姑且當做一家之言吧。《廣
信集》在這裡二者相衡權其輕，還是把忌諱的眼光放在了卑剋尊的命局之上。
所以，在上文第二、第三條文獻中，該書作者反覆強調四柱下剋上的危害，「五
行切忌下賊上，平生不足事相萃」，並舉出李迨侍郎之命造為人詳解：

年柱	月柱	日柱	時柱
乙	己	癸	丁
丑	丑	巳	巳
海中金	霹靂火	長流水	沙中土

詳看該命造，由時柱至年柱恰好形成納音五行「下賊上」的情況。四柱
之間，由下至上遞相剋，依次為時柱沙中土剋日柱長流水，日柱長流水剋月
柱霹靂火，月柱霹靂火剋年柱海中金。正因為符合卑剋尊的規則，所以作者
判此人「雖作二十年從官，而不在君側，無妻無子」，且壽命亦短。

延至宋末，這種尊卑相剋的規則又為《玉照定真經》所承，但是《玉照

〔註43〕　（宋）廖中撰：《五行精紀》卷9《論五行三》，第70頁。
〔註44〕　（宋）廖中撰：《五行精紀》卷8《論五行二》，第67頁。
〔註45〕　（宋）廖中撰：《五行精紀》卷9《論五行三》，第76頁。

定真經》在繼承該規則的同時，也對其進行了一些改動：

　　兩分交戰，識取尊卑

　　　　年尊，胎次，月又次，日又次，時爲卑也。凡遇上剋下爲順，
　　下剋上則逆，不可下剋上也。

　　　　若時破胎者，祖破敗。破月，門及父敗。破日，身及弟兄妻財
　　敗，外仿此。

　　　　凡命剋干，主輕；剋音，尤重耳。

　　　　假令庚子年丙戌月壬寅日戊申時，丁丑胎，此者乃應時干剋日
　　干，日干剋月干，月干剋年干也。此雖傷尊人，而於身輕忌之兆耳。

　　　　假令庚子年土，壬午月木，壬申日金，甲辰時火，此者應時納
　　音剋日，日剋月，月剋主也。此言上下尊人壽數夭賤之兆爾。〔註46〕

　　前文筆者提到，《玉照定真經》的形成晚於《五行精紀》，它成書於宋代
命理術在古法時期相對成熟的階段。因而各柱間以尊卑生剋推命判吉凶的法
則在《玉照定真經》中的應用是最爲成熟的。上文援引的資料，乍看起來，
其推命規則似乎沒有與《廣信集》有太大的區別，但事實上該書對於這種推
命規則有了更進一步的完善。首先來看這句：「若時破胎者，祖破敗。破月，
門及父敗。破日，身及弟兄妻財敗，外仿此。」此處首次將各柱間的貴賤判
命與六親宮位結合起來，不再只是以年柱代表命主己身了。〔註47〕這是《玉
照定真經》對各柱間貴賤生剋判命的一個完善。術士們據此可以更具體地爲
他人解說命之吉凶。

　　其次，該書雖然認爲卑剋尊爲凶，但干剋爲輕，納音剋方爲重。「凡命剋
干，主輕；剋音，尤重耳。」試看其所舉二命例：

命例一：年柱	胎柱	月柱	日柱	時柱
（金）	（火）	（火）	（水）	（土）
庚	丁	丙	壬	戊
子	丑	戌	寅	申
壁上土	澗下水	屋上土	金箔金	大驛土

　〔註46〕《玉照定真經》，文淵閣《四庫全書》第809冊，第31頁。
　〔註47〕依宋代的六親宮位，胎柱主祖上，年柱主父母，月柱主兄弟姐妹，日柱主己
　　　　　身及配偶，時柱主子孫。但此處的六親宮位安排似乎與當時並不一致。

命例二：
年柱	月柱	日柱	時柱
（金）	（水）	（水）	（木）
庚	壬	壬	甲
子	午	申	辰
壁上土	楊柳木	劍鋒金	復燈火

　　對於命例一，《玉照定眞經》並未分析此命造各柱之間的納音五行生剋關係（極有可能是因爲各柱納音五行無法形成遞相生剋），而關注的是天干五行的生剋關係。此命造的年、胎、月、日、時各柱天干分別爲金、火、火、水、土，恰好形成由下至上的遞剋關係。運用正五行的生剋分析方法，雖然下剋上爲逆，但是作者在這裡並沒有太過注重天干遞剋的不利後果，而是認爲「凡命剋干，主輕」，「此雖傷尊人，而於身輕忌之兆耳」。而在命例二中，作者專注於納音五行自下而上遞剋的關係，即時柱復燈火剋日柱劍鋒金，日柱劍鋒金剋月柱楊柳木，月柱楊柳木剋年柱壁上土，並由此推斷出命主上傷尊人，禍及門戶，危及自身的結論。二命例相較，顯然納音逆剋比天干逆剋的惡果要嚴重很多。這也從一個側面說明宋代命理術對納音五行的重視。

　　在這裡，還有一個關鍵的問題需要注意。在第二個命例中，雖然作者沒有去看各柱天干的情況，但是該命造中四柱天干五行從上至下恰好形成遞生的關係：年干庚金生月、日干壬水，月、日干壬水生時干甲木。該命造中，其天干順生而納音逆剋。無獨有偶，在上文《廣信集》所舉出的李迨侍郎之命造，也同樣包含著四柱天干順剋而納音逆剋的現象：

年柱	月柱	日柱	時柱
（木）	（土）	（水）	（火）
乙	己	癸	丁
丑	丑	巳	巳
海中金	霹靂火	長流水	沙中土

　　觀此命造，四柱天干由上到下依次爲木剋土，土剋水，水剋火；四柱納音則從下到上依次爲沙中土剋長流水，長流水剋霹靂火，霹靂火剋海中金。其正五行和納音五行尊卑相剋的順序恰好相反。這就造成了一個問題：在同一個命造中，如果四（五）柱間同時出現了納音五行、正五行遞相生剋的情況，並且其生剋方向並不一致，人們到底該以何五行爲主，如何判定吉凶呢？遺憾的是，宋代命理文獻並沒有告訴後人確切的答案。無論是《廣信集》還

是《玉照定眞經》，似乎都在有意無意地迴避這個問題。不過，從二者上述的記載來看，應該可以得出這樣的結論：當一個命造四（五）柱間同時出現正五行和納音五行遞相生剋的情況時，應該以納音五行的尊卑生剋規則判命；當一個命造四（五）柱間只有正五行遞相生剋的情況時，就以正五行的尊卑生剋規則判命。這種納音五行、正五行不同標準的制定，可能是因爲在當時，術士們推命還是以納音五行爲推命的主要工具，正五行推命，大多數情況下很可能只是作爲一種輔助手段，故而當時的命理界並沒有把二者等同視之。無論是南宋中期成書的《五行精紀》，還是南宋末年成書的《玉照定眞經》，都是把納音五行作爲推命的首選。通讀《五行精紀》，可以發現其中對納音五行的論述較正五行和眞五行爲多。《玉照定眞經》也有一貫重納音輕天干的判命習慣。綜合宋代命理術的這一狀況，故而筆者給出了上述的結論。

四（五）柱間尊卑的遞相生剋，既要考慮納音，也要考慮天干，但以納音遞剋爲重，以干遞剋爲輕。這是《玉照定眞經》對各柱之間尊卑生剋判命規則的另一項有力的補充。

第三節　神殺推命

一、神殺總論

（一）神殺的形成

神殺，又名神煞。據今人梁湘潤考證，神殺應爲其本名，只因明清以來俚俗論命有官煞一說，因而神煞成爲普遍的稱謂。〔註 48〕本文依宋人習慣，仍稱神殺。神殺本意所指，乃是天上的星宿神煞。古人認爲，人命的好壞與這些星宿神煞關係很密切。因而古代很多術數都將神殺引入其算命體系。但是事實上，天上的神煞與人間命理術中的神殺並沒有直接的聯繫。命理術中的神殺，「是根據命理四柱五行生剋制化的演繹，對某一範疇的事物做出的具體規範並進行形象比喻的術語」〔註 49〕。看來，剝去神殺的神秘外衣，其本質也就是一些干支特定組合的命局。宋代的神殺即是如此。宋代的命理術士，從陰陽五行生剋制化的原理出發，把天干、地支、納音之間的某種特定的組

〔註 48〕梁湘潤著：《神煞探原》，行卯出版社，2003 年，第 23 頁。
〔註 49〕凌志軒著：《古代命理學研究：命理基礎》，第 261 頁。

合形式規定爲固定的格式或公式，並賦予這些格式或公式一定的命理意義，然後再冠之以一個神殺之名。說白了，神殺就是這些格式或公式的神秘化代稱。古代命理術士之所以用這些稀奇古怪的神殺表示命理術的特定的格式或公式，最主要的目的，恐怕還是想借其名以神化其術，抬高自身命術的地位。

梁湘潤在《神煞探原》中指出，神殺的形成，大抵是依據八個原則而立：一、卦理；二、日月行度；三、奇偶方圓；四、統計積累；五、象形字義；六、俯仰情理；七、先天數理；八、特殊排列組合。〔註 50〕下面對這八種來源之神殺略做分析。

以卦理而言，天羅地網、天乙貴人因之而立。宋代形成的後天八卦圖中，乾卦位西北，主極陽之位，在地支而言，即是戌亥。男命本陽，再逢極陽之位，是陰陽失調，陽剛之氣過矣，故爲天羅。乾卦之對位爲巽卦，位東南，因與陽相對，故主陰。在地支而言，恰對辰巳。若女命逢之，陰盛陽衰，故爲地網。男忌天羅，女忌地網。正因爲依著卦理，天羅戌亥代表極陽之地，地網辰巳代表極陰之地，《燭神經》所以評曰：「世謂男忌天羅，戌亥，陰之終也。女忌地網，辰巳，陽之終也。」〔註 51〕再比如另一個著名神殺天乙貴人，《閭東叟書》這樣解釋到天乙貴神中部分干支的搭配：「甲木陽也，乘少陽之氣，而生乎東，至巳而陽用事畢矣，故藏於未而爲貴。庚陽金也，乘少陰之氣，而生乎西，至亥而陰用事畢矣，故藏於丑而爲貴。」〔註 52〕地支中，含甲木最重者爲寅，寅居東方爲震卦，乘少陽之氣。巳午未爲南方離卦火盛之地。甲木至巳，焚燒殆盡，故臨未而藏。庚金藏於申中，申金在西方爲兌卦，乘少陰之氣。亥子丑爲北方坎卦水盛之地。申金至亥，生水耗盡，故臨丑而藏。這也是以後天八卦來解釋天乙貴神干支之搭配。

以日月行度而言，天德貴人因之而立。關於天德貴人的取法，《神白經》有歌訣曰：「正丁二坤宮，三壬四辛同。五亥六是甲，七癸八艮宮。九丙十乙處，子巳必有功。庚居丑月內，值此必興隆。」〔註 53〕其法以生月分見之，如正月生人見丁，二月生人見申即是。那麼這樣一個搭配源自何處呢？《三命通會・論天月德》是以日月行度來解釋的：「天德者，謂周天有三百六十五

〔註 50〕 梁湘潤著：《神煞探原》，第 17 頁。

〔註 51〕 （宋）廖中撰：《五行精紀》卷 26《天羅地網歌》，第 204 頁。

〔註 52〕 （宋）廖中撰：《五行精紀》卷 14《論天乙貴神》，第 107 頁。

〔註 53〕 （宋）廖中撰：《五行精紀》卷 13《論釋吉貴神例》，第 101 頁。

度二十五分半，除十二宮分野，每宮各占三十度，共計三百六十度，外有五度二十五分半，散在十二佐宮甲、庚、丙、壬、乙、辛、丁、癸、乾、坤、艮、巽，謂之神藏煞沒。每宮各得四十四分，所以子午卯酉中有甲庚丙壬，辰戌丑未中有乙辛丁癸，寅申巳亥中有乾坤艮巽，此十二位宮，能回凶作善，乃曰天德也。」〔註54〕

以奇偶方圓而言，三公殺、天印殺、活祿殺正合此意。何謂奇偶方圓？梁湘潤解曰，奇偶並非指奇數偶數。「以奇極一為三，偶極一為四。三者即是三合，四者即是四角『四生、四旺、四庫』之謂也。」「神煞之組合，泰半取『三合』『四生、四旺、四庫』而組成系列之關聯。」〔註55〕依三合局而定之神殺於宋代數不勝數，如三公殺，「寅午戌人壬子，巳酉丑人丙午，申子辰人巳卯，亥卯未人辛酉」即指他柱干支來剋年支屬三合局之人。四生、四旺、四庫指的是十天干生旺死絕表中的長生、帝旺、墓位地支。十天干生旺死絕表中，凡寅、申、巳、亥居長生位為四孟，子、午、卯、酉居帝旺位為四仲，辰、戌、丑、未居墓位為四季。梁氏所謂四生即是四孟，所謂四旺即是四仲，所謂四庫即是四季。符合此特徵之神殺於宋代亦不在少數，如天印殺，「甲乙申，丙丁亥，戊己寅，壬癸巳」，即取年干五行印綬之長生位為神殺。又如活祿殺，「甲乙申，丙丁巳，戊己申，庚辛亥，壬癸寅」，即取年干五行所剋五行之長生位為神殺。〔註56〕

統計積累和俯仰情理，可並而論之。前者指古代命理術士在常年論命過程中所積累的一些所謂「靈驗」的神殺；後者指氾濫於民間的人情隨俗之語而構成的神殺。二者界限，實難劃分清晰。不過，產生於民間實踐的命理術吸納大量無法理論之神殺，本就是情理中事。明末張楠於《神峰通考》中曾對當時盛行的大量荒謬之神殺痛斥不已：「一《五星指南》，載破碎、吞啗等煞，及小兒雷公、金鎖、斷橋、休庵、百日、四柱雞飛等關，只以生年一字，妄以犯某時某日為言；又立險語：哭斷腸不過三日死，及打腦、斷橋之說，以驚人之父母，並不以八字干支生剋制化、財官論之；且以正理搜尋，尚且禍福不驗，此只把一字以定生死，此實謬說也。」〔註57〕其所痛斥之神殺，

〔註54〕（明）萬民英撰：《三命通會》卷3《論天月德》，第184頁。
〔註55〕梁湘潤著：《神煞探原》，行卯出版社，2003年，第20頁。
〔註56〕（宋）廖中撰：《五行精紀》卷13《論釋吉貴神例》，第103頁。
〔註57〕（明）張楠撰：《神峰通考闢謬命理正宗》，香港上海印書館，1981年，第3頁。

恐怕即多爲此類神殺。

以象形字義而言，凡命中天干多爲甲丙丁壬辰者，爲平頭，緣此殺字形上平故也。命犯平頭者，多爲僧道。沈芝《源髓》曰：「平頭乃甲、乙、丙、丁、壬、己之類，若平頭羊刃，更犯六害、空亡、無氣、孤辰、寡宿之類，多是僧道命。」〔註58〕又如命局中有甲辛卯午申字，號懸針，緣諸字皆有一懸針豎下垂。犯此殺者，定爲軍人。《三命纂局》解釋道：「懸針三四字號懸針，眼疾還多險厄臨。被刑帶殺須徙配，怎不爲軍刺面人。」〔註59〕再如仙瓢星，以壬癸人見酉字，或酉人見壬癸字來判。其理由爲「水從酉爲酒，遇吉因酒成家，凶則破家」〔註60〕。

以先天數理而言，驛馬正合其意。太玄先天數爲：甲己子午九，乙庚丑未八，丙辛寅申七，丁壬卯酉六，戊癸辰戌五，巳亥四數終。〔註61〕《金書命訣》規定，寅午戌馬在申，申子辰馬在寅，巳酉丑馬在亥，亥卯未馬在巳。〔註62〕驛馬，取先天三合數而成。《三命通會・論驛馬》詳解到：「所謂驛馬者，乃先天三合數也。先天寅七、午九、戌五，合數二十有一，故自子順至申，凡二十有一而爲火局之驛馬。亥卯未之數，四、六與八合爲十八，故自子順至巳，凡十八而爲木局之驛馬。木、火，陽局也，從子一陽順行。金、水，陰局也，從午一陰逆行。申子辰之數，七、九與五合，爲二十有一，故自午逆至寅，凡二十有一，而爲水局之驛馬。巳酉丑之數，四、六與八合爲十八，故自午至亥，凡十有八，而爲金局之驛馬。此法之所由立也。」〔註63〕

以特殊排列組合而言，三奇正合其意。所謂三奇，宋代命理文獻說法不一，通常認爲是指天上三奇乙丙丁，地下三奇甲戊庚。但是《鬼谷遺文》規定的三奇則是甲戊庚金奇，乙丙丁火奇，丙辛癸水奇，丁壬甲木奇，甲己丙土奇。〔註64〕古人爲何以上述天干組成三奇，至今難得其解。《閻東叟書》云：「天上三奇日月星，則乙爲日奇、丙爲月奇、丁爲星奇。地下三奇甲戊庚，則甲爲陽木之魁，戊爲陽土之君，庚爲陽金之精。」《玉霄寶鑒》解釋道：「古

〔註58〕（宋）廖中撰：《五行精紀》卷30《論僧道》，第235頁。
〔註59〕（宋）廖中撰：《五行精紀》卷6《並論干神》，第51頁。
〔註60〕（宋）廖中撰：《五行精紀》卷27《論兇殺》，第213頁。
〔註61〕楊景磐解：《玉照定眞經白話例題解》，中州古籍出版社，1994年，第114頁。
〔註62〕（宋）廖中撰：《五行精紀》卷16《論馬》，第123頁。
〔註63〕（明）萬民英撰：《三命通會》卷3《論驛馬》，第184頁。
〔註64〕（宋）廖中撰：《五行精紀》卷18《雜三奇》，第140、141頁。

人以正月爲歲之始，日出於乙，故以乙爲日奇。老人星，凡爲瑞，見於丁位，故以丁爲星奇。月照夜到丙位，而天下明，故以丙爲月奇。」〔註65〕但是這種解釋既不全面，也不能令人信解。如此神殺，姑且歸之於特殊排列組合。

（二）神殺的推命

宋代命理界人士對於神殺的作用一直存在著兩種不同的看法。一種觀點認爲，神殺作用微乎其微，只能作爲推命的一種輔助手段。持這種觀點的人在宋代僅占少數，但是其觀念卻深刻影響了明清命理學界。而另一種觀點認爲，神殺作用明顯，爲人推命時可以不論五行生剋制化，而僅靠神殺推算就足矣。這種觀點，於命理術早期發展階段占統治地位。唐宋時期的命理術，處在推命體系尚未完善的階段，很多論命過程就是單純的神殺推理。試以《壺中子》中的一段論述看看宋代命理術如何運用神殺推命：

> 六盧臨於乙亥，孟浩然徒有文章。三才會於壬辰，石季倫恣堆金玉。
>
> 乙亥乃文星也，六盧乃謾語神，文星附謾語神，則其人止有虛學，終不遇。壬辰乃水之庫也，三才乃祿命身也，庫中三才，則其人雖無清譽，而享萬鍾之祿。
>
> 有文無印，賈誼屈於長沙。有印無文，李斯專於上蔡。
>
> 文爲文星、天才、詞館、學堂之類。印謂正印、印綬之類。有印無文者，雖不才而權重。有文無印者，雖懷才而位卑。〔註66〕

按照《壺中子》的說法，孟浩然命中八（十）字有文星兼謾語神，故其人止有虛學而終身不遇。賈誼雖有詞館、學堂之文星而無印，故懷才而位卑。李斯雖無文星，但命含印綬，故不才而權重。由此可見，宋代命理術士往往以神殺之間的關係組合含義附會人之命運得失。經過術士對其所含神殺的詳解，這些古代名人的命造所包含的一生榮辱禍福就都有了合理的解釋。當然，此處所舉的孟浩然、賈誼、李斯等人的八字，已無法考證其是否屬實，恐怕是命理術士們刻意的僞造吧。

這種以神殺爲主的推命持續了整個宋代。在宋代晚期出現的《玉照定眞經》中，尙有大量的單純神殺推命，當時的命理術士們仍然靠著自己豐富的

〔註65〕 （宋）廖中撰：《五行精紀》卷18《雜三奇》，第140頁。
〔註66〕 （宋）廖中撰：《五行精紀》卷32《雜論》，第247、248頁。

聯想爲一個個命造編織著多彩的命運：

　　寅申庚甲，商途吏人。

　　寅爲功曹，主曹吏。申爲傳送，主道路，上又見庚甲者商路，
或公吏人也。又云：甲爲青龍，庚爲白虎，白虎主道路，青龍主文
書、財物，故上言耳。假令庚寅人、甲申日時，或甲申人、庚寅日，
或子午卯酉諸命，但有庚甲寅申者，應上文也。〔註67〕

　　癸乙壬加卯酉，男女私情。

　　癸爲玄武，乙爲六合，壬爲天后，卯、酉爲私門，忌之，男女
多奸私也。假令乙卯年、壬午月、癸酉日、乙卯時，此應耳。〔註68〕

　　第一例中，以命局天干中有庚甲，地支中有寅申，判此人或爲商販，或
爲吏卒。其因爲何？蓋庚爲白虎，白虎主道路奔波。甲爲青龍，青龍主文書、
財物。寅爲功曹，功曹主小吏。申爲傳送，傳送主道路。當以上這些神殺匯
聚一堂時，命理術士們便展開想像的翅膀，判四柱中有寅申庚甲的人或爲商
販，販賣財物；或爲吏卒，時常奔波於道路，傳遞消息。如此，一個單靠神
殺的斷命便完成了。

　　再看第二例。一個人四柱天干中有癸、乙、壬，地支中有卯、酉，則此
人身上必有男女奸私之事發生。原因何在？因爲癸爲玄武，玄武主盜竊。乙
爲六合，六合主私事。壬爲天后，天后主淫女。卯酉皆主門戶。試想，當一
個人命中神殺出現門戶、盜竊、淫女之象徵事物，不是很容易判其人門戶不
正，家有男盜女娼之事嗎？這樣，單靠著神殺的組合，就可以完成一個個命
運的推斷。

　　由宋至今，神殺的取法也發生了一個有趣的變化，那就是宋代神殺多從
年柱來查，明清以來的神殺多從日柱來查。以驛馬、將星、劫殺、天乙貴人
等爲例，在宋代，這些神殺皆是從年柱干支出發來查詢。但到了明清，尤其
是清代以後，這些神殺轉而從日柱干支出發來查詢。面對這樣的變化，不少
命理人士感到了迷惑。清代陳素庵曾說到：「今考定神煞如天德、月德、貴人、
空亡之類，皆有義理。其餘從太歲起者爲眞，不從太歲起者爲妄。眞者精擇
而存之，妄者悉舉而削之。」〔註69〕陳素庵生活在清初，當時神殺的查詢已

〔註67〕　《玉照定眞經》，文淵閣《四庫全書》第809冊，第31頁。
〔註68〕　《玉照定眞經》，文淵閣《四庫全書》第809冊，第31頁。
〔註69〕　（清）陳素庵撰：《命理約言》，第287頁。

出現由年柱到日柱的劇烈轉變。面對這一轉變，陳素庵還是固守傳統，反對變革。在今日，命理術士們對神殺究竟是以年爲主還是以日爲主，還是處在爭執中，不過因爲他們判斷的標準多是從推命準確與否爲出發點，因此難以形成統一的觀點。不從歷史淵源中搜尋真相，而僅從個人實踐中驗得結論，這種驗證方法從根本上來講就是錯誤的，難怪臺灣著名命理術士梁湘潤對此現象也深表困惑：「這一種變遷之關聯，是頗爲令人之所困惑。因爲用『年』或者是用『日』，是會產生很大不同的效果。」〔註70〕對於由宋至今神殺選取根據的轉變原因，今人陸致極一針見血地指出：「在傳統命理學中，古法大多是從年干支出發，對照日、時柱的地支來取神煞的。宋代出現了以日干爲主的八字標準模型以後，人們往往用日干支替代年干支，來查找神煞了。」〔註71〕很顯然，神殺選取由年柱轉向日柱，是與子平術以日爲主的推命方法出現有著緊密聯繫的。在古法時期，李虛中模型多是從年干支出發，對照日、時柱干支來判命。這種判命方法或許促使其有選擇地選取以年柱爲依的神殺，然而由於宋代命理術遠未達到完善穩定的地步，尚處於不斷的演化之中，並終於於宋末出現了子平術這一劇烈而又影響深遠的變革。伴隨著這一重大變革，神殺也不得不開始由年到日的轉變。由於子平術「以日爲己身，當推其干，搜用八字，爲內外取捨之源」〔註72〕，因而，其取神殺的標準也轉爲以日爲主。這種轉變，實際上是宋代命理術跨入今法時期所必然出現的結果。

此外，需要指出的是，在明確了宋代神殺查詢是以年柱爲主這一事實後，還需要認識到宋代命理術中神殺龐雜、取法多樣的現象也一併存在。一些神殺，雖然在大多數情況下是以年柱干支爲其查詢依據，但也有時會出現以月、日、時柱干支爲依據的現象。如驛馬這一神殺，宋時查詢多以年支爲依，見於其他各支，但是《金書命訣》在講到祿馬同鄉這一概念時，竟同時出現驛馬查詢以月、日爲主的情況：

> 珞琭子云：祿馬同鄉，必三臺而八座，時爲上，日爲中，月爲
> 下。亦如狄相，戊申七月，辛未日，癸巳時，戊祿在巳，辛未日馬
> 在巳，戊癸相合，所以官居使相。又如庚申生人，正月，丙午日，
> 乙未時，其庚祿在申，月日二馬皆同其位，亦爲列相。又如戊戌生

〔註70〕 梁湘潤著：《神煞探原》，行卯出版社，2003年，第18頁。
〔註71〕 陸致極著：《中國命理學史論》，上海人民出版社，2008年，第97頁。
〔註72〕 （宋）徐大升撰：《子平三命通變淵源》上卷《定真論》。

人，二月乙卯，戊午日，丁巳時，其戊祿在巳，月馬同鄉，此魏大

夫命，刺五羊郡。〔註73〕

　　先來看狄相之命，所謂「辛未日馬在巳」便指以日支未爲據，判驛馬爲巳。此驛馬恰居時柱。再看戊戌生人，此人驛馬以月柱乙卯來判，月支爲卯，則驛馬在時支之上。最後再來看庚戌生人，該命「其庚祿在申，月日二馬皆同其位」，指的是月日二支皆爲此命查詢驛馬的依據，而查詢出的驛馬恰都在年支申上。在宋代，像驛馬這樣雖然查詢方法以年柱爲主，但也包含多種查詢方法的神殺還有很多。爲什麼這樣一個重要神殺在宋代會出現多種查詢方法？其實這個問題也不難回答。因爲在宋代，命理術生長在民間，雜出多門，並沒有什麼權威性的著作。在這樣一個百家爭鳴的時代當然也不可能出現統一的判命準則以及統一的神殺取捨標準。隨著時代的發展，宋代命理術的法則逐漸走向統一。一個以年爲主，以神殺爲主要推命工具的命理術逐漸有了較爲統一的法則。神殺也是如此，至南宋中期，可以發現，廖中所收錄的各種命理文獻中，神殺的取法多以年命爲主，只有少數文獻仍以他柱干支來取神煞。

二、神殺舉隅

（一）天乙貴神

1、天乙貴神的由來

　　天乙貴神，或曰天乙貴人，是最吉之星辰。林開認爲，此星屬武曲星。《燭神經》曰：「天乙貴人者，十干之秀氣在紫微宮門外，乃天皇大帝。」〔註74〕至《三命通會》，其星宿位置更爲明確：「天乙者，乃天上之神，在紫微垣、閶闔門外，與太乙並列，事天皇大帝，下游三辰，家在己丑斗牛之次，出乎己未並鬼之舍，執玉衡較量天人之事，名曰天乙也。」〔註75〕

　　這樣一顆吉星，若人遇之，「所至六害，一切兇殺，隱然而避」〔註76〕。命帶天乙貴神之人，往往功名早達，官祿宜進，聰明睿智，樂善好施，逢難之時往往有貴人出現，助其逢凶化吉。《三命指掌》贊曰：「天乙貴人者，三

〔註73〕　（宋）廖中撰：《五行精紀》卷17《並論祿馬》，第129頁。
〔註74〕　（宋）廖中撰：《五行精紀》卷14《論天乙貴神》，第107頁。
〔註75〕　（明）萬民英撰：《三命通會》卷3《論天乙貴人》，第184頁。
〔註76〕　（宋）廖中撰：《五行精紀》卷14《論天乙貴神》，第107頁。

命中最吉之神也，若人遇之，主榮名早達，官祿易近，若更三命皆乘旺氣，終登將相公卿之位，大小運行年至此，亦主遷官進財，一切加臨至此，皆爲吉兆。」〔註77〕

關於天乙貴神的取法，宋代《五行精紀》已有明確規定：「甲戊庚牛羊，乙己鼠猴鄉，丙丁豬雞位，壬癸兔蛇藏，六辛逢馬虎，此是貴人強。」〔註78〕把這首歌訣稍做轉換，就可以發現其干支搭配的規律：甲戊庚見丑未（牛羊），乙己見子申（鼠猴），丙丁見亥酉（豬雞），壬癸見卯巳（兔蛇），辛見午寅（馬虎）。在宋代，天乙貴神的取法以年干爲主，結合其他幾柱地支查找貴神（今法則是以日干爲主，結合其他三柱地支查找天乙貴神）。舉例來說，凡甲、戊、庚年出生之人，命局內發現有地支丑或未，就是命帶天乙貴神。

天乙貴神對照表

年干	甲戊庚	乙己	丙丁	壬癸	辛
天乙貴人	丑未	子申	亥酉	巳卯	午寅

對於天乙貴神這種搭配，宋代命理術士給予了不同的解釋。《閫東叟書》這樣解釋到天乙貴神中干支的搭配：

> 甲木陽也，乘少陽之氣，而生乎東，至巳而陽用事畢矣，故藏於未而爲貴。庚陽金也，乘少陰之氣，而生乎西，至亥而陰用事畢矣，故藏於丑而爲貴。戊陽土也，沖和中央，播於四時，甲因之而萬物生，庚因之而萬物成，則生成之理備矣。此陽木陽土陽金，喜於印庫也。丙丁之火，盛夏則其性至酷而害物，惟息於酉，藏於亥，而豬雞所以爲貴者，和之以西北方之氣也。壬癸之水窮冬則其性至嚴而殺物，惟齒於卯，潛於巳，而蛇兔所以爲貴者，和之以東南方之氣也，此水火不嫌於死絕。六辛陰金，執方而不能自化，乙陰木，

〔註77〕（宋）廖中撰：《五行精紀》卷14《論天乙貴神》，第108頁。
〔註78〕（宋）廖中撰：《五行精紀》卷13《論釋吉貴神例》，第99頁。但是至明代重要的命理文獻《淵海子平》中，這首歌訣變爲：「甲戊兼牛羊，乙己鼠猴鄉。丙丁豬雞位，壬癸兔蛇藏。庚辛逢馬虎，此是貴人方。命中如遇此，定作紫微郎。」（《新刊合併官板音義評注淵海子平》卷1《論起玉堂天乙貴人》，第46頁）這裡天干庚不再與丑未（牛羊）搭配，轉而與午寅（馬虎）搭配。《淵海子平》的這種變更，使命理術取天乙貴神之法出現細微改變，而且影響至今。

己陰土，失類而無居，故六辛必假寅午戌之火，乙己必假申子辰之
水土，此陰金不嫌鬼盛，陰木陰土喜於財旺也。〔註79〕

這裡，該書作者以後天八卦來解釋天乙貴神中干支的搭配。「甲木陽也，
乘少陽之氣，而生乎東，至巳而陽用事畢矣。故藏於未而爲貴。」地支中，
含甲木最重者爲寅，寅居東方爲震卦，乘少陽之氣。巳午未爲南方離卦火盛
之地。甲木至巳，焚燒殆盡，故臨未而藏。又比如「庚陽金也，乘少陰之氣，
而生乎西，至亥而陰用事畢矣；故藏於丑而爲貴」。庚金藏於申中，申金在西
方爲兌卦，乘少陰之氣。亥子丑爲北方坎卦水盛之地。申金至亥，生水耗盡，
故臨丑而藏。天乙貴神的起源是否如上所述，《閻東叟書》這種對天乙貴神干
支搭配的詮釋是否完全合理，無論在當時還是現在，恐怕都還是個疑問。因
而在宋代，又看到了另一種對天乙貴神干支搭配的解釋：

甲陽木，戊陽土，庚陽金，皆喜土位，而未者土之正位，丑者
土之安靜之地，故以牛羊爲貴。然細分之，則甲尤喜未，庚尤喜丑，
各歸其庫也。戊子、戊寅、戊午喜丑，丑者火人胎養之鄉。戊辰、
戊申、戊戌喜未，未者木人入庫，土人生旺之位也。乙者陰木，己
者陰土也，陰土喜生旺，陰木愛陽水，所以鼠猴爲貴。然乙尤喜申
者，木之絕鄉也。己尤喜申，申者坤之正位也。丙丁屬火，火墓在
戌，壬癸屬水，水墓在辰。辰戌爲魁罡之地，貴人所不臨，故尋寄
火貴於酉亥，寄水貴於卯巳，皆歸靜復之鄉。六辛陰金，喜陽火生
旺之地，故以馬虎爲貴，雖然宜以納音互換推尋，須比和則其貴爲
福。若丙寅火得酉，則火至此死，焉足爲貴哉。（廣錄）〔註80〕

廖中所錄的其時下的這種說法，是從天干五行對地支的喜好而言的，
這似乎更接近於天乙貴神眞實的起源，也更易爲後人所接受。不過，迄今
爲止，已很難確定這一貴神的眞實來源了。正如梁湘潤所言，神殺並不是
一天所形成的，兩千年來各種神殺在已不復爲人所瞭解的全貌中，經過自
然淘汰後，又互相結合。〔註81〕所以，不管是天乙貴神也好，還是現存的
大部分神殺，基本上都無法詳考其起源了。這也是人們今天研究神殺不可
避免的尷尬。

〔註79〕（宋）廖中撰：《五行精紀》卷14《論天乙貴神》，第107頁。
〔註80〕（宋）廖中撰：《五行精紀》卷14《論天乙貴神》，第108頁。
〔註81〕梁湘潤著：《神煞探原》，行卯出版社，2003年，第17頁。

2、畫貴人與夜貴人

在宋代，無論是天乙貴神的概念還是其應用都遠非今天這樣簡潔明瞭。以其概念爲例，天乙貴神又分畫貴人和夜貴人。「《指迷賦》云：天乙貴最吉，而有畫夜之分。」宋人如何劃分畫夜之別呢？《壺中子》給了一個簡潔的區分方法：「凡畫夜之分，在於子午時，子後爲畫，午後爲夜。」〔註82〕在此處，子時（23時～1時）以後就是畫，午時（11時～13時）以後就是夜。《壺中子》這裡的說法與今天對畫夜的劃分顯然差異甚大。不過宋代命理文獻中還有一種更近於今日的畫夜劃分方法，那就是以日出後、日入前爲畫，日入後、日出前爲夜。〔註83〕在劃分清楚畫夜之後，宋人又是如何區別畫貴人與夜貴人的呢？還是《壺中子》，它在談到畫貴人、夜貴人時說到：「……乃天乙貴人也，如畫生仍遇畫貴人，夜生仍遇夜貴人者爲得力。」此處切不可望文生義，誤以爲白天出生而帶天乙貴神者，其貴神就是畫貴人。晚上出生而帶天乙貴神者，其貴神就是夜貴人。《壺中子》此處是說，凡命帶天乙貴神之人，畫生還能遇到畫貴人，夜生還能遇到夜貴人，那就是貴人得力。可見，畫貴人與夜貴人並不一定是隨著畫夜而出現的。宋人對畫貴人、夜貴人是給了專門的劃分標準的：

> 《三曆會同》云：貴人分畫夜者，甲戊庚旦丑暮未，乙己者旦子暮申，丙丁旦亥暮酉，壬癸旦巳暮卯，六辛旦午暮寅，在日出後，日入前者用旦貴人，在日入後日出前者用暮貴人法推之。〔註84〕

按照《三曆會同》的說法，凡年干爲甲戊庚者，他支再見丑爲畫貴人，再見未爲夜貴人；凡年干爲乙己者，他支再見子爲畫貴人，再見申爲夜貴人；凡年干爲丙丁者，他支再見亥爲畫貴人，再見酉爲夜貴人；凡年干爲壬癸者，他支再見巳爲畫貴人，再見卯爲夜貴人；凡年干爲辛者，他支再見午爲畫貴人，再見寅爲夜貴人。列表如下：

天乙貴神之畫貴人、夜貴人對照表

年干	甲戊庚	乙己	丙丁	壬癸	辛
畫貴人	丑	子	亥	巳	午
夜貴人	未	申	酉	卯	寅

〔註82〕 （宋）廖中撰：《五行精紀》卷14《論天乙貴神》，第111頁。
〔註83〕 （宋）廖中撰：《五行精紀》卷14《論天乙貴神》，第111頁。
〔註84〕 （宋）廖中撰：《五行精紀》卷14《論天乙貴神》，第111頁。

在明確了晝貴人、夜貴人的概念之後，宋人進一步認為，命帶晝貴人者白天貴人較為得力；命帶夜貴人者晚上貴人出現的可能性較大。

3、與天乙貴神相關的格局

天乙貴神是吉星，命喜逢之，但在宋人看來，不是命中有了此吉星就真的萬事大吉。人命中有了天乙貴神，還需身旺多福祿，若身弱無旺氣，亦無福祿相伴，那也只是平常之命：

> 天乙之名是貴星也，須逢旺氣相親。無旺又兼無福祿，只是胥
>
> 徒府吏人。（林開《五命》）〔註85〕

在宋代，一個人命的好壞不是單單一個吉神或兇殺就可以決定的。它往往是神殺所組成的格局綜合作用的結果。什麼是格局？宋人在用天乙貴神這一神殺判命時，就是將其放在各種格局中進行判命。宋代有關天乙貴神的格局並不算少，《五行精紀》卷14《論天乙貴神》列舉了貴人入廟格、天乙貴神相還格、貴合、貴食、天乙扶身格、干夾貴神格、支夾貴中生格、夾貴窠、活貴人、福星天乙貴人格等十餘種與天乙貴神相關的格局的推命細則。比如下面的富貴格，試看其是如何判命的：

> 《天元變化書》有富貴格云：如丁卯火人丙午月乙巳日丁亥時
>
> 丁酉胎，乃集貴於酉亥，清貴也，若火不經巳午者，不可用，雖坐
>
> 貴星，而無旺氣，不可也。餘彷此。〔註86〕

什麼是天乙貴神發揮作用的富貴格？《天元變化書》舉出了一個鮮活的命例來說明。一個丁卯爐中火年出生的人，五柱如下：

年柱	月柱	日柱	時柱	胎柱
丁	丙	乙	丁	丁
卯	午	巳	亥	酉

此人年柱為丁卯爐中火，年干亦為火，可見身命為火。月、時、胎柱天干及月支、時支亦為火，身命五行支藏干透，身旺無疑。在此背景下，以年干丁來推算，其天乙貴神亥與酉分別出現在時柱與胎柱，這樣的天乙貴神就是能夠發揮應有作用的貴神。而如果該命造中地支巳午消失，改換其他地支，那麼身命五行之火地支無根，就算不得強旺了。如此命造，「雖坐貴星，而無旺氣，不可也」。

〔註85〕　（宋）廖中撰：《五行精紀》卷14《論天乙貴神》，第111頁。
〔註86〕　（宋）廖中撰：《五行精紀》卷14《論天乙貴神》，第111頁。

（二）驛馬

1、驛馬的由來

驛馬這個神殺，在古今命理術中，都是一個使用十分普遍的神殺。驛馬之名，指古代驛站中傳遞文書時奔走不息的馬匹。此神殺在命理術中往往代表著走動、遷徙、職位的調動等事項。在今天，人們還用此殺來解釋一個人的出國、移民。那麼，這樣一個神殺爲何會有如此功效呢？這要從此神殺的組成講起。《玉霄寶鑒》云：「所謂驛馬者，乃五行有爲待用之氣，強名也，陰陽倚伏，氣令循環，猶會置之郵傳，命逆來送往，無氣如驛，氣動如馬耳。」〔註 87〕原來，在此神殺之中有一種待用之氣，此氣陰陽倚伏，循環生動，不動如驛，氣動如馬。而驛馬之名，只是強名，勉強借用此名而已。驛馬干支組合爲：申子辰馬在寅，寅午戌馬在申，巳酉丑馬在亥，亥卯未馬在巳。此法以年支爲主，查驛馬於他柱地支（今則以年、日支爲主均可）。

驛馬對照表

年支	子	丑	寅	卯	辰	巳	午	未	申	酉	戌	亥
驛馬	寅	亥	申	巳	寅	亥	申	巳	寅	亥	申	巳

那麼，從以上驛馬的組合來看，爲什麼會有待用之氣呢？《玉霄寶鑒》對其組合逐一解釋道：

> 寅午戌火屬也，水藏其中矣，遇申生主水以發越之，然後陽中陰動而化。

> 申子辰水屬也，火藏其中矣，遇寅位生火以圖融之，然後陰中陽動而生。

> 亥卯未木屬也，金藏其中矣，遇巳位生金以蠡侖之，然後動者靜而斂者散。

> 巳酉丑金屬也，木藏其中矣，遇亥位生木以敷榮之，然後飲者散，而屈者伸。〔註88〕

宋代命理文獻《希尹書》引用了當時盛行的一句話：「當五行更易變動奔沖往來之際爲驛馬。」驛馬之名，強名之也。其內涵便是五行更易變動奔沖

〔註87〕 （宋）廖中撰：《五行精紀》卷16《論馬》，第120頁。
〔註88〕 （宋）廖中撰：《五行精紀》卷16《論馬》，第120頁。

往來。爲何火局驛馬在申，水局驛馬在寅，金局驛馬在亥，木局驛馬在巳？「蓋無行之氣，當共相反處，乃始沖擊，故火馬必在水長生處，水馬必在火長生處，木金亦然。」〔註89〕木火水金，錯綜往來，動靜相感，內外相激，故有氣動如馬。這才是驛馬功效的由來。《玉霄寶鑒》甚至因而感慨道：「苟能以三隅反，則理歸一揆，不必執於寅午戌申，申子辰寅，然後爲馬。凡水中火騰，火中水降，陰陽交泰，陰陽變通，皆爲馬類也。」〔註90〕由此可見，古人制定神殺並非心血來潮，任意爲之。以驛馬爲例，其名之由來可謂頗費心機。

　　部分宋人還將驛馬拆開來看，認爲驛馬出現之柱中，干爲馬，支爲驛。這種情況下，驛馬的查法有兩種，一種是支爲驛的查法與驛馬查法同，干爲馬的查法即坐驛之干爲地支本氣方可。如寅午戌人見庚申，申子辰人見甲寅，巳酉丑人見癸亥，亥卯未人見丁巳，地支驛馬皆爲天干臨官之地。這些組合宋人稱之爲「有馬有驛」。有馬有驛之人，「主及第陞擢，使承門蔭，亦作當道之貴」。〔註91〕而如寅午戌人見庚無申，見申無庚；申子辰人見甲無寅，見寅無甲；巳酉丑人見癸無亥，見亥無癸；亥卯未人見丁無巳，見巳無丁。這些命局組合中或缺馬，或缺驛，宋人稱之爲「有馬無驛，有驛無馬」。有馬無驛，有驛無馬之人較有馬有驛之人命要差一等，多作監司巡按之職，庶人聰明奔馳尤甚。〔註92〕

　　另一種查法，是以年柱干支及驛馬所在柱天干在驛馬上的旺衰，來判定驛馬的有無。支爲驛的查法與上同，但查出驛未必眞有驛。而馬則無有特定干支組合的要求。如戊戌人，逢庚申，申爲驛，庚申支干屬金，金到申上臨官，戊戌支干俱屬土，到申上長生，本命及驛馬，支干皆爲有氣，是有驛有馬。又如壬午人逢戊申，申爲驛，戊土與本命壬水到申長生，以午火到申爲衰鄉，本命干旺支衰，是有馬無驛。再如丁丑人逢辛亥，亥爲驛，金臨亥爲病鄉，本命丁火到亥爲絕鄉，以丑土到亥爲臨官，本命干衰支旺，驛馬干亦衰，是有驛無馬。〔註93〕

　　宋人對驛馬之名的解釋無疑有助於今人理解此神殺的來源。然而神殺並

〔註89〕　（宋）廖中撰：《五行精紀》卷16《論馬》，第120頁。
〔註90〕　（宋）廖中撰：《五行精紀》卷16《論馬》，第120頁。
〔註91〕　（宋）廖中撰：《五行精紀》卷16《論馬》，第121頁。
〔註92〕　（宋）廖中撰：《五行精紀》卷16《論馬》，第121、122頁。
〔註93〕　（宋）廖中撰：《五行精紀》卷16《論馬》，第124頁。

不是一天所形成的，今人梁湘潤也講到，兩千年來各種神殺在已不復爲人所瞭解的全貌中，經過自然淘汰後，又互相結合，因而其真正來源要想考證清楚絕非易事。宋代以後，明清兩代對驛馬組成也有其獨特的理解，筆者亦擇其要錄下。首先是《三命通會》，其書對宋代命理文獻《五行精紀》的繼承最爲全面，但在該書《論驛馬》一節中，其對驛馬組成的解釋頗與宋人不同。《三命通會・論驛馬》是以太玄先天數來解釋驛馬之生成的：

> 所謂驛馬者，乃先天三合數也。先天寅七、午九、戌五，合數二十有一，故自子順至申，凡二十有一而爲火局之驛馬。亥卯未之數，四、六與八合爲十八，故自子順至巳，凡十八而爲木局之驛馬。木、火，陽局也，從子一陽順行。金、水，陰局也，從午一陰逆行。申子辰之數，七、九與五合，爲二十有一，故自午逆至寅，凡二十有一，而爲水局之驛馬。巳酉丑之數，四、六與八合爲十八，故自午至亥，凡十有八，而爲金局之驛馬。此法之所由立也。〔註94〕

明代的另一部重要命理文獻《淵海子平》對驛馬的解釋也較有新意，其說以三合局之五行喻人之病，五行之所生爲其子。人病須待子來接，如同驛馬來接：「其法以水生申，病寅木。水生木，木爲水子，此乃病處見子來相接。如人病不能進，待子來接之，如驛馬來接。餘依此推。」〔註95〕按是說，申子辰之所以驛馬在寅，是因爲申子辰水局以寅木爲子。病處見子來接，子如驛馬。故申子辰驛馬爲寅。

至清代《協紀辨方》，驛馬又有了新的說法。寅爲功曹，申爲傳送，亥爲天門，巳爲地戶。四者皆與道路相關。寅與申沖，申即爲寅午戌之驛馬，寅亦爲申子辰之驛馬；巳與亥沖，亥即爲巳酉丑之驛馬，巳亦爲亥卯未之驛馬。因爲驛馬有沖方動，需要沖動，而此處解釋恰符合此意，故爲一說不無不可。

由宋至清，術士們對於驛馬的解說不盡相同。從時間上來講，可能宋代的解釋更爲接近驛馬之本意，但是後人的臆測也不可輕易否定。本文姑且錄之。究竟驛馬本源爲何，尚待將來有識之士明辨之。

2、驛馬的吉凶判定

宋人多以驛馬爲吉神。「世之言命者多矣，至於驛馬，皆以月胎日時帶馬

〔註94〕 （明）萬民英撰：《三命通會》卷 3《論驛馬》，第 184 頁。
〔註95〕 李峰注解：《新刊合併官板音義評注淵海子平》卷 1《論驛馬》，第 59 頁。

則爲貴，無馬則爲賤，……」〔註96〕但在當時大部分命理文獻中，人們見到的還是一個有吉有凶的驛馬。與其他大部分吉神一樣，當驛馬逢命主身命強旺，又與其他吉神緊密搭配，那麼它的吉神的功效才能充分顯現出來；當命帶驛馬之人身命病弱，又遇凶殺降臨，那麼驛馬不僅不能帶來好運，還能帶來災禍。「驛馬喻人乘馬而致遠也。長生臨官馬主貴，病絕馬主禍。」〔註97〕「若乘長生臨官馬或帶祿食貴氣，則遇一當百。馬剋身則少年亨快，爲官清顯。若乘病絕空亡者，更值破敗交退伏神，則遇如不遇，縱爲官則粗濁卑賤，非清要之職。」〔註98〕

《燭神經》也認爲驛馬的吉凶與否與其人身命旺衰、其他神殺降臨有很大關係。驛馬主人最好身旺、有祿、有食神，而不要身衰、沖殺、凶殺臨：「驛馬主人氣韻清峻，通變趨時，平生多聲望，此生旺者然也。死絕則爲性有頭無尾，或是或非，一生少成，飄泊不定。與祿同鄉，主福力優游。與殺相沖併，或孤神弔客喪門併者，離鄉背井之人，或爲僧道，或爲商賈。帶倒食祿鬼者，一生慳吝，機倖遇人，賤心塵態。與食神併者，聲譽人也。」

宋人甚至將驛馬詳細分爲十二種，曰款段、蹶蹄、折足、無糧、不出廳廡、嘶風、趨途、駄屍、食芻、乘軒、乘貂、無轡。十二種驛馬吉凶相參。若以吉論，食芻、乘軒、乘貂皆可謂貴神驛馬。如食芻，「謂驛馬剋其時者是也。假令驛馬屬金，生時得木，此類謂之食芻，得此者朝宦以上命也」。又如乘軒，「謂胎月生日帶祿馬，名曰乘軒，宰相命也」。十二種驛馬中，也有一些是平常之馬，並未與富貴相連。這些驛馬，空有貴神之名，而無富貴之實，如不出廳廡，「胎月帶馬不見貴，及不見祿堂，及入空亡者是也。得此者不歷任所」。又比如趨途，「謂驛馬雖有，祿在空亡，不見驛也，……得此者謾勞求祿也」。還有一些驛馬，遇如不遇。這些驛馬，實爲凶殺。如無轡，「謂貴神空亡，祿在絕鄉，平生孤貧之命」。又如折足，「胎月日時帶驛馬，而月日時中帶沐浴者是也，遇此者永不得發也」。不過這兩種還不算是最凶險的，最凶險的驛馬是駄屍，「十二驛馬中惟駄屍馬爲最凶，見祿即死」。

《神白經》在總結以上十二驛馬時這樣說到：

以上十二驛馬，當以意消息，災福自見，驛馬款段，則平生坎

〔註96〕 （宋）廖中撰：《五行精紀》卷16《論馬》，第125頁。
〔註97〕 （宋）廖中撰：《五行精紀》卷28《雜釋諸例》，第215頁。
〔註98〕 （宋）廖中撰：《五行精紀》卷16《論馬》，第124、125頁。

坷，只作選人；無糧，不食天俸；不出廄，則不歷任所；折足，則永失；蹶蹄，則有失復起；無轡，則一生孤貧；食芻，則官可六品；嘶風，徒有虛聲；趨途，則謾勞求祿；乘貂，則帶職；乘軒，則三公；馱屍，則得官即亡。〔註 99〕

如此看來，今人誤以爲宋人慣以吉神兇殺直接判別命運好壞的觀點實不足取。雖然命理術在宋代尚不完善，其推理系統還有許多缺陷，但是以神殺爲主的推理方法卻被宋人高度發展。宋人對神殺的理解認識也許遠在今人之上。

3、與驛馬相關的格局

宋代古法時期是一個以神殺爲主要推命工具的時期。宋代神殺五花八門，千變萬化，既使同一個神殺，也能衍生出不同的種類。以天乙貴神爲例，在以年干爲本判定出地支天乙貴神的基礎上，這些地支與其柱的天干搭配，還能在細分出各式各樣的貴神。〔註 100〕

宋人以驛馬爲人推命時，喜將驛馬與特定干支結合起來構成格局來看，或將驛馬與其他一些神殺結合構成格局來看。《五行精紀》卷 16《論馬》與卷 17《並論祿馬》詳細列舉了與驛馬相關的格局約 30 種，如生成馬、名位馬、馬驟天庭格、馬天庭、馬九地、干支合馬格、一木繫雙馬、天馬貴神、馬財庫、南方離明馬、飛馬、飛馬共干格、上清飛馬食祿格、貴馬同科、英靈貫馬格、劣馬格等。這些格局，根據文獻的介紹，多可以復原其推命的具體方法。

以貴馬同科爲例，驛馬同天乙貴神同在一支，即「驛馬同貴神位」，《閻東叟書》謂之曰「貴馬同科」。同一地支上，既有驛馬，又有天乙貴神這兩大吉神，當然再好不過。《玉門關集》云：「驛馬爲天使，長爲喜事媒，欲其馬蹄發，且提貴人催。」貴馬同科往往是貴命的保證，《閻東叟書》云：「歲運行年更與貴馬相合者，大亨快也。」「馬貴同窠之位，若不犯空亡、大敗、交退伏神，一生清貴。」〔註 101〕若一個命造，有了貴馬同科，再加上華蓋以及天干之合，那麼是文官高職貴命了。如果僅有貴馬同科和華蓋，缺少干合，一樣是貴命，只是略降一等爲武職。這種細微的差別，恰恰反映出宋人重文

〔註 99〕（宋）廖中撰：《五行精紀》卷 16《論馬》，第 125、126 頁。

〔註 100〕參見本文第五章第一節第三小節「以年柱干支爲主的推命」中天乙眾貴神表格。

〔註 101〕（宋）廖中撰：《五行精紀》卷 16《論馬》，第 123 頁。

輕武的觀念。

依據《金書命訣》內容，製出貴馬同科的判命細則表格如下：

貴馬同科判命細則表

年支	貴馬	華蓋	干合	判命結論
寅午戌	申	戌	甲己、乙庚合	建殊利名，名振四海。
			無合	武侯高貴。
申子辰	寅	辰	甲己、丙辛合	清華崇重之貴。
			無合	右職清貴。
巳酉丑	亥	丑	丙辛、丁壬合	翰苑詞林之貴。
			無合	武官之清職。
亥卯未	巳	未	戊癸、丙辛、丁壬合	文資高貴。
			無合	武官重爵。

（三）祿

1、十干祿

祿，指爵祿。十天干臨官之地為祿。宋代的天干之祿位與今日祿位同。林開《五命》曰：「甲祿在寅，乙祿在卯，丙戊祿在巳，丁己祿在午，庚祿在申，辛祿在酉，壬祿在亥，癸祿在子。」〔註102〕大概此神殺的查詢太過簡單，於是宋人又依十天干而對它細分為多種，而每種之吉凶又依其與祿干、年干等的關係而有不同〔註103〕：

甲祿在寅

祿之名稱	長生福星祿	福星祿	伏馬祿	破祿	正祿
天干	甲	丙	戊	庚	壬
地支	寅	寅	寅	寅	寅
吉凶判定	大吉		此帶刑杖，君子吉，小人凶。	半凶半吉	必為僧道，有福。

〔註102〕（宋）廖中撰：《五行精紀》卷15《論祿》，第112頁。

〔註103〕以下內容皆源自《金書命訣》，見（宋）廖中撰《五行精紀》卷15《論祿》，第112、113頁。另，有關十干祿細分的這部分內容亦可見於《三命通會・論十干祿》，該文轉引自《金書命訣》，但細節部分略有變動。見（明）萬民英撰：《三命通會》卷3《論十干祿》，第162、163頁。

乙祿在卯

祿之名稱	喜神旺祿	截路空亡祿	進神祿	破祿	死祿
天干	乙	丁	己	辛	癸
地支	卯	卯	卯	卯	卯
吉凶判定	大吉	凶	有官不久	凶，暫有資財不永。	雖貴終貧

丙祿在巳

祿之名稱	旺馬祿	旺庫祿	九天庫祿	截路空亡祿	伏貴神祿
天干	乙	丁	己	辛	癸
地支	巳	巳	巳	巳	巳
吉凶判定	有官	有官	有官	多是非	多成敗

丁祿在午

祿之名稱	進神祿	喜神羊刃祿	伏羊刃祿	截路空亡祿	德合祿
天干	甲	丙	戊	庚	壬
地支	午	午	午	午	午
吉凶判定	有登科之喜	半吉	多凶災患	多成敗	有官短命

戊祿在巳

祿之名稱	驛馬同鄉祿	旺庫祿	九天庫祿	截路空亡祿	貴神祿
天干	乙	丁	己	辛	癸
地支	巳	巳	巳	巳	巳
吉凶判定	有官大吉	有官	有官	有官終失，多是非。	有官位重

己祿在午

祿之名稱	進神德合祿	喜神羊刃祿	伏羊刃祿	截路空亡祿	死鬼祿
天干	甲	丙	戊	庚	壬
地支	午	午	午	午	午
吉凶判定	殊達之象	凶	凶	凶象	凶

庚祿在申

祿之名稱	截路空亡祿	大敗祿	伏馬祿	長生祿	大敗祿
天干	甲	丙	戊	庚	壬
地支	申	申	申	申	申
吉凶判定	凶	多成敗，招是非。	多滯	大吉	貧賤

辛祿在酉

祿之名稱	破祿	空亡貴神祿	進神祿	正祿	伏神祿
天干	乙	丁	己	辛	癸
地支	酉	酉	酉	酉	酉
吉凶判定	多成敗	主姦淫之事	有殊達之兆	六戊年羊刃相蝕，小人血光散財，婦人產難，君子赤眼病患；乙卯年大敗；戊戌年羊刃發見天災。	水火相犯凶

壬祿在亥

祿之名稱	天德祿	貴神祿	旺祿	同馬鄉祿	大敗祿
天干	乙	丁	己	辛	癸
地支	亥	亥	亥	亥	亥
吉凶判定	大吉	有官		大貴	貧薄

癸祿在子

祿之名稱	進神祿	交羊刃祿	伏羊刃合貴祿	印祿	正羊刃祿
天干	甲	丙	戊	庚	壬
地支	子	子	子	子	子
吉凶判定	主登科進達之喜	有權	半吉	吉	凶

　　總體而言，和其他神殺一樣，祿也喜身強，有吉星相伴，不喜身弱，有兇殺相併。若建祿者逢生旺之地，那麼此人「肌厚氣實，韻格不清，一生安逸足財利」；若建祿者處死絕之地，那麼此人「氣濁神慢，孜孜為生，吝嗇猥鄙」。祿雖為喜神，但當它與諸凶神同處一命局中時，該命很可能不吉反凶：「……與元辰並，因樗蒲而得財，復因此敗；與官符並，因公門得或多爭訟；

與卻殺並，好賤使小商不義橫財；與天中並，多遺失破財；與祿鬼倒食並，多因賒貨牙販而得財，至死不通，惟財是念之人。」此外，祿喜合而不喜沖，亦不喜空亡：

> 破爲破祿也，如甲祿在寅而得申，惡沖而氣散也。貴者得此，停慶剝落，眾人衣食不瞻，祿落空亡，此爲尤甚。古人云：資財聚散祿居空，胎裏生時怕遇逢。貧賤爲奴爲乞食，飄又身自泛西東。祿最喜合，如甲祿在寅，命中得亥，雖非見祿，亦曰見祿也。得之多者爲意外倘來之福，門蔭流外有司達身者，往往得此也。〔註104〕

2、與祿相關的格局

宋代命理術中，由祿構成的格局很多，《五行精紀》卷 15《論祿》與卷 17《並論祿馬》二章歸納的與祿相關的格局便有 20 餘種。一些格局由祿單獨構成，如生成祿、眞祿、祿盈天府格、旬中祿格、干支合祿格、暗祿格、活祿格、天雄祿、祿九天、祿九地等；還有一些格局是由祿與其他神殺共同組成的，如名位祿、因綯殺、祿頭鬼、天祿貴神、祿堂、背祿逐馬、祿馬同鄉、夾祿夾馬、祿馬交馳、玉櫃藏珠格、馬子才命格等。這些多樣的格局，構成了祿在宋代命理術中多樣的判命方法。

《五行精紀》中，與祿結合緊密的一個神殺是驛馬。《五行精紀》卷 17 甚至有《並論祿馬》一節，足見宋人對祿馬結合的重視程度。宋代命理術中，祿馬的結合大體分爲三種：背祿逐馬、祿馬同鄉、夾祿夾馬。下面我們一一細說。

背祿逐馬，指的是依地支順序排列，一個人的月支在此人的年干之祿前，驛馬後。《三命指掌》云：「假令丙寅人，建祿在巳，驛馬在申，五月六月生，是背祿逐馬，多主窮途。」〔註105〕我們知道，丙寅人，年干丙之祿在巳，年支寅驛馬在申，而五月、六月地支在午、未。依照十二地支子丑寅卯辰巳午未申酉戌亥的排列順序，月支午未排在祿巳與驛馬申之間。月支排在祿之前，曰背祿；月支排在驛馬之後，曰逐馬。

背祿逐馬，並不是一個好的格局。《珞珙子》云：「背祿逐馬，守窮途而悽惶。」《太乙降誕寶經》曰：「若背祿背馬，破刑祿馬，兼值囚死空亡，一

〔註104〕（宋）廖中撰：《五行精紀》卷15《論祿》，第116頁。
〔註105〕（宋）廖中撰：《五行精紀》卷17《並論祿馬》，第129頁。

生多失多敗，衣不充身，食不充口，多破散之徒。」〔註106〕命理界爲何不喜背祿逐馬？筆者猜想，這很可能與其名字的字面含義直接相關。一個格局，既背祿，又逐馬，將兩大吉神都排斥開來，當然不會讓人感到心中愉悅。這恐怕是此格局不吉的眞正原因。

不過，宋人王廷光在注解《珞琭子》「背祿逐馬，守窮途而悽惶」一句時，卻給出了自己的理解：

> 王氏注云：舊説以甲戌人四月生，背寅祿，逐申馬，義亦非也。
> 祿馬皆可致富貴，既有馬可逐，安得守窮途而悽惶，蓋背如陰陽之
> 相背，逐如放逐之逐，非謂逐也。譬如癸亥人，得正月甲寅，癸祿
> 在子，寅以背之。驛馬在巳，寅以逐之。前因刑而追去其馬，後因
> 背而不能及祿，二者俱失，所以守窮途而悽惶。〔註107〕

按照王氏的説法，背祿逐馬不能按字面意思去理解。因爲一個人命中既有馬可逐，就不會守窮途而悽惶。所謂背祿與逐馬，是指月支與祿和驛馬陰陽相背或地支相刑。如癸亥人，生在正月甲寅。癸祿在子，驛馬在巳。月支寅與祿子，就是陰陽相背；月支寅與驛馬巳就是相刑。王氏的這種説法，雖然能很好的解釋他自己舉出的兩個命例，卻並不符合前文引用的《三命指掌》中的命例。而且王氏的背祿逐馬概念對祿、馬、月支要求苛刻，並不具備廣泛的應用性。換言之，王氏的説法，很可能在當時也只是他的一家之言，並未被宋人廣泛接受。

祿馬同鄉，指的是一個命局中，驛馬與祿同在一支上。「祿馬同鄉者，如甲申人，丁丑月，己亥日，丙寅時，於帝座上會祿馬同鄉，兼甲申己亥丙寅，皆稟五行清明生氣，是命晚年位至三公壽逾七十。」〔註108〕甲申人，祿在寅，驛馬亦在寅。此人時柱恰爲丙寅，故命含祿馬同鄉。與背祿逐馬不同，驛馬同鄉爲貴局。凡命爲驛馬同鄉者，多爲官貴之命。《珞琭子》云：「祿馬同鄉，不三臺而八座。」《金書命訣》曾列驛馬同鄉之三人命造，三人中，不爲使相，即爲郡守：

> 珞琭子云：祿馬同鄉，必三臺而八座，時爲上，日爲中，月爲
> 下。亦如狄相，戊申七月，辛未日，癸巳時，戊祿在巳，辛未日馬

〔註106〕（宋）廖中撰：《五行精紀》卷17《並論祿馬》，第129頁。
〔註107〕（宋）廖中撰：《五行精紀》卷17《並論祿馬》，第129頁。
〔註108〕（宋）廖中撰：《五行精紀》卷17《並論祿馬》，第129頁。

在巳，戊癸相合，所以官居使相。又如庚申生人，正月，丙午日，乙未時，其庚祿在申，月日二馬皆同其位，亦爲列相。又如戊戌生人，二月乙卯，戊午日，丁巳時，其戊祿在巳，月馬同鄉，此魏大夫命，刺五羊郡。〔註109〕

因干合以及祿馬同鄉所在之柱不同之故，三人中，前二者官居相位，第三人刺大郡。三人皆以年干推祿位，但是其驛馬推理皆非以年支爲主，而以月日二支爲根由。由此可見，宋人在以祿馬同鄉爲人推命時，還需關注祿馬同鄉所在之柱以及命局內的其他要素。而且，在宋代，命含祿馬同鄉之人，也並非一定是官貴之命。《指迷賦》指出：「祿馬同鄉，更忌五行之破。」〔註110〕如果一個人命局中，他支刑剋祿馬之支，那麼這就是本命破，主多蹇滯，反爲不利：

> 祿馬同鄉，生月日時遇之皆貴，然福力亦有厚薄。假如申子辰帶甲干人，祿馬在寅，甲子甲辰人遇之，主貴。若甲申人遇之，是本命破，主多蹇滯，反爲不利。餘彷此。(《三命提要》)

> 庚寅申上好生辰，祿馬同鄉貴在申，若有商音來犯者，干沖支破定孤貧。

> 如庚寅見壬申爲祿馬同鄉，卻木之納音於申，金剋木，又寅申交互相沖也。(《鬼谷要訣》)〔註111〕

上述引文中，甲干人，年支爲申子辰同爲驛馬同鄉之格。但是甲子、甲辰之人爲貴格，甲申人因爲祿馬寅與年支申刑剋，反爲賤格。或如庚寅木人見壬申，雖祿馬在申，貌似貴格，但是祿馬卻剋身命，且年支又與之刑剋，故此命「定孤貧」。長久以來，人們以爲古法時期術士判命，只知一味固守神殺、格局，不知變通（且其神殺、格局又多不合五行生剋制化主旨）。這種看法固然有其根據，但是由上可以看到，宋人在以神殺、格局爲人推命時，也並非簡單的機械論命，他們也是有一定的全域觀和系統觀念的。

夾祿夾馬，是指依地支順序排列，命局中日時支位於祿馬之間的一種格局。如乙亥、乙卯、乙未人遇辰日時，乙祿在卯，亥卯未馬在巳，而日時支辰恰好居卯巳之間，此即爲夾祿夾馬之命局。又如辛巳、辛酉、辛丑人遇戌

〔註109〕（宋）廖中撰：《五行精紀》卷17《並論祿馬》，第129頁。

〔註110〕（宋）廖中撰：《五行精紀》卷17《並論祿馬》，第130頁。

〔註111〕（宋）廖中撰：《五行精紀》卷17《並論祿馬》，第129、130頁。

日時，辛祿在酉，巳酉丑馬在亥，則日時支戌恰好位於酉亥之間。與背祿逐馬相反，夾祿夾馬是一個綜合了祿馬的命局，故如上述二命，「若別無凶會，可爲五品之命」〔註112〕。

另外，筆者發現《五行精紀》中列舉的「玉櫃藏珠格」、「馬子才命格」，實質上也是夾祿夾馬的一種。如「玉櫃藏珠格」的歌訣這樣說到：「祿前馬後坐中神，玉櫃藏珠事更新，至貴至尊更子命，無災無難到公卿。」所謂的「祿前馬後坐中神」不就是夾祿夾馬嗎？隨後該文舉出曾相的命例：「如曾相，乙亥年，丁亥月，戊辰日，癸亥時是也。」乙亥人祿在卯，馬在巳。其日支恰居祿馬之間，於是一個玉櫃藏珠的貴格便形成了。不過，這一命格與夾祿夾馬略有區別，那就該命格中祿馬並未出現。再看馬子才命格，此命格又名「祿馬櫃」：「有祿馬櫃，巳酉丑辛干人在戌，亥卯未乙干人在辰。」〔註113〕這裡的戌和辰，也在祿前馬後，也屬於夾祿夾馬。不過，此格很可能和玉櫃藏珠格一樣，祿馬在命局中並未出現。

（四）亡神與劫殺

1、亡神

在宋代命理文獻中，亡神被描繪成是一個極凶的惡殺。《壺中子》曰：「至惡之殺，亡神是也。」《三命鈐》論到：「亡神殺若人遇之，主破業孤立，貴人扶之，或有顯位，然多主流遷，常防暗昧之災。凝神子云：善莫善於將星，惡莫惡於亡神，行年至此，多逢賊盜，或婦人致災也。」《三命纂局》講到命局中亡神數量時這樣說到：「一位破軍多口面，二重犯者主徒流，三重見此刑須絞，四位逢之定斬頭。」此說在林開《五命》之中亦有相類似的論述，該文獻認爲，亡神「凡犯一位，主多口面，二位帶殺主刑徒，如祿馬同宮，卻有衣食。三位及五行刑剋者，刺配。四位並逢刑殺，乃絞斬之命」。〔註114〕亡神之凶，是以知之。

《三命通會》將劫殺與亡神並而論之，是因爲二者之間有許多內在的聯繫。「劫者，奪也，自外奪之之謂奪；亡者，失也，自內失之之謂亡。劫在五行絕處，亡在五行臨官，俱屬寅申巳亥。」此外，該書在解釋亡神來歷時也舉出了與劫殺來歷類似的說法，也是以地支藏遁來解釋亡神形成的原因：

〔註112〕　（宋）廖中撰：《五行精紀》卷17《並論祿馬》，第130頁。

〔註113〕　（宋）廖中撰：《五行精紀》卷17《並論祿馬》，第130頁。

〔註114〕　（宋）廖中撰：《五行精紀》卷24《論亡神》，第188、189頁。

水生木，申子辰以亥爲亡神，亥中甲木，泄水也；火生土，寅午戌以巳爲亡神，巳中戊土，泄火也；金生水，巳酉丑以申爲亡神，申中壬水，泄金也；木生火，亥卯未以寅爲亡神，寅中丙火，泄木也。〔註115〕

宋人雖然沒有將劫殺與亡神聯繫如此緊密，但也將二者同列於一章。二者同爲兇殺，《五行要論》評論二者關係道：「亡神殺者，自劫殺數至第七殺者，是也，亦名官殺符。」《燭神經》曰：「亡神官符與劫殺對沖是也，在五行臨官位，故曰官符。」看來，無論是在明代還是宋代，古人都習慣將此二殺並而論之。

亡神的查法，上文已說到，是在五行的臨官位，或者說，是在劫殺的對沖之位。林開《五命》有歌訣曰：「寅午戌巳上弄紙筆，巳酉丑逢申莫動手。申子辰亥上不動塵，亥卯未逢寅切須忌。」〔註116〕依此列表如下：

年支	申子辰	寅午戌	巳酉丑	亥卯未
亡神	亥	巳	申	寅

用亡神來判命，亦須分君子小人、生旺死絕、吉神兇殺的配合作用。《燭神經》講到其具體的吉凶搭配，可爲今人瞭解掌握宋代亡神具體推命法提供借鑒：

亡神官符與劫殺對沖是也，在五行臨官位，故曰官符。其神主君子掌刑獄之權，小人則多官事。生旺則氣義理烈，好豐盛，形狠峻屬，有威。死絕則褊躁性窄。與貴人並，則事弄筆硯飾撰言語。與空亡並，則妄媚無實，強文假借。與建祿並，則因空起家，干涉官利，或爲胥徒之職。並大剋身，則語吃。無氣，則多腰足疾也。〔註117〕

由此而知，亡神雖凶，亦喜君子持之。若更遇身命旺相兼吉神相伴，則爲大貴之命也未可知。亡神之凶，必須在身弱、其他凶神陪伴的情況下方可顯現。不惟亡神如此，其他凶神亦如此。

2、劫殺

「劫殺者，五行昏濁之神也，常在五行之氣絕處」〔註118〕。依《燭神經》

〔註115〕 （明）萬民英撰：《三命通會》卷3《論劫煞亡神》，第193、194頁。
〔註116〕 （宋）廖中撰：《五行精紀》卷24《論亡神》，第188頁。
〔註117〕 （宋）廖中撰：《五行精紀》卷24《論亡神》，第188頁。
〔註118〕 （宋）廖中撰：《五行精紀》卷24《論劫殺》，第186頁。

中的規定，劫殺是以年支爲主，在年支所在三合局五行之絕處。其具體規定
見下表：

年支	申子辰	寅午戌	巳酉丑	亥卯未
劫殺	巳	亥	寅	申

　　宋人爲何規定五行絕處爲劫殺，宋代命理文獻似乎沒有留下什麼解釋，
倒是明代命理文獻《三命通會》對此有一番論述。《三命通會·論劫煞亡神》
以地支藏遁來解釋劫殺形成的原因：「水絕在巳，申子辰以巳爲劫煞，巳中戊
土，劫水也。火絕在亥，寅午戌以亥爲劫煞，亥中壬水，劫火也。金絕在寅，
巳酉丑以寅爲劫煞，寅中丙火，劫金也。木絕在申，亥卯未以申爲劫煞，申
中庚金，劫木也。」〔註119〕

　　劫殺是一種兇神惡煞，命犯之人多破財、惹是非。「凡値一位，爲人毒害，
其性難犯。二位逢剋，主有宿疾，刑徒手足不完。運若逢此，乃有刀兵折傷
之難。」〔註120〕劫殺主人，又分君子小人。君子帶劫殺，反宜爲將帥，小人
帶劫殺，則爲盜賊姦邪之人。二者同帶劫殺，命卻迥異。林開《五命》云：「劫
殺主多仇怨，君子逢之，當爲將帥，小人値者，則爲盜賊。」〔註121〕《燭神
經》亦認爲劫煞「君子得之，則氣剛志勇，宜爲右職。小人得之，則放僻邪
侈，無所不至」〔註122〕。劫殺爲災的輕重，又須看是劫剋身還是身剋劫。宋
人常以太歲所屬之五行爲身，劫殺所屬之五行爲劫。劫剋身者災重，身剋劫
者災輕。「凡身能制殺，必能傷人。若剋身，則被人害。」〔註123〕劫殺又有分
劫和聚劫的區分。試看如下二例：

　　　　如分劫者，如甲子生人，得己巳月，己巳日時，是也。蓋只有
　　　一劫寄於兩巳，兩巳分劫而受之，反不爲重災也。聚劫者，譬如甲
　　　子生人，丙子月，己巳日時，是也。蓋子有兩重劫，會於巳，一巳
　　　受兩重劫，致害重也。……（《壺中子》）〔註124〕

分劫，實命有兩劫，但宋人認爲此乃一劫而寄於兩支，反而災輕；聚劫，爲

〔註119〕　（明）萬民英撰：《三命通會》卷3《論劫煞亡神》，第193頁。
〔註120〕　（宋）廖中撰：《五行精紀》卷24《論劫殺》，第186頁。
〔註121〕　（宋）廖中撰：《五行精紀》卷24《論劫殺》，第187頁。
〔註122〕　（宋）廖中撰：《五行精紀》卷24《論劫殺》，第186頁。
〔註123〕　（宋）廖中撰：《五行精紀》卷24《論劫殺》，第187、188頁。
〔註124〕　（宋）廖中撰：《五行精紀》卷24《論劫殺》，第187頁。

年支及他支皆有劫落於一支之上，故曰受兩重劫，致害更重。第一個命例中，甲子生人，年支子劫殺在巳，而月日時三柱中有兩柱含巳，故「一劫寄於兩巳，兩巳分劫而受之，反不爲重災也」。第二個命例中，甲子人生於丙子月，年月二支皆爲子，推其劫殺也都爲巳。所以文中曰「子有兩重劫，會於巳，一巳受兩重劫，致害重也」。

無論吉神凶殺，皆喜其得之者身旺更帶吉神，不喜其身弱再添惡殺。劫殺也不例外。《燭神經》認爲劫殺「生旺則多謀略，遇事敢爲。死絕則執拗內狠，陰中於人。與貴人並，則高明遠慮，有武德。與建祿並，能權大任，多得橫財。與空亡元辰並，爲樑上君子」〔註125〕。由此可見，既便是凶神，也有與前文講到的吉神一樣的判定法則。

3、與劫殺相關的格局

《五行精紀・論劫殺》一章中對劫殺參與的格局提到的不多，主要有劫頭殺和劫頭鬼。此外，該章還提到的旌旗殺和英雄殺，應該也屬於劫頭殺的一部分。關於劫頭殺，《廣信集》這樣記載到：

> 寅午戌人，甲干己亥，丙干辛亥，戊干癸亥，庚干乙亥，壬干丁亥。

> 巳酉丑人，乙干戊寅，丁干庚寅，己干壬寅，辛干甲寅，癸干丙寅。

> 申子辰人，甲干己巳，丙干辛巳，戊干癸巳，庚干乙巳，壬干丁巳。

> 亥卯未人，乙干戊申，丁干庚申，己干壬申，辛干甲申，癸干丙申。

> 以上劫殺上有干財，主蓄積大富，吞併不雇藉，滲毒害物，遇再重者反有害。〔註126〕

總結起來，該格局以年柱爲主，以年支查劫殺，再以年干看財。劫殺所在之干恰爲年干所剋，爲年干之財（且上例皆爲正財），故曰「以上劫殺上有干財」。如第一行申子辰人，以亥爲劫殺。若是甲干人，則以己爲財；若是丙干人，則以辛爲財；若是戊干人，則以癸爲財；若是庚干人，則以乙爲財；

〔註125〕（宋）廖中撰：《五行精紀》卷24《論劫殺》，第186頁。
〔註126〕（宋）廖中撰：《五行精紀》卷24《論劫殺》，第186頁。

若是壬干人，則以丁爲財。其餘各行皆仿此。大概是因爲劫上有財，所以，命帶劫頭殺之人，可以蓄積大財，吞併不雇藉，滲毒害物。

另外，《鬼谷要訣》提到的旌旗殺與英雄殺，應該也屬於劫頭殺的一部分：「殺爲首，故謂之一殺。甲寅值己亥，丙寅值辛亥，戊寅值癸亥，庚寅值乙亥，壬寅值丁亥，甲申值己巳，丙申值辛巳，戊申值癸巳，庚申值乙巳，壬申值丁巳。十位在日上，謂之旌旗殺，在時上謂之英雄殺。」〔註127〕旌旗殺和英雄殺，《五行精紀》合稱爲一殺相合格，蓋因該格局中年干與劫殺之天干相合之故。二者的區別，只是前者位居日柱上，後者位居時柱上。仔細觀察，可以發現，旌旗殺和英雄殺的干支組合，和劫頭殺列舉的四組命例中的第一行「寅午戌人」和第三行「申子辰人」，是基本一致的。故而筆者認爲，一殺相合格就是劫頭殺的一部分。

《廣信集》另有劫頭鬼格局，與劫頭殺類似，也是看年柱干支與劫殺之柱的關係：

> 寅午戌人，甲干辛亥，丙干癸亥，戊干乙亥，庚干丁亥，壬干己亥。

> 己酉丑人，乙干庚寅，丁干壬寅，己干甲寅，辛干丙寅，癸干戊寅。

> 申子辰人，甲干辛巳，丙干癸巳，戊干乙巳，庚干丁巳，壬干己巳。

> 亥卯未人，乙干庚申，丁干壬申，己干甲申，辛干丙申，癸干戊申。

> 以上劫殺上見官鬼，主無官，縱有須因事罷。入侍從，大罕得也。庶人多被劫，平生聚散，公人主估家計，兩重須被盜，日劫妻，時劫子，婦人劫夫。〔註128〕

該格局以年柱爲主，以年支查劫殺，再以年干看官鬼。劫殺所在之干恰剋年干，爲年干之官鬼（且上例皆爲正官），故曰「以上劫殺上見官鬼」。大概是因劫上見官，故該命局之人主無官，縱有須因事罷。此外，由於劫殺本意含有招賊劫奪之意，故此格局之庶人多被劫。總而言之，以神殺爲主組成

〔註127〕（宋）廖中撰：《五行精紀》卷24《論劫殺》，第187頁。
〔註128〕（宋）廖中撰：《五行精紀》卷24《論劫殺》，第186、187頁。

的格局，其判命依據往往也是依據諸神殺本身的組合意義。這一點，在《五行精紀》、《玉照定眞經》等宋代命理文獻中是可以經常見到的。從中可以看出，宋代命理術的推命，很多時候還是以喻象分析爲主，這比起明清子平術的關係分析來講，的確是落後不少。

（五）羊刃

1、羊刃的由來

羊刃，可以說是自古以來爭議最大的一個神殺。古人一般認爲，祿前一位（即帝旺）爲羊刃。《五行精紀》曰：「羊刃者，祿前一辰是也。」〔註129〕《淵海子平·論羊刃》曰：「夫羊刃者，號天上之凶星，作人間之惡殺，以祿前一位是也（如甲祿在寅，卯爲羊刃）。」〔註130〕自古以來，人們皆以羊刃爲太過惡極之殺。該殺剛強兇狠，「主人眼露性急，兇暴親近惡黨。生旺稍可，死絕尤甚。在五行敗地逢之，多患癆瘵，或癱瘓，金刀之災。不以貴賤，多冗雜勞迫，少得安逸人」〔註131〕。宋人爲何視羊刃爲剛強兇猛之物？原因很簡單，因爲它「過越其分，如羊之在刃」〔註132〕。所謂「陰陽萬物之理，皆惡極盛，當其極處，火則焦滅，水則湧竭，金則折缺，土則崩裂，木則摧折」。命理五行尤忌極盛，一到極盛必會走向衰落。俗話說物極必反，日中則昃，月滿則虧。越過了本分，就好像肥羊在刃，危險如何大家一目了然。那麼，宋人爲什麼說羊刃是過越其分呢？且來看《五行精紀》中《希尹書》的這一段論述：

> 或謂祿前一辰爲羊刃，何也？希尹曰：陰陽萬物之理，皆惡極盛，當其極處，火則焦滅，水則湧竭，金則折缺，土則崩裂，木則摧折。故既盛而未極則爲福，已極而將反則爲凶。極盛之地，十干正中處是也。卯者甲之正位，爲陽木之極。辰者乙之正位，爲陰木之極。午者丙之正位，爲陽火之極。未者丁之正位，爲陰火之極。酉者庚之正位，爲陽金之極。戌者辛之正位，爲陰金之極。子者壬之正位，爲陽水之極。丑者癸之正位，爲陰水之極。當其極處，其氣剛烈暴戾而不和，所以祿前一辰爲羊刃。其既盛而未極，則溫柔

〔註129〕（宋）廖中撰：《五行精紀》卷24《論羊刃》，第189頁。
〔註130〕李峰注解：《新刊合併官板音義評注淵海子平》卷2《論羊刃》，第233頁。
〔註131〕（宋）廖中撰：《五行精紀》卷24《論羊刃》，第189頁。
〔註132〕（宋）廖中撰：《五行精紀》卷24《論羊刃》，第189頁。

和易，故刃後一辰爲祿也。〔註133〕

九五爲尊，因其既盛而未極。六龍有悔，因其已極而將反。原來，在宋人看來，當十干五行處在臨官之位時，恰既盛而未極，此時溫柔和易，故宋人稱其爲祿。而當十干處在臨官下一位，帝旺之位時，五行已處極處。既盛而未極，則爲福，已極而將反，則爲凶。十干處帝旺之位，其氣剛烈暴戾而不和，故宋人稱其爲羊刃。羊刃之意，「羊言剛也，刃者取宰割之義」〔註134〕。祿過則刃生，如同功成當退而不退，其人必有兔死狗烹之患。

2、十干刃位

前文提到，羊刃可以說是自宋代以來爭議最大的一個神殺。爲什麼呢？因爲十天干分爲陽干和陰干。五陽干（甲丙戊庚壬）羊刃（即陽刃）在帝旺，這個大家一直沒有什麼爭議。但是五陰干（乙丁己辛癸）羊刃（即陰刃）在何位，宋明以來一直就爭議不斷。前舉《希尹書》的那一段著名論述中，基本已將十干之羊刃指明詳細，只是十干中，戊己並未提到。如果參考「自刃」、「飛刃」等羊刃構成的格局，可以總結出戊、己羊刃分別爲午、未。綜合上述文獻，可以總結出在宋代十天干具體羊刃之位。現列表示意如下：

宋代十干羊刃位表

年干	甲	乙	丙	丁	戊	己	庚	辛	壬	癸
羊刃	卯	辰	午	未	午	未	酉	戌	子	丑

從這個表中，不難發現，五陽干之羊刃確實是居帝旺之位，但是五陰干之羊刃實質上不是位於祿前一位（帝旺），而是位於祿後一位（冠帶）。這種安排，並非僅在《希尹書》中出現。翻看《五行精紀·論羊刃》一節，可以發現凡是講到五陰刃的，皆是位於五陰干冠帶之位。如「自刃」，書中這樣寫到：

　　丙午　　丁未　　戊午　　己未　　壬子　　癸丑

　　以上，日主損妻，時損子。

所謂自刃，即指天干坐刃。對照宋代十干羊刃位表，可以發現陽刃在陽干帝旺，而陰刃皆在陰干冠帶。又如「飛刃」，亦是如此：

〔註133〕（宋）廖中撰：《五行精紀》卷24《論羊刃》，第191頁。該段引文亦可見於明代《三命通會》，只是文字略有更改。見（明）萬民英撰《三命通會》卷3《論羊刃》，第195頁。

〔註134〕（明）萬民英撰：《三命通會》卷3《論羊刃》，第195頁。

　　　丙子　　　丁丑　　　戊子　　　己丑　　　壬午　　　癸未

　　以上多帶血疾，其餘同自刃災福，又云：祿前一辰為羊刃，對

處是飛刃。〔註135〕

所謂飛刃，即指羊刃對沖之辰。羊刃在此處並未出現，天干所坐為其刃對沖之辰。依此倒推，還是可以發現陽刃在陽干帝旺，而陰刃在陰干冠帶這一現象。其他諸如「刃頭財」、「刃頭鬼」、「攬轡澄清格」等莫不如此。那麼，由此基本上可以認定，宋代的陰刃，是位於冠帶的。

　　但是明代以後，有關陰刃的爭執逐漸出現。《淵海子平‧論羊刃》講到羊刃通陽刃之名時這樣解釋到：「何謂羊刃？甲丙戊庚壬五陽有刃，乙己丁辛癸五陰無刃，故名陽刃。」〔註136〕這裡，明確說明陰干無刃。另一部命理著作《三命通會》在其卷 3《論羊刃》也提到：「子平以甲丙戊庚壬五陽干有刃，乙丁己辛癸五陰干無刃，惟見傷官，與羊刃同禍，是指陰陽之陽，非牛羊之羊。」〔註137〕此處更是明確指明五陰干無刃之說，是子平術中所特有的。如果是這樣，也就不難理解子平術的代表性著作《淵海子平》為何會出現五陰干無刃的說法了。但是問題是，《三命通會》的這個說法來源是準確的嗎？來看看子平術的最早著作《子平三命通變淵源》是怎麼說的。據筆者考證，明清以來盛行的子平術始於宋末，今天流傳下來的最早著作是寶祐年間成書的《子平三命通變淵源》。該書上卷「日刃、陽刃」部分有這樣一段敘述：

　　　　……獨陽刃以時言之，四柱中不要入財鄉，怕沖陽刃。且如戊

日刃在午，忌行子正財運；壬刃在子，忌行午正財運；庚刃在酉，

忌行卯正財運；甲日刃在卯，行巳午並辰戌丑未財運不妨，忌酉運；

丙日刃在午，行申酉庚辛財運不妨，忌子運。〔註138〕

　　這段敘述中徐大升只提到五陽干之刃如何怕相沖，並沒有提到五陰干有刃無刃。而且，這裡的羊刃無一例外寫作陽刃。可見作者這裡所認可的刃只有陽干之刃，沒有陰干之刃。由此可知，子平術自宋末形成以來基本上就是只承認陽刃，不承認陰刃的。《三命通會》前面的說法是符合實際情況的，並非空穴來風。

〔註135〕（宋）廖中撰：《五行精紀》卷24《論羊刃》，第 190 頁。

〔註136〕李峰注解：《新刊合併官板音義評注淵海子平》卷 2《論羊刃》，第 233 頁。

〔註137〕（明）萬民英撰：《三命通會》卷 3《論羊刃》，第 196 頁。

〔註138〕（宋）徐大升撰：《子平三命通變淵源》卷上。

　　子平術認爲五陽干有刃，五陰干無刃的說法幾乎貫穿於明清兩代。這種情況，一直持續到近代。近代以來，越來越多的命理術士認爲既然陽干有刃，陰干理應也有刃，但這個陰刃不再是宋人所言的臨官之位，而是和陽刃一樣也在帝旺之位。袁樹珊在《命理探原》一書中引用南山老人《辯羊刃》一文，贊同陰刃也應和陽刃一樣享受相同的待遇：

　　　　甲、丙、戊、庚、壬，五陽干皆順行，羊刃在卯、午、酉、子，
　　恰合祿前一位之說，人皆知之。乙、丁、己、辛、癸，五陰干皆逆
　　行，羊刃在寅、巳、申、亥，亦正合祿前一位之說。諸命書竟謬以
　　辰未戌丑當之，及算命無準驗，則謂陰干無刃，其說更謬。〔註139〕

　　依照此論，則乙旺於寅，羊刃在寅；丁旺於巳，羊刃在巳；辛旺於申，羊刃在申；癸旺於亥，羊刃在亥。那麼，十干刃位至此就徹底統一爲以帝旺爲刃了。

近現代的十干羊刃位表

年干	甲	乙	丙	丁	戊	己	庚	辛	壬	癸
羊刃	卯	寅	午	巳	午	巳	酉	申	子	亥

3、羊刃的吉凶判定

　　前文提到，羊刃被宋人視爲極惡之殺。羊刃者，男人多帶，妻宮有損；女人多帶，刑夫剋子。由羊刃構成的許多格局中，其人不招惡疾，即犯血光之災。《廣信集》論其害曰：「凡羊刃，不惟三命在日時上主剋妻害子，若日時羊刃朝年，名曰倒懸羊刃。日日日殺歸年，時曰時殺歸年，皆主凶。若帶寅午戌支者，名曰倒戈刃，主頭面腰足之病，多招毒藥。庚戌，辛酉，戊午，己未，丙午，丁未，甲辰，乙卯，壬子，癸丑，名曰連珠刃，俱凶象也。庚戌、辛酉緊，甲辰、乙卯慢。女命犯連珠刃者，定主剋夫、害子、不貞潔之事。不然自刃，夭。帶懸針，主刺面。」〔註140〕沈芝《源髓》論及羊刃藏於命局中五柱所造成的災害時說到：「凡遇胎中羊刃，更帶刑害，主出不善，或父母惡死及賊也。凡羊刃忌殺勝年，朝元者，如卯年日時，干有甲字也。凡日干就時上作刃，主痕疾，不然即於息帶也。如時干就日支作刃，主妻惡死，並性氣，不然是軍人，或帶痕疾也。年干臨時支作刃，多主父母惡死，或更

〔註139〕袁樹珊著：《新命理探原》，香港上海印書館，1979年。
〔註140〕（宋）廖中撰：《五行精紀》卷24《論羊刃》，第191頁。

帶天殺在上，五不失一，陰人年干就日支作刃，主夫性惡。……或時藏刃人
於胎，日刃或朝時上來，更若支干相駁剋，妻身妊產定應災，婦人之命若如
此，敢斷須憂生產死。」〔註141〕《五行精紀·論羊刃》提到的真羊刃、自刃、
飛刃、刃頭財、刃頭鬼、血刃、羊刃相蝕等諸格局，幾乎無不是大凶之命。

　　但若以此便認為宋人見命帶羊刃者即以凶命判，那又大錯特錯。宋人是
忌羊刃，但並非所有羊刃都致招禍。羊刃的吉凶，很大程度上也與命局中其
他要素的搭配有著緊密的聯繫。《五行精紀》曰：「凡羊刃遇福貴，則為權謀，
為武勇。若遇兇惡，則為刑傷，為凶災。」〔註142〕筆者在談到前面幾個神殺
時都講到，一個神殺能否發揮它應有的吉凶作用，與命主的身命強弱、神殺
的配合都有密切的聯繫。既便是凶如羊刃者，如果能讓它多與一些吉神相伴，
那麼也一樣可以組合成一個貴格之命。攔轡澄清格，就是一個最典型的例子。
「凡見羊刃最兇殺也。然貴人乘馬而前視羊刃者反為貴格，蓋殺服其貴，而
況處馬前則受制可知。」攔轡澄清格，其尊貴之處在於命局中天乙貴人乘驛
馬，命中帶祿，又有羊刃護身制惡。這樣一個有貴有殺的格局，很容易讓人
聯想到宋代包拯等威如閻羅的清嚴之官。事實上也正是如此，《玉霄寶鑒》云
「此格多為清嚴之官，若更再吉殺，類多為酷吏，能制奸宄」。且來看書中所
舉符合此格的命例：「假令庚午人，得乙酉月，或乙酉己酉日而時甲申，為入
格。午馬在申，庚祿在申，乙巳（己）貴在申，庚羊刃在酉，卻貴人乘乙巳
（己）甲申為驛馬，而前視羊刃，故曰攔轡澄清。」該命局中出現了多個神
殺，且除羊刃外皆為吉神。庚午人，年干庚祿在申，祿在時支。年支午驛馬
也在申上。時支申上可謂祿馬同鄉。再看日柱，乙酉也好，己酉也好，其天
乙貴人均為申。則在時支上又可見到貴馬同科。至於羊刃，年干庚羊刃在酉，
在月日兩柱均可見到。這樣一種格局，羊刃在前，貴馬在後，故稱之為攔轡
澄清。再比如下面這個命例，「甲申人得卯月而再見辛卯日，時內中有寅字
者」。其命貴祿馬三吉神皆在時支寅上，羊刃在月日二支上。該命局中貴人乘
驛馬，前視羊刃，亦入攔轡澄清格。〔註143〕

〔註141〕　（宋）廖中撰：《五行精紀》卷24《論羊刃》，第192頁。

〔註142〕　（宋）廖中撰：《五行精紀》卷24《論羊刃》，第191頁。

〔註143〕　（宋）廖中撰：《五行精紀》卷24《論羊刃》，第191頁。此處值得關注的還
　　　　　有一點，就是《玉霄寶鑒》分析此二命例時皆以年柱干支推祿、馬、羊刃，
　　　　　卻以日柱天干推天乙貴神。這與大部分宋代命理文獻以年干推天乙貴神之法
　　　　　不同。

（六）空亡

1、空亡的概念

空亡，從字面意思來理解，空即沒有，亡即死亡。空亡就是消失死亡的意思。在宋代，空亡的概念要比今日寬泛，今人也很難說出空亡的具體取法。因為宋時空亡種類繁多，取法不一。不過，宋人講的最多的空亡，大概還是六甲空亡（這也是今天所說的空亡）。六甲空亡的取法，即取六十甲子之旬空。《太乙降誕經》云：「空亡者，旬後兩位也。」〔註144〕六十甲子干支相配，以十天干配十二地支，由甲至癸為一旬。一旬中，天干地支不能一一對應，從甲至癸，必有兩個地支沒有配上，這兩個地支叫旬空，也就是空亡。六旬下來，就會有十二個旬空之位，也就是十二個空亡。《淵海子平・論六甲空亡》的空亡歌訣給出了六旬中空亡的具體地支：「甲子旬中無戌亥，甲戌旬中無申酉，甲申旬中無午未，甲午旬中無辰巳，甲辰旬中無寅卯，甲寅旬中無子丑。」〔註145〕

六甲空亡表

甲子	乙丑	丙寅	丁卯	戊辰	己巳	庚午	辛未	壬申	癸酉	戌亥空亡
甲戌	乙亥	丙子	丁丑	戊寅	己卯	庚辰	辛巳	壬午	癸未	申酉空亡
甲申	乙酉	丙戌	丁亥	戊子	己丑	庚寅	辛卯	壬辰	癸巳	午未空亡
甲午	乙未	丙申	丁酉	戊戌	己亥	庚子	辛丑	壬寅	癸卯	辰巳空亡
甲辰	乙巳	丙午	丁未	戊申	己酉	庚戌	辛亥	壬子	癸丑	寅卯空亡
甲寅	乙卯	丙辰	丁巳	戊午	己未	庚申	辛酉	壬戌	癸亥	子丑空亡

今日取空亡，往往以年柱及日柱干支為本，對照六甲空亡表，看他柱是否逢空亡地支。但是在宋代，空亡的取法限制似乎更多一些。宋代命理文獻取空亡，以年柱為主查空亡，且空亡須分前後。每旬前五位，對應的空亡只能是該旬空亡的第一個。每旬的後五位，對應的空亡只能是該旬空亡的第二

〔註144〕（宋）廖中撰：《五行精紀》卷25《論空亡》，第197頁。
〔註145〕李峰注解：《新刊合併官板音義評注淵海子平》卷1《論六甲空亡》，第70頁。

個。林開《五命》言：「每旬管兩空亡，分前後五辰，各有所屬，假令甲子旬中無戌亥，自甲子至戊辰，以戌爲空亡，自己巳至癸酉，以亥爲空亡，餘彷此。」《穿珠指掌》亦以爲：「凡論空亡，每旬兩空亡須分前後，假令甲子旬無戌亥，自甲子至戊辰，以戌爲空亡，自己巳至癸酉，以亥爲空亡。」那麼，如果每旬前五位遇到該旬空亡的第二位，或每旬後五位遇到該旬空亡的第一位，宋人便不認爲這是空亡。「若甲子至戊辰見亥，不作空亡。」〔註146〕依照這一理論，可以總結出宋人的六甲空亡表：

宋代的六甲空亡表

甲子旬	甲子	乙丑	丙寅	丁卯	戊辰	戌空亡
	己巳	庚午	辛未	壬申	癸酉	亥空亡
甲戌旬	甲戌	乙亥	丙子	丁丑	戊寅	申空亡
	己卯	庚辰	辛巳	壬午	癸未	酉空亡
甲申旬	甲申	乙酉	丙戌	丁亥	戊子	午空亡
	己丑	庚寅	辛卯	壬辰	癸巳	未空亡
甲午旬	甲午	乙未	丙申	丁酉	戊戌	辰空亡
	己亥	庚子	辛丑	壬寅	癸卯	巳空亡
甲辰旬	甲辰	乙巳	丙午	丁未	戊申	寅空亡
	己酉	庚戌	辛亥	壬子	癸丑	卯空亡
甲寅旬	甲寅	乙卯	丙辰	丁巳	戊午	子空亡
	己未	庚申	辛酉	壬戌	癸亥	丑空亡

但今人萬不可以爲宋人空亡的概念僅此而已。上述空亡，是最基本的空亡，也是自宋以來應用最廣泛的空亡。在宋代，還可以見到更多的空亡概念，如干空亡、眞空亡、互換空亡、四大空亡、五鬼空亡、破祖空亡、截路空亡等。這些概念，一部分源自上述六甲空亡，還有一部分則又有別的出處。這裡，筆者僅以四大空亡和截路空亡舉例說明之。

有關四大空亡，最早可以見到的是宋代的「四大空亡歌」：「甲子並甲午，旬中水絕流，甲寅與甲申，金氣杳難求，若人三處遇，還似葉驚秋。」〔註147〕

〔註146〕（宋）廖中撰：《五行精紀》卷25《論空亡》，第197頁。

〔註147〕（宋）廖中撰：《五行精紀》卷25《論空亡》，第198頁。此歌訣前四句又可
見於《淵海子平・論四大空亡》，見於李峰注解《新刊合併官板音義評注淵海
子平》卷1《論四大空亡》，第72頁。

宋代命理術，很多情況下是以納音五行來做推命工具的。這首歌訣就是以納音五行判命的典型例子。《淵海子平·論四大空亡》這樣解釋到：「六甲中只有甲辰、甲戌二旬之中，有金木水火土全。內甲子、甲午旬中獨無水，甲寅、甲申旬無金。此四旬中，五行不全，謂之四大空亡。」〔註148〕如果仔細觀察，就可以發現甲子、甲午旬中各干支納音五行獨缺水；甲寅、甲申旬中各干支納音五行獨缺金。四旬之中各有所缺，故曰四大空亡。

四大空亡表

甲子	乙丑	丙寅	丁卯	戊辰	己巳	庚午	辛未	壬申	癸酉	空亡
海中金		爐中火		大林木		路傍土		劍鋒金		水
甲申	乙酉	丙戌	丁亥	戊子	己丑	庚寅	辛卯	壬辰	癸巳	空亡
井泉水		屋上土		霹靂火		松柏木		長流水		金
甲午	乙未	丙申	丁酉	戊戌	己亥	庚子	辛丑	壬寅	癸卯	空亡
沙中金		山下火		平地木		壁上土		金箔金		水
甲寅	乙卯	丙辰	丁巳	戊午	己未	庚申	辛酉	壬戌	癸亥	空亡
大溪水		沙中土		天上火		石榴木		大海水		金

四大空亡的取法，即以命局中年柱爲本，推尋年柱所在何旬，再視該旬所缺空亡爲何種五行。若該命局中不見此五行尚可，若遇此五行，即逢四大空亡。宋代《壺中子》詳細介紹了四大空亡推命的細則：

> 顏回夭折，只因四大空亡。

> 甲子、甲午之旬，納音無水。甲申、甲寅之旬，納音無金。生於甲子甲午之人，命內有三字水者，夭。生於甲申甲寅旬之人，命內有三字金者，夭。若見生只有兩字，流年、大運更遇一重圓之，亦夭。（《壺中子》）〔註149〕

依照《壺中子》的說法，先查身命之旬所缺之五行。甲子、甲午之旬，旬中納音五行無水；甲寅、甲申之旬，旬中納音五行無金。若甲子、甲午人命中三逢納音水，甲申、甲寅人命中三逢納音金，皆夭折。且四大空亡，命主不管是命局內遇見，還是大運、流年遇見，皆論遭遇。如甲子、甲午人，命中見納音水者謂之正犯。如當生命中不犯，行運至納音水者亦爲犯也。甲

〔註148〕李峰注解：《新刊合併官板音義評注淵海子平》卷1《論四大空亡》，第72頁。
〔註149〕（宋）廖中撰：《五行精紀》卷31《論壽夭》，第246頁。

申、甲寅人亦同此論。

再看截路空亡,該空亡的取法也不同於傳統的空亡取法。截路空亡的取法,是建立在五虎遁的基礎上的。它以年干爲主,依五虎遁,凡數至壬癸的地支即爲該命的截路空亡。如甲己人,以五虎遁起丙寅,而後丁卯、辰巳……順歷之至壬申、癸酉,則申酉即爲甲己之人的截路空亡。其餘乙庚、丙辛、丁壬、戊癸人仿此。於是,可以找出乙庚人截路空亡在午未,丙辛人截路空亡在辰巳,丁壬人截路空亡在寅卯,戊癸人截路空亡在戌亥。宋人爲方便記憶查找,而有截路空亡歌訣:「甲己申酉以爲仇,乙庚午未不須遊。丙辛辰巳門外立,丁壬寅卯一場空。戊癸子丑高堂坐,時值空亡不可求。」〔註150〕

無論是四大空亡還是截路空亡,二者雖均有空亡之名,而與六甲空亡實無干係。大概是宋人皆以推命過程中逢空逢無,遇水(如截路空亡之壬癸)遇火等空無、傷亡含義,皆以空亡視之吧。宋代空亡概念之籠統混雜,是以知之。

2、空亡的吉凶判定

空亡這一兇殺,其凶雖不及亡神、羊刃,但命中亦少見爲妙。前舉《壺中子》講四大空亡,凡命運中三見之,即夭。《三命鈐》亦曰:「凡空亡遇三者,主骨肉離散,拋失鄉井,橫遭官事,常主破財。」〔註151〕《八字金書》講到截路空亡時說到:「凡值此一重不妨,二三重主早亡,不然主遭刑。」〔註152〕由此而知,空亡命中少見爲妙。

與前文所舉其他的吉神兇殺略有不同,空亡在與其他神殺搭配時,並非一味喜見吉神,惡見兇殺。因爲空亡的性質是空,若吉神遇之,則吉不能顯。同樣,若惡殺逢之,惡不能彰。《三命鈐》言:「祿馬與一切福神落空亡,皆爲陷沒。」〔註153〕《閶東叟書》云:「天中(即空亡)乃十干不及之處,空亡

〔註150〕 (宋)廖中撰:《五行精紀》卷23《釋凶神例》,第177頁。該歌訣第五句「戊癸子丑高堂坐」與事實不符。另,該頁《金書命訣》作「戊癸不堪逢戌亥」。《八字金書》作「戊癸子丑君須避」。李九萬作「戊癸子丑多凶敗」。《天寶經》作「戊癸子丑天然是」。只有《金書命訣》此句是正確的。但是延至明代,該句錯誤還被照抄於《淵海子平》等著作中(見李峰注解《新刊合併官板音義評注淵海子平》卷1《論截路空亡》,第71頁)。命理術久在江湖,不登大雅之堂,魚龍混雜,以訛傳訛之俗可見一斑。

〔註151〕 (宋)廖中撰:《五行精紀》卷25《論空亡》,第200頁。

〔註152〕 (宋)廖中撰:《五行精紀》卷23《釋凶神例》,第177頁。

〔註153〕 (宋)廖中撰:《五行精紀》卷25《論空亡》,第200頁。

之辰，如刑害，則全要天中解之。若祿馬之類切忌臨之，管輅曰：甲寅丑未天乙嗔之，庚午亥申惡殺，殺無氣，蓋天中能解惡殺之凶，亦能散福神之氣。」祿書所言，皆是此意。

　　空亡喜沖。空亡作爲一位兇殺，雖有害於命主，但若沖破，則不爲禍。林開《五命》曰：「空亡雖不佳，若沖破不爲禍，論空亡止以年日所在，如申爲空亡，得寅則破，爲空亡受制，不能爲災，反爲福也。」《廣信集》亦認爲「空亡要沖極好」：「凡人命空亡本不好，若被日時或運沖刑者，反爲虛聲殺，士人遇之飛聲走譽，淺者休舉，如劉提舉命，甲申年，丁丑月，乙亥日，甲申時，行壬午運，作當路。張運使命，如乙未年，乙酉月，乙丑日，丁亥時，行辛巳運，作監司，大振聲望。」〔註154〕所以，逢沖之空亡，於命主不僅並無大礙，反而可視爲高照之福星。

第四節　喻象分析

一、何謂喻象分析

　　宋代命理術，源流最爲久長的推命方法大概數喻象分析法了。喻象也稱比象，就是用「以彼物比此物」〔註155〕的手法造象。喻象於五行領域的出現極早。這大概與五行思想起源於殷商時期人們對農業生產經驗的認識有關。〔註156〕由農業生產經驗，再到自然和人事活動在內的整個世界的經驗，人們對陰陽五行思想的認識在不斷地深化，而陰陽五行的喻象領域也不再僅僅局限於農業領域，它開始逐步擴展至整個自然界與人類社會。至宋代，建立在陰陽五行基礎上的命理術逐步走向成熟，當時的命理術士也廣泛吸取了陰陽五行領域的喻象手法爲人推命。以六十甲子爲例，其每一干、支、納音莫不是象的凝聚。「六十甲子，聖人不過借其象以明其理。」「故甲子納音象，聖人喻之，亦如人一世之事也。」〔註157〕透過六十甲子，不僅可以看到五行的性情、材質、形色、功用，還從中可以對照發現人的一生的成長過程。宋代命理術

〔註154〕（宋）廖中撰：《五行精紀》卷25《論空亡》，第200頁。

〔註155〕朱熹集注：《詩集傳》卷1《國風》，上海古籍出版社，1980年，第4頁。

〔註156〕張涅：《五行說由經驗性認識向先驗信念的異變》，《中國哲學史》2002年第2期。

〔註157〕（明）萬民英撰：《三命通會》卷1《論納音取象》，第31、29頁。

士正是在這些象的基礎上，占人事、推禍福，乃至天地宇宙生化之理。是故《三命通會》總結道：「自黃帝以六十甲子納音取象，於是五行各有所屬，而金、木、水、火、土之性情、性質、功用、變化，悉盡其蘊，而易自在其中矣。故以此而測兩儀，則天地不能逃。以此而推三光，則日、月、星辰不能變。以此而察四時，則寒暑不能易。以此而占人事，則吉凶禍福、壽夭窮通，概不能外，而造化無遁情矣。」〔註158〕

二、宋代命理術中納音五行之喻象

宋時，命理推命以納音爲重。納音五行所成之象，對當時命理術的推命起著重要作用。一個六十甲子納音表，就是納音五行象的完整展現：

《五行精紀》六十甲子納音五行喻象表（一）〔註159〕

六十甲子	納音五行喻象	六十甲子	納音五行喻象
甲子乙丑	海中金	甲午乙未	沙中金
丙寅丁卯	爐中火	丙申丁酉	山下火
戊辰己巳	大林木	戊戌己亥	平地木
庚午辛未	路旁土	庚子辛丑	壁上土
壬申癸酉	劍鋒金	壬寅癸卯	金箔金
甲戌乙亥	山頭火	甲辰乙巳	覆燈火
丙子丁丑	澗下水	丙午丁未	天河水
戊寅己卯	城頭土	戊申己酉	大驛土
庚辰辛巳	白臘金	庚戌辛亥	釵釧金
壬午癸未	楊柳木	壬子癸丑	桑拓木
甲申乙酉	泉中水	甲寅乙卯	大溪水
丙戌丁亥	屋上土	丙辰丁巳	沙中土
戊子己丑	霹靂火	戊午己未	天上火
庚寅辛卯	松柏木	庚申辛酉	石榴木
壬辰癸巳	長流水	壬戌癸亥	大海水

細看該表，六十甲子納音分爲三十組，每一五行各有六組，且每一組皆

〔註158〕（明）萬民英撰：《三命通會》卷1《釋六十甲子性質吉凶》，第64頁。
〔註159〕該表依照（宋）廖中撰《五行精紀》卷1《論六十甲子上》第1頁開篇相關內容制定。

表現爲不同的取象。比如，以金行爲例，甲子、乙丑納音五行取象爲海中金，壬寅、癸卯納音五行取象爲金箔金，庚辰、辛巳納音五行取象爲白臘金，甲午乙未納音五行取象爲沙中金，壬申、癸酉納音五行取象爲劍鋒金，庚戌、辛亥納音五行取象爲釵釧金。而按照《五行精紀》卷1、卷2的相關記載，六十甲子納音五行之喻象還可以細分如下：

《五行精紀》六十甲子納音五行喻象表（二）〔註160〕

干支	納音五行喻象一	納音五行喻象二	納音坐支
甲子	從革之金；未成器金	寶物	自死
乙丑	未成器金	頑礦	自墓
丙寅	赫犧之火	爐炭	自生
丁卯	伏明之火	爐煙	自敗
戊辰		山林山野處不材之木	自衰
己巳	近火之木；風動之木	山林花草	自病
庚午	始生之土；厚德之土	路旁幹塊	自胎
辛未	始生之土；厚德之土	含萬實待秋成	自養
壬申		戈戟大釗	自臨官
癸酉	堅成之金	金之椎鑿	自旺
甲戌		火所宿處	自墓
乙亥	伏明之火	火之熱氣	自絕
丙子	流衍之水	江湖	自旺
丁丑	福聚之水；溪弱之水	水之不流清澈處	自衰
戊寅	受傷之土	堤阜城郭	自病
己卯	受傷之土	破城敗堤	自死
庚辰	氣聚之金；未成器金	錫鑞	自養
辛巳	未成器金	金之生者雜沙石	自生
壬午	柔和之木	楊柳幹節	自死
癸未		楊柳根	自墓
甲申		甘泉	自生
乙酉		陰壑水	自敗

〔註160〕該表內容取自（宋）廖中撰《五行精紀》卷1、2相關記載。其中納音五行喻象一取自卷1，納音五行喻象二取自卷2。

丙戌	福壯祿厚之土	堆阜	自冠帶
丁亥		平原	自臨官
戊子	水中之火；神龍之火	電	自胎
己丑	水中之火；神龍之火	電	自養
庚寅	歲寒之木	松柏幹節	自臨官
辛卯	歲寒之木	松柏之根	自旺
壬辰	池沼水積之地	龍水	自墓
癸巳	涸流	水之息流入海	自絕
甲午	強悍之金	百鍊精金	自敗
乙未		爐炭餘金	自冠帶
丙申		白茅野燒	自病
丁酉		鬼神之靈鄉、火之無形者	自死
戊戌	土中之木	蒿艾之枯者	自養
己亥		蒿艾之茅	自生
庚子	厚德之土	土之中空者屋宇	自旺
辛丑	福聚之土	墳墓	自衰
壬寅		金之華飾者	自絕
癸卯		錄鈕鈴鐸	自胎
甲辰		燈	自冠帶
乙巳		燈光	自臨官
丙午	銀漢之水；至崇之水	月輪	自胎
丁未	銀漢之水	月光	自養
戊申	重阜之土	秋間田土	自生
己酉		秋間禾稼	自敗
庚戌	堅成之金	刀劍之餘	自衰
辛亥	堅成之金	鍾鼎實物	自病
壬子	幽陰之木	傷水多之木	自敗
癸丑		傷水少之木	自冠帶
甲寅		雨	自病
乙卯		霧	自死
丙辰		堤岸	自墓
丁巳		土之沮如	自絕

戊午		日輪	自旺
己未		月光	自衰
庚申		榴花	自絕
辛酉	失位之木；氣絕之木	榴子	自胎
壬戌		海	自冠帶
癸亥		百川	自臨官

　　相比於表一中兩個一組的喻象，本表的喻象更爲細緻具體。既便是表一同一組喻象之五行，在本表中，其各自喻象又有差別。如庚申、辛酉納音五行喻象在表一中同爲石榴木，而在本表中又細分爲榴花、榴子；壬午、癸未納音五行喻象在表一中同爲楊柳木，而在本表中又細分爲楊柳幹節和楊柳根；壬戌、癸亥納音五行喻象在表一中同爲大海水，而在本表中又細分爲海與百川；壬寅、癸卯納音五行喻象在表一中同爲金箔金，而在本表中又細分爲金之華飾者與錄鈕鈴鐸……正是這些豐富多變的喻象，爲人們利用六十甲子推命提供了豐富的想像空間。那麼，五行之喻象與人的命運又有怎樣的關聯？它對宋代命理術士的推命究竟產生了怎樣的影響？

三、喻象分析推命

　　所謂的喻象分析推命，簡而言之，就是將五行所喻之象通過類比想像而延伸到人的命運上。這些喻象，往往會構成自然界的一些景觀、物質。人們通過對這些景觀、物質的性質、作用、宜忌以及人類對它們所賦予的品性的描述，來類比個人的才華、品性及貴賤。喻象分析不比後世子平術中的關係分析要求分析者有縝密的邏輯分析及系統思維的能力。喻象分析對分析者要求更多的是對喻象的豐富聯想力。做喻象推命者，需要具備在象與命之間解釋它們共通性的能力。試以《五行精紀》中部分納音五行喻象與推命結論爲例，看看喻像是如何直接影響推命的〔註161〕：

　　1、乙丑納音五行喻象爲海中金、未成器金、頑礦。此金爲退藏之金，故火不能剋，若無刑害沖破，未有不顯榮者。《閭東叟書》對命帶此金之人的推斷是「具大福德，秋多富貴壽考，春夏吉中有凶，入格則建功享福，帶煞類爲凶會」。

〔註161〕以下分析所依主要自（宋）廖中撰《五行精紀》卷1《論六甲納音法》，第2
　　　　～8頁。

2、丙寅納音五行喻象爲赫犧之火、爐炭。此火無水制之，則爲燔灼炎烈之患。此火食靈明沖粹之氣，四時生生之德，若入貴格，則文采發應，主科甲之貴。

3、庚午、辛未納音五行喻象皆爲始生之土、厚德之土。該土木不能剋，惟忌水多，反傷其氣，木多卻有歸，蓋歸未也。由於此爲厚德之土，故命含此土之人含容鎮靜，和氣融怡，福祿優裕。入格貴命者多歷方嶽之任，有普惠博愛之功。

4、乙亥納音五行喻象爲伏明之火、火之熱氣。其氣湮鬱而不發，含明敏自靜之氣，葆光晦路，寂然無形。得之者爲妙道高人，吉德君子。

5、丙子納音五行喻象爲流衍之水、江湖。該水自旺，陽上陰下，精神俱全，不忌眾土。春夏爲濟物之氣，多建利澤之功。稟之者天資曠達，識量淵深。

6、庚辰納音五行喻象爲氣聚之金、未成器金、錫鑞。該金不用火制，其器自成，火盛反喪其器，病絕火無害，具剛健沉厚之德，稟聰明顯通之性。由於其厭火而喜寒，故其人春夏禍福倚伏，秋冬秀穎充實。入格則益資文武，帶殺則好弄兵權。

7、壬午納音五行喻象爲柔和之木、楊柳幹節。由於枝幹微弱，喜水土盛而忌見火多，蓋火多則木燼矣。該木又爲自死之木，木死絕則魂遊，而神氣靈秀。故《五行要論》認爲其稟之者挺靜明之德，抱仁者之勇，以主爲功行也。可謂靜而有勇，延年益壽。

8、壬午、癸未納音五行喻象爲楊柳木。其爲楊柳木者，蓋木至午而死，至未而墓，故盛夏葉稠，與楊柳木一般無二。其人得其時則富壽，非其時則貧夭。

9、丁亥納音五行喻象爲屋上土，庚子納音五行喻象爲壁上土。該二土中含全數，內剛外和。稟之者得有定力，上下濟之以水火旺氣，能建功立事，敢爲威果之行。

10、戊子、己丑納音五行爲霹靂火、水中之火、神龍之火。其中戊子含精神輝光全實之氣，作四時保生之福。入貴格則爲大人君子，器宇含弘，富貴終吉；己丑含威福光厚之氣，發越峻猛。貴極乘之，爲將德，爲魁名，而建功。

通過對以上十條範例的解讀，可以認識到喻象與推命之間所具有的前因

後果的聯繫。事實上，這種聯繫未必緊密和合理，但是基本上還是能爲人所接受。一個命理術士，如果能對六十條納音五行喻象與推命的關聯熟記於胸，那麼其在卜肆中現場論命就會手到擒來。不過，從廖中收集到的數種命理文獻來看，各個文獻論及同一五行喻象及推命時結論未必一致。如《五行精紀》論丁卯伏明火時，認爲其氣弱宜木生之，遇水則凶，其中乙卯、乙酉水最毒。而《五行要論》云：「丁卯沐浴之火，含雷動風作之氣，水濟之則達，土載之則基厚，以木資之爲文采，以金橐之，更逢夏令則兇暴。」〔註162〕同一納音五行，其喻象卻又不同，當然得出的推命結論也會不一樣。喻象分析所需的想像力再加上這種相互矛盾的命理說教，更加重了宋代命理術推命的雜亂無章。

此外，在宋代命理術中，一個喻象的形成並不一定是僅僅一個五行所構成的。通常一個命局的四柱或五柱干支納音包含著多個相互作用的五行。這些相互作用的五行，會形成某種特殊的組合。這種特殊的組合可以稱爲格、命格或格局。這些特殊的格局，包含著一個到數個不等的象。宋代的命理術士往往會據此將命格描繪成一幅聚象的圖畫，也就是新的喻象，進而再賦予這些新的喻象一定的命理意義。宋代的命理術士，正是通過一個個格局之喻象，來推理人的命運。在《五行精紀》的第四卷、第五卷中，收集了宋人歸納總結的62個命格。〔註163〕這些命格，均以歌訣與解說相配合的方式出現。這種形式是古代坊間卜算書籍常見的形式。它對於研讀、使用者來說，既方便記憶，又易於理解。通過仔細的閱讀分析，可以發現，這62個命格，基本上都是以喻象的分析方法來推命的。可見在宋代，對命局進行喻象分析，是當時的命理術士常用的推命方式。

試以書中的幾個典型命格喻象爲例，看看通過喻象分析的方法，究竟怎樣將象與一個人的命的吉凶禍福聯繫起來。如下面這個「煙滅灰飛」格：

【煙滅灰飛】火木臨巳午會水救助

　　丙丁巳午皆逢木，炎上威風勢猛強，更若五行無水制，才逢稱意必傾亡。

　　丙丁巳午皆火之地，若逢木則益炎盛，須得水則既相比和，又

〔註162〕（宋）廖中撰：《五行精紀》卷1《論六甲納音法》，第2頁。
〔註163〕此62個命格皆來自《太乙統記》，參見（宋）廖中撰《五行精紀》，第28～42頁。

有官神，方是有應，若一味炎盛，豈能久長。〔註164〕

此格火木相交，木入火海，火得風助，一幕熊熊大火之象。此象表面看來雖炎盛猛強，但是若無水制約，則不久命主之木燃盡則變灰飛煙滅象。是故書中判此格之人道：「更若五行無水制，才逢稱意必傾亡。」「若一味炎盛，豈能久長。」故其格為凶格，凶格當然要有補救方法。書中為術士及讀者提到的補救方法是：「火木臨巳午會水救助。」「……須得水則既相比和，又有官神，方是有應，……」此象如若有水制衡，水於火既是官神，又於命主之木起滋養之效，則其象勢將久長可續。

再看一個與「灰飛煙滅」格極為類似的「鬼氣臨官」格。二格象中，代表命主者皆為木，也皆有灰飛煙滅之象，但較之上者，此格之象更是凶上加凶：

【鬼氣臨官】

　　木人怕見火神興，無水相臨主禍迎，更被金來加局內，一生艱險不安寧。

　　木人火盛則灰飛煙滅，得水可制火，苟不見水，又加從革金局，其神銳利，甲乙之木，窘氣可知。〔註165〕

同為命主之木在炎炎火勢下不僅沒有遇到及時雨，反而又逢奪命刀，於是一個凶格之象浮現在人們眼前。書中判命中具備此喻象之人，「一生艱險不安寧」，亦合乎情理。

再來看兩個福格喻象。較之凶格喻象，福格喻象又給人一種什麼感受呢？首先，來看一下「滋陰福元」格：

【滋陰福元】

　　木逢癸亥正長生，蔭益根元必大亨，更有金臨西北位，定主清華祿自存。

　　木生在亥，就其位得癸亥之水滋養，生中逢生，最為喜會，更得西北，帶金生出水來轉旺，健源深遠，福祿崇峻。〔註166〕

此格命主五行仍為木。木長生位在亥，木逢癸亥，得水滋養，必枝繁葉茂。

〔註164〕（宋）廖中撰：《五行精紀》卷4《論干神二》，第32頁。
〔註165〕（宋）廖中撰：《五行精紀》卷5《論甲乙》，第40頁。
〔註166〕（宋）廖中撰：《五行精紀》卷5《論甲乙》，第39頁。

碩木遇金，本不畏伐，況金又生水，反成潤木之源。故而此格是一幅水源不竭，木長生不息的喻象。那麼，得此吉象之人的命運又如何呢？《太乙統記》言其人「蔭益根元必大亨」，「定主清華祿自存」，「健源深遠，福祿崇峻」。由吉象而生吉命，可謂順理成章。

　　最後，再來看一個「氣數淳厚」格。同為福格，該格所呈喻象不再是樹木繁茂參天，而是土厚火旺，火土之氣淳厚非常：

　　　【氣數淳厚】

　　　　土人土重火炎陽，職位清華祿益強，火加巳午逢諸土，盛德高風處處新。

　　　　土數既重，必藉父扶持，為生生不窮之貌，若更見火加巳午，火旺之地，土又強壯，設或見水，終不能勝火土，則為財廩之氣矣。
〔註167〕

因為命主為土人，所以土氣之厚薄成了此處首要關注的對象。很顯然，此格命主恰逢火地，火為土父，火生土厚，故土氣呈現出一種愈來愈旺之象。此時若再見水，水雖為火之官鬼，但是厚土剋水，水不僅不能為災，反而成了平衡土氣，限制火土之氣過旺的有用因素。具此喻象之人，得父蔭扶持，無憂官祿，故書中有「職位清華祿益強」，「盛德高風處處新」之描述。命理關係中，我剋之者為財。此格之人因氣旺盛，不懼水財來耗身，反喜其多多益善。故氣數淳厚格之人，若命中帶水，不僅身居清華之職，更有不盡之財。

　　總之，喻象分析之所依，可為某一五行，亦可為某一命格。命理術士由五行或命格所喻之象，通過類比想像的方式來描繪人生的命運起伏。通過這些象以及術士們對它們所賦予的品性的描述，可以看到一個人的才華、品性及命之貴賤。喻象分析是宋代命理術的一種主要分析方法。且其法並沒有隨著命理術古法時期的終結而結束，相反，在明清兩代的命理文獻中還反覆可見此法的應用。而成書於明末的《窮通寶鑑》（又名《欄江網》）更是將喻象分析的方法運用到了極致。其書不再拘於格局之說，而是以十干喻象於四季，來分析人命之喜忌吉凶，形成後世獨具一格的調候說。與神煞分析逐漸湮沒於後世不同，喻象分析竟然久盛不衰。歸根到底，這大概與華夏農耕民族自古以來敬天地重鬼神，講求順天應人、天人合一的思想有關吧。

〔註167〕（宋）廖中撰：《五行精紀》卷5《論甲乙》，第41頁。

四、納音坐支對納音喻象的影響

在認識了喻象對命運分析的重要性後，一個問題隨之浮現，五行所喻之象究竟是如何確定的？在上文六十甲子納音五行喻象分析表中，無論是表一還是表二，其同一五行喻象爲何又有細微差別，這種差別究竟因何而起？從五行所喻之象中，是否可以發現彼此之間的一些聯繫？要回答這些問題，還是要回到六十甲子納音五行喻象表（二）中。本文需要關注的焦點是納音五行在其所坐的地支的何宮位上（簡稱納音坐支）。在表（二）中，筆者在每行兩個納音五行喻象之後還列有納音坐支一項。之所以這樣做，是因爲宋人認爲，納音坐支與納音五行喻象之間有著密不可分的聯繫，前者直接影響著後者。

如果將納音五行喻象與納音坐支進行比較分析，很快就會發現其中的一些規律。宋人認爲，納音坐支決定著納音五行喻象的性質。納音坐支不同，其所喻之象的性質、強弱、功用、宜忌就會產生很大的不同。舉例來說，如甲申水、丙寅火、己亥木、辛巳金、戊申土，此四者納音五行皆自坐地支長生（即自生）。那麼自生的納音五行之象與推命結論就可以概括如下：「……五行自長生，故四時不能與之興衰，超然自生之理，人若稟之，當敏快高明，貴者得之，其進以漸，富者得之，其利收厚，以至貧賤者得之，亦收向榮，而得其所以生也。」又如自旺者，其象及命亦高貴不凡：「丙子水，戊午火，辛卯木，癸酉金，庚子土，此五行自旺者也，不待四時，而能自致其旺，則其爲旺也孰禦？此五行福力，奮震無偏擬者也。」與之對比，那些納音坐支爲自死、自絕者，其喻象及命主之命就不會如此榮興，而是另具一些特色：「乙卯水，丁酉火，壬午木，甲子金，己卯土，此五行自死者也。生則勞，死則息，其理自然。不有死之地，其物無自而歸。又有所謂自死者，得其眞歸之理焉。凡命遇此，穎特高明，多慧少福，以靜默爲體，而不利有爲，以淡薄爲事，而不利興起，惟可學道訪仙，超生死之門也，更在消息。癸巳水，乙亥火，庚申木，壬寅金，丁巳土，此五行自絕者也。天之道無可絕焉。蓋干支適會，已絕則更生。凡遇此者，憂喜未定，設如癸巳絕水，得癸酉旺金符之，是謂絕中水更生也。」〔註168〕看來，自死者宜隱遁，自絕者宜觀望。

由此可見，納音坐支爲自生、自旺者，其喻象向榮。納音坐支爲自死、

〔註168〕（宋）廖中撰：《五行精紀》卷7《論五行一》，第61、62頁。

自絕者，其喻象向衰。由此推而廣之，無論何種納音五行，但凡其坐支所在之宮位相同，其象就會呈現出一些規律性的變化。而五行相同之納音，因其所在地支宮位不同，所以其所成之象也不同。下面，本文以《五行精紀》的相關記載爲依據，將納音坐支以十二宮位的順序依次列舉，看其對喻象的影響究竟如何〔註169〕：

納音坐支與納音喻象比較表：

納音坐支	納音五行舉例	納音喻象分析
自生	辛巳金	自生之金，精神具足，體氣完備，炎烈熾火而不忌，忌丙寅乙巳戊午之火，蓋金生於巳而不能生，敗於午，絕於寅而氣散，復見生旺之火，焉可當之。
	己亥木	自生之木，根本繁盛，挺英才秀拔之德，不忌眾金，惟嫌辛亥辛巳癸酉之金，若見己卯丁未水、癸未木，未有不大貴。
自敗	乙酉水	自敗之水，假眾金以相之，蓋我氣既弱，藉母以育，忌己酉乙卯戊申庚子辛丑之土，則夭折窮賤。
	己酉土	自敗之土，其氣不足，藉火以相助之。見丁卯丁酉火則吉，切忌死絕，畏辛卯辛酉木，災蹇夭折。
自冠帶	丙戌土	福壯祿厚之土，木不能剋，忌見生旺之金，若遇火盛，則貴不可言。
	乙未金	偏庫之金，亦欲火制，而土生之，則福壯氣聚，忌己未、丙申、丁酉之火。
自臨官	丁亥土	臨官之土，木不能剋，嫌金多，須得火生救之乃吉，忌己亥辛卯之木。
	癸亥水	臨官之水，忌見眾水。不忌他土，死絕則吉，生旺則氾濫而無所歸也。惟以火土損益之，乃成大器。
自旺	辛卯木	自旺之木，春夏則氣節挺拔，建功立事；生於秋，則狂狷折挫，勁氣不伸。
	庚子土	厚德之土，能剋眾水，不忌他木，蓋木至子無氣，若遇壬申之金，謂之明位祿，其貴必矣。
自衰	丁丑水	福聚之水，最愛金生；又爲溪弱之水，陰盛陽弱，
	己未火	衰火，含餘光藏實之氣，春多之月，運入沉潛之鄉，則明達峻敏，福慶深遠，夏得之非和氣也。秋則先吉後凶。

〔註169〕以下分析所依主要自（宋）廖中撰《五行精紀》卷1《論六甲納音法》，第2～8頁。

自病	戊寅土	受傷之土，最為無力，要生旺火，以資其氣，忌己亥庚寅辛卯諸色木剋之，主短夭之凶。
	丙申火	自病之火，其氣極微，假木相助，其氣方生，忌甲申乙酉甲寅乙卯之水。
自墓（庫）	甲戌火	自庫之火，含至陽藏密之氣，不嫌眾水。
	癸未木	自庫之木，生旺尤佳，雖乙丑金不能沖破，各歸其根，而不相犯。
自絕	乙亥火	伏明之火，其氣湮鬱而不發，含明敏自靜之氣，葆光晦跡，寂然無形。
	癸巳水	自絕之水，乃至陰退藏真精，嗇養凝成貴氣，名曰涸流，若丙戌丁亥庚子壯厚之土，其涸可待；若得三合生旺之金生之，則源泉溷溷，盈科而進也。
自胎	癸卯金	氣散之金，若見眾火則喪氣，惟水土朝之則吉。
	辛酉木	氣絕之木，欲生旺以為榮也。
自養	庚辰金	氣聚之金，不用火制，其器自成，火盛反喪其器，病絕火無害，亦不能剋眾木，益我氣亦繁耳。具剛健沉厚之德，稟聰明顯通之性，春夏禍福倚伏，秋冬秀穎充實。
	己丑火	胎養之火，其氣漸隆，若遇丙寅戊午之火助之，可成濟物之功。

　　通過對納音五行所臨十二宮位與其喻象的比較分析，不難發現，納音五行凡在自生、自冠帶、自臨官、自旺之位時，其象有生旺勃發之勢；凡在自敗、自衰、自病、自墓、自絕、自胎、自養之位時，其象呈衰弱無氣之狀。前者之象，不忌官鬼之五行來剋；後者之象，忌剋而喜它行生助。唯自庫之象喜生旺而又不畏剋。納音坐支與納音喻象對應關係大體如上。宋人注重納音喻象與納音坐支之間的關係，《五行精紀・論六甲納音法》中，作者在對六十甲子納音五行的喻象講解之前，往往點明其坐支宮位情況，是以知二者關聯之緊密。〔註170〕

〔註170〕明代《三命通會・論納音取象》中，又有一種納音所坐地支對納音五行喻象的聯繫的說法解釋。該文認為，每一種納音五行的六組喻象並不是孤立存在的，它們隨著所在地支子丑寅卯辰巳午未申酉戌亥的排列順序而呈現出一些規律性的變化。這些變化，反映了事物的發生、發展到最後歸宿的過程。這裡地支與喻象的關係，並未牽涉到五行所在十二宮位。其說不見於宋代命理文獻，應是明人附會添加，雖解釋略顯牽強，但也可視為一說。參見（明）萬民英撰《三命通會》卷1《論納音取象》，第29～31頁。

第六章　宋代命理術的地位及其對後世的影響

第一節　重新認識和評價宋代命理術的地位

　　命理術自誕生之日起，直至今日，從未間斷、消失。今日的命理術，曾受宋代命理術的深刻影響。然而今日的人們，早已在頭腦中遺忘掉宋代的命理術。明清以降，數百年間，人們對宋代命理術的推命方法日益模糊，對宋代命理術的理論傳承語焉不詳，對宋代命理術的文獻典故知之甚少……宋代命理術，在中國古代命理術發展過程中，究竟處於怎樣的地位，其對之前的命理術有何繼承，又對之後的命理術有何影響。搞清楚所有這些問題，已成為梳理中國命理術發展史的一項不可迴避的任務。

　　本文作為宋代命理術研究專文，雖試圖從各方面深刻挖掘、解析宋代命理術的推命方法、理論傳承、文獻記載等諸多內容，但是囿於筆者的淺陋無知，上述目的實難實現十一。即使如此，筆者仍需以個人淺見，於本節嘗試重新認識和評價一下，宋代命理術在整個中國命理術發展史中的地位。論述淺陋，貽笑大方，亦勢所難免。惟願文中之不足，能得未來高明之士指點一二。

　　中國古代命理術，發軔於魏晉，獨立於南北朝，至隋唐初步完成其古法的定型。後歷經兩宋的不斷深化改進，命理術古法日趨完善。與此同時，南宋後期，新法出現，並以蓬勃之勢迅速發展。至明清兩代，新法逐漸取代古

法成爲命理術正宗，其影響力至今延續。縱觀整個古代命理術發展史，宋代命理術恰恰處在承前啓後、繼往開來的重要轉折時期。一方面，它整合了之前尚未完善的古法，使其日趨成熟，並最終迎來發展的黃金時期；另一方面，它開啓了新法時代，宣告了子平術的誕生，並爲之後明清子平術的發展指明了方向。可以說，沒有宋代命理術，之前魏晉至隋唐緩慢發展的命理術便不會迎來輝煌，甚至只能視爲無果而終或半途夭折；沒有宋代命理術，之後的命理術發展便會失去方向，當然更不會有明清以來深入人心的八字命理術——子平術。因此，宋代命理術史於整個中國古代命理術史而言，具有的重要地位，無論怎樣形容，都是不足爲過的。

宋代命理術「既往」、「承前」的歷史功績不容抹殺。中國古代命理術理論奠基於兩漢，後經魏晉南北朝隋唐逐漸演變，終於形成了其古典模型。這個歷程，跨越千年。然而千餘年來，命理術的演變卻極爲緩慢。宋代以前，命理術甚至始終難於在同時期的眾多術數中立足，其在術數中地位堪稱微不足道。再加上術數在中國古代地位的卑下，以及北宋以前，雕版印刷的尚未普及，使得這樣一門術數，隨時面臨被歷史淘汰的厄運。幸而宋代以後，隨著術數市場空前繁榮以及雕版印刷在社會上的普及，命理術的生存環境有了根本性的轉變。宋人在繼承前人成果的同時，也對命理術古法不斷完善，使得傳承千年的命理術古法終於在宋代迎來了自己遲到的輝煌。雖然，我們今天見到的命理文獻，最早出現在宋代，但是這些文獻的理論知識，絕大多數都是源於前朝。宋代命理術，遠非後人想像的那樣，僅僅將李虛中的三柱算命增加爲徐子平的四柱算命。〔註1〕宋代命理術，實際上是對六朝隋唐命理術的總結繼承。命理文化在宋朝的繁榮，不僅歸功於宋人的創造，更是源於命理文化歷千餘年演進後在宋朝的全面振興。從這個角度來講，宋代，的確是一個擅於繼承保留前朝歷代文明成果的偉大時代。歷史學家陳寅恪認爲的「華夏民族之文化，歷數千載之演進，造極於趙宋之世」〔註2〕的觀點，令人服膺。

〔註1〕 清代四庫館臣在《李虛中命書》、《徐氏珞琭子賦注》、《三命通會》諸書提要中皆認爲宋初徐子平將唐時李虛中年、月、日三柱算命術轉化爲年、月、日、時四柱算命術，並將論命重心由年柱換爲日柱。參見《四庫全書總目》卷109《子部·術數類二》，第 925～928 頁。今人受清人影響，也多接受了這一說法，甚至在一些權威的學術著作中，也不乏這種觀點。參見漆俠主編《遼宋西夏金代通史》（宗教風俗卷），第 112～114 頁。

〔註2〕 陳寅恪：《鄧廣銘宋史職官志考證序》，載氏著《金明館叢稿二編》，生活·讀書·新知三聯書店，2009 年，第 277 頁。

　　宋代命理術「開來」、「啓後」的作用更為明顯。相比於對前朝命理文化的繼承總結，宋代命理術對後世、乃至今日的影響更是不可小覷。這種影響，不僅僅體現在南宋末年《子平三命通變淵源》對明清以來子平術的直接作用，更體現在整個宋代命理文化對後世的影響。舉例來說，今日流傳的「甲子乙丑海中金」這首六十甲子納音口訣，其完整著錄，最早見於《五行精紀》；今日流行或不流行的諸神殺，幾乎都曾用於宋代的神殺推命；今日論男命、女命的區別，論命運吉凶的標準，都能在宋代命理術中找到相應的記載；今日以財官、六親等十神系統為基礎建立起來的關係分析方法，在《子平淵源》乃至《五行精紀》中就已出現初步的使用。……可以說，元明清以來近八百年的命理術，皆宋代命理術之遺法。其間，雖偶有創新，亦難脫宋代命理術理論窠臼。明代陳邦瞻曰：「今國家之制，民間之俗，官司之所行，儒者之所守，有一不與宋近乎？非慕宋而樂趨之，而勢固然已。」〔註3〕陳邦瞻清醒地認識到明代對宋代文化的承襲。這種文化，亦包含命理文化。而這種承襲，又豈止明代？單以命理文化而論，直至今日，人們也不應忽略宋代命理術發揮的直接或間接的影響。否則，今日之命理學研究，只能是數典忘祖、無水之源。

第二節　宋代命理術對後世的影響——以宋代命理術演變軌跡為例

一、中和原則的出現

（一）中和原則

　　在這裡，首先明確一個概念，什麼是中和原則。陸致極在《中國命理學史論》中是這樣定義中和原則的：「所謂『中』，就是適中；所謂『和』，就是和諧。中和，就是用『中』的方式，來達到『和』的目的。」〔註4〕中與和，在這裡分別有其自身的特定含義。中，是一個適當的標準。孔子認為，任何事物都有一個適當的標準，達不到這個標準，就是不及。超過這個標準，就

〔註3〕　（明）陳邦瞻撰：《宋史紀事本末・序》，中華書局，1977年。
〔註4〕　陸致極著：《中國命理學史論》，上海人民出版社，2008年，第141頁。本文對中和的解釋主要參照陸致極的觀點。

是過。「過與不及，則爲乖道」。凡事應避免過與不及，以達到中的標準，因爲萬物皆「貴在折歸於中道」〔註5〕。孔子這種持中的觀念，又被其上升到中庸的高度。「中庸之爲德也，其至矣乎！」〔註6〕孔子的孫子子思又作《中庸》著重闡發了孔子中庸的思想，認爲中庸是「天下之大本」，「天下之達道」，是實現天人和諧的有力保證。和，是一個和諧的狀態。這種和諧，不僅僅通用於人與人之間，人與物之間，甚至還衍生到了物與物之間。在周人看來，萬物只有處於和之中，才可以相依相生。「夫和實生物，同則不繼。以它平它謂之和，故能豐長而物生之。若以同裨同，盡乃棄矣。故先王以土、金、木、水、火雜以成百物。」〔註7〕這裡，周人還第一次提出和同之辯。人們當然也會想到，孔子也有和同之辯。「君子和而不同，小人同而不和。」〔註8〕二者的和與同，表面看是近似的，實質上卻有著本質區別。同不是和諧，而是代表一種單一、雷同，以五行論之，五行可以論和，而不可以論同。因爲相同的五行必是單一的五行，而單一的五行必將走向極端而難以保持平衡。所以，和的狀態，更像是宋代太極圖中的陰陽魚，雖陰陽相反，性質相反，卻又水乳交融，合爲一體。

天地五行之中，包含了太多的不同甚至矛盾，但是，如果五行之間能夠按照一定比例關係達成一種協調、均衡的態勢，五行就會處在一種穩定平衡的狀態。此時，五行就處在中和的狀態。當然，這種穩定平衡狀態不會一直持續下去。由於彼此間的矛盾並沒有消除，五行終究會有失衡的一天。宋代的命理術士們很早注意到了這一點，他們在觀察一個命局時，首先會看這個命局結構是否平衡，是否符合中和原則。五行太過和不及，都是有違中和之道的：「夫論五行之用，多則太過，少則不及，其氣其數，有餘不足，皆能致凶。」〔註9〕如果命局中各組成要素之間以適中的比例關係保證了五行的協調均衡，那麼這樣一個命局就符合中和原則，就基本上是一個成功的命局了。隨後，命理術士們會進一步觀察大運、小運、流年這些變量與命局的組合，

〔註5〕 （宋）廖中撰：《五行精紀》卷8《論五行二》，第65頁。

〔註6〕 黃懷信主撰：《論語彙校集釋》卷6《雍也第六》，上海古籍出版社，2008年，第564頁。

〔註7〕 徐元誥撰：《國語集解·鄭語第十六》，王樹民、沈長雲點校，中華書局，2002年，第470頁。

〔註8〕 黃懷信主撰：《論語彙校集釋》卷13《子路第十三》，第1210頁。

〔註9〕 （宋）廖中撰：《五行精紀》卷8《論五行二》，第63頁。

當這些變量與命局各要素的比例也是適中協調時，這一時期的運勢就都是好的。當這些變量與命局各要素不協調、不均衡時，這一時期的運勢就不會令人期待了。命理術士會對這種不平衡仔細分析，依此判定可能出現的疾病、橫禍甚至死亡。宋代命理術中五行之間，無論相生還是相剋，都以彼此間的力量平衡爲最佳目的，即實現命局結構內的中和。《鬼谷遺文》曰：「五行喜剛柔得中，三命忌盛衰太過。」〔註 10〕從祿、命、身三者來看，無論是納音五行，正五行，還是眞五行，彼此間最好都能實現剛柔得中，不盛不衰的狀態。這樣一個貴命在宋代命理術中就有了成立的基礎。相反，一個失敗的命局，往往是命中五行強弱不一，「生旺太過，則福中藏禍，死絕太過，則福無可託」。任一五行太過不及的結果，都有可能導致整個結構的失衡崩潰，從而引發一系列嚴重的後果。如何保持一個命局的中和？對於宋代命理術士而言，唯一的解決之道就是「抑揚歸中」〔註 11〕，即秉承中和原則，強者使弱，弱者使強，益其不及，損其太過。一語以蓋之，補不足而損有餘，從而將命局重新調整到平衡的狀態。

> 萬物負陰而抱陽，沖氣以爲和，過與不及，則爲乖道，故高者抑之使平，下者舉之使崇，或益其不及，損其太過，所以貴在折歸於中道，使無有餘不足之累，即貴人驛馬之微意也。行運亦如之，悟其微意，則於命之說，思過其半矣。(《五行要論》)〔註 12〕

雖然從《五行精紀》、《玉照定眞經》、《子平三命通變淵源》等宋代命理術著作來看，其中不少命局只以一位吉神或者特殊的干支組合甚至字形就可以判爲貴命，但是從宋代命理術整體發展趨勢來看，以中和原則作爲貴命判斷依據的趨勢是在逐漸強化中的。這種趨勢，尤其是到了明清子平術今法時期，更是達到登峰造極的地步。無論是張楠的病藥說，沈孝瞻的格局論，還是《窮通寶鑒》中的調候說，無不是以命局五行的中正平和爲最佳追求目標的。從這個角度來講，發端於宋代古法時期的中和原則，可以說是開了後世子平術中和原則之濫觴。

（二）五行有制為貴

五行相生，固然構成自然界生生不息的物質循環體系，可是如果沒有相

〔註 10〕 （宋）廖中撰：《五行精紀》卷 8《論五行二》，第 65 頁。
〔註 11〕 （宋）廖中撰：《五行精紀》卷 8《論五行二》，第 63 頁。
〔註 12〕 （宋）廖中撰：《五行精紀》卷 8《論五行二》，第 65 頁。

互剋制，那麼這種循環也很難持續下去。東漢大思想家王充很早就認識到了五行有制為貴的道理，他指出：「天用五行之氣生萬物，人用萬物作萬事。不能相制，不能相使；不相賊害，不成為用。金不賊木，木不成用。火不爍金，金不成器。故諸物相賊相利。」〔註13〕五行無制則命賤，五行有制則命貴。為了重新達到命局結構的平衡，宋人制定了「抑揚歸中」的彌補方法。其中的抑，主要是指損有餘，即有意剋制過強五行。宋代命理術中，無論是主身命之五行與其他五行的力量制衡，還是對剋命之鬼等要素的反剋制，都可以決定一個命局的高低貴賤。宋代晚期出現的命理著作《玉照定真經》中以下這些內容較為鮮明地體現出了制約因素對命局貴賤的影響：

> 木見旺金多主強，生合須仁反不純。
>
> 木多遇金者，主強；生旺多者，仁。多入敗地者，仁中不仁之咎。
>
> 火入離中生萬物，旺相生多壽不倫。
>
> 火多無水者，太過。太過者無後也。
>
> 金向旺中須損折，有火三光保利名。
>
> 金多則損折耳，有火則成器耳。
>
> 土積山岡多不動，真宮有路廣田林。
>
> 土多者成山成岱也，多種而不動。田林廣巨，薄者好遊歷也。
>
> 水盛定須防走失。
>
> 水多則走失耳。
>
> 智若逢多則不寧。
>
> 水旺相則不寧之兆。〔註14〕

上述這些話，為人們一一詳述了木、火、金、土、水在有制無制的情況下導致的不同命運。首先看木。「木見旺金多主強，生合須仁反不純」，命局中干支、納音或正五行多木，命中木氣較重，同時命中金氣也較重，木旺而有金制，為仁為強。若木雖多而無制，或木入休囚敗地，為仁不仁，反主凶敗之象。其次看火，「火入離中生萬物，旺相生多壽不倫」。命中火氣強旺，又入離卦火地，無水制約，太過而凶象現矣，必短壽而無後。再次看金，「金

〔註13〕 （漢）王充撰：《論衡校注》卷3《物勢篇》，第71頁。
〔註14〕 《玉照定真經》，文淵閣《四庫全書》第809冊，第42、43頁。

向旺中須損折，有火三光保利名」，命中本就金多，再處旺相之地，多損折不貴。若有火來制，則金可成器，功名利祿紛至沓來。再來看土、水，前者「土積山崗多不動」，是土厚無制，後者「水盛定須防走失」、「智若逢多則不寧」，是水旺無制。無論水土，無制的結果都是散財敗家。《玉照定眞經》的這些論述，其實都是在告知一個道理，五行有制爲貴，五行旺中無制爲賤。

在某一五行強旺的前提下，命局是喜歡其他五行前來剋制該五行的。「身命喜於生旺福，干不嫌剋制。」其實無論命局中年柱也好，他柱也好，或者說身命也好，財官也好，都秉遵著中和原則。命中五行中和，才可以以貴命論。而能夠旺而有制的五行，就是處於中和狀態的五行。《五行精紀》對於人之命局貴在五行有制的論述可謂汗牛充棟，試舉以下數條：

1、身土遇火生而漸利，命水得金乃優長，金多須火，或從革以成命，木重得金，操曲直而任使。水流不止，須土以壤之，火盛無依，惟水以濟之。

身命喜於生旺福，干不嫌剋制，假如火至盛旺，左右無木，須得水制，方成既濟，火輕則不然。（《鬼谷遺文》）〔註15〕

2、盱江李泰伯曰：五行用得其宜，雖相剋而爲福，五行用失其宜，雖相生而爲災。

如水遇土而止，土遇木而秀，木遇金而成器，金遇火而鎔鑄，火遇水而滅形。……〔註16〕

3、火不畏水，藉之然後以濟物，木須賴金，制之然後以成器。

五行之內，火雖畏水，火不得水，則又不能濟物，木雖畏金，木不得金，則又不能成器，火人得水者，在格曰未（既）濟，言其終得相濟也，木人得金者在格曰斷輪，言其終得用也。（《壺中子》）〔註17〕

4、金木未能成器，聽哀樂以難名，似木盛而花繁，狀密雲而不雨。

瑩和尚注云：金不能成器，惟火以陶鎔，木未能成功，假金而

〔註15〕　（宋）廖中撰：《五行精紀》卷8《論五行二》，第67頁。
〔註16〕　（宋）廖中撰：《五行精紀》卷8《論五行二》，第67頁。
〔註17〕　（宋）廖中撰：《五行精紀》卷8《論五行二》，第68頁。

凋金。(《珞琭子》) 〔註18〕

5、木官木重金鬼無偏。

木須要金，而木適用，甲重而無金者，須得支有金，金須要火，而金相當，或庚重而會合於丙。(《鬼谷遺文》) 〔註19〕

命局之中，任一五行不可肆意強旺，肆意強旺者，過猶不及。在貴和持中的原則下，欲使五行不致偏激，命局中或運勢中最好有其他五行來剋制。剋制之法，大體如下：凡木旺者，逢金剛而貴；凡火旺者，逢水盛而貴；凡土旺者，逢木強而貴；凡金旺者，逢火烈而貴；凡水旺者，逢土厚而貴。上文所謂「金多須火，或從革以成命，木重得金，揉曲直而任使。水流不止，須土以攘之，火盛無依，惟水以濟之」以及「水遇土而止，土遇木而秀，木遇金而成器，金遇火而鎔鑄，火遇水而滅形」都是這種剋制方法的形象描述。

在宋代命理術中，身命或財官的有制，並不意味著這個人命中的財官受到了限制，相反它往往意味著此人的貴不可言。身命的過強過弱或財官的毫無制約，並不意味著此人財產、權力的氾濫，相反它是一個人五行失衡的表現，是宋人判定一個卑賤命局的重要依據。《宰公要訣》在論述五行太過無制而導致的悲慘命運時，有這樣一段精彩的論述：「水盛泛而不止，主好陰謀，後遇其傷。土強不見於木，情多欺罔，性定頑愚鄙執。木繁不逢金制，初辛苦而晚歲孤貧。火炎不遇水濟，神性兇暴，多招橫禍。金剛無火，凶頑夭壽。故曰金剛火強，多則損己；木柔土和，盛亦傷身。」 〔註20〕根據上述論斷，可以看到如下一個五行無制導致的賤命表：

五行無制之命運表

過多五行	所缺五行	導致不吉之命運
水	土	好陰謀、後傷。
土	木	情多欺罔，性頑愚鄙執。
木	金	初辛苦而晚歲孤貧。
金	火	凶頑夭壽。
火	水	神性兇暴，多招橫禍。

〔註18〕（宋）廖中撰：《五行精紀》卷8《論五行二》，第69頁。

〔註19〕（宋）廖中撰：《五行精紀》卷22《論貴局下》，第173頁。

〔註20〕（宋）廖中撰：《五行精紀》卷9《論五行三》，第71頁。

依照五行的相剋關係，當一個人命中水盛土薄，土厚木細，木壯金軟，金剛火熄，火炎水干時，可以判定這就是一個五行無制的格局。命局中，任何一個五行過多，缺乏相對的制約，都會導致一種命運的缺憾。《太乙統記》記載的煙滅灰飛格就是因命中某一五行的氾濫無制而造成的一個卑賤的格局：

【煙滅灰飛】火木臨巳午會水救助

　　丙丁巳午皆逢木，炎上威風勢猛強。更若五行無水制，才逢稱
　意必傾亡。

　　丙丁巳午皆火之地，若逢木則益炎盛，須得水則既相比和，又
　有官神，方是有應。若一味炎盛，豈能久長。〔註21〕

之所以此格被冠以煙滅灰飛之名，是因為命中木處炎火盛地，又無水制火，一味炎盛，豈能長久，焉能不化作煙滅灰飛？

　　一個富貴命局所需要的五行有制，不是簡簡單單的五行生剋知識就可以概括的。因為在宋代對一個命局的分析，是以年為本的，以年柱干支、納音五行之身命為分析的著眼點。具體到一個命局裏，首先需要分析命中五行的旺衰，其次還要分析哪種五行是身命所喜，哪種五行是身命所厭。身命所喜之五行，想方設法來扶持；身命所厭之五行，全力來剋制。如一個命局中身命強旺，則喜官鬼、財多；若此人身命平常，而官鬼、財太旺，那麼就需要盡力剋制官鬼和財，以保證命主不致被剋泄太過。「凡命納音鬼多，主本當時，名曰官星乘旺，納音財多，主本無氣，名曰財多害身，主富而多惡疾。」〔註22〕命強之人，不懼納音鬼盛，反視鬼為官貴之物；命弱之人，雖然命中納音財眾，但命主身弱不能制財，反而是財多害身。「孫子才云：天干納音土，不可見水太過，少見則為財，多則為滯。」〔註23〕如一個人年命納音為土的人，他柱納音遇水本為遇財，但是還必須注意到身命五行與財之五行的輕重關係，若土多水少則命中有財，若土少水多則不能論財，反判其為壅滯之命。《鬼谷遺文》論曰：「身命喜於生旺福，干不嫌剋制，假如火至盛旺，左右無木，須得水制，方成既濟，火輕則不然。」〔註24〕雖然宋人提到「火不畏水，藉之然後以濟物」的觀點，但是五行的制約是以命主身命的強旺為前提的。身

〔註21〕　（宋）廖中撰：《五行精紀》卷4《論干神二》，第32頁。
〔註22〕　（宋）廖中撰：《五行精紀》卷9《論五行三》，第71頁。
〔註23〕　（宋）廖中撰：《五行精紀》卷7《論土》，第55頁。
〔註24〕　（宋）廖中撰：《五行精紀》卷8《論五行二》，第67頁。

旺者喜五行剋制，衰者反之。假如身命五行爲火的人命中火輕，那麼無須水
來，因爲水來即命中鬼至。但若火極盛，那麼命運之中須有水來制火，因爲
水火既濟方成貴格。官旺身弱官爲鬼，鬼弱身強鬼爲官。逢官扶官，遇鬼制
鬼。《太乙統記》之雲漢秀氣格就很好地運用了這一剋制的方法，從而保證了
身命的平衡，達到了一個富貴格局所需的要求：

【雲漢秀氣】（火中見水暗金官神）

　　甲人見火多孤獨，水若相逢卻至清。若見丙來加子午，定向初
年達縉紳。

　　　木見火傷金，得水制也。丙子丙午乃水中有火，火中有水，木
人得之，乃五行至精之氣，木得火多，則馳騁聰明，好學勤禮，立
身孤獨，如得旺水主財薄清貴也。論曰：甲人以金爲福，火盛則傷
金，見水則火殄，五行要有所制抑，則轉禍爲福，又甲會丙子丙午，
旺水中合起辛未辛丑本家眞官，天乙貴人，無中設象，乃五行清華
之氣也。〔註25〕

這個格局中，木人以金爲官，但火盛傷金而且耗身，只有水才能滅火扶
身，保證官旺身強。恰恰這個格局具備了旺水這一重要條件，所以它得以成
爲一個貴格。這個格局和前面提到的煙滅灰飛格有幾許類似，都是木入火中。
所不同的是，該格局遇水得制旺火，而煙滅灰飛格則是無水滅火以致火炎傷
身。兩相對比，更能深刻感受到命中五行有制無制所給命運帶來的天壤之別。

宋代命理術中，對女命的五行也有一定的剋制要求。一般來說，在命理
術中，男女判命的標準是不同的，至少在身命的盛衰上，男命可以向旺，而
女命更喜向衰。但是在宋代命理術中，一些文獻指出，無論男女，其命均不
宜太旺。如沈芝《源髓》這樣說到：

　　臨官帝旺未爲好，早嫁早婚傷亦早，若還相適作夫妻，頭女頭
男須天喪。

　　臨官帝旺二殺，雖五行壯，男多殺妻，女多傷夫。〔註26〕

臨官、帝旺皆處五行向旺之位。男命逢多，則命強剋妻。女命逢多，則命強
剋夫。所以，一個和諧的命局，無論男女，都不應是過強過衰的。尤其是女

〔註25〕　（宋）廖中撰：《五行精紀》卷4《論干神二》，第29頁。
〔註26〕　（宋）廖中撰：《五行精紀》卷29《並釋男女命例》，第231頁。

命，更喜命中五行恬和，不可傷於太盛與不及。五行傷於太盛，恐乏柔順。五行傷於不及，恐淫媚而性卑：

> 陰人命與男子稍異，常欲五行不傷太過不及，欲得恬和中有貴格也。更帶祿馬貴人，自生自旺，六合者，主巧性賢德，資貌殊麗。不可傷於五行太盛，則恐乏柔順。不可傷於死絕，則淫媚而性卑。（《燭神經》）〔註27〕

女命五行之太過與不及之中，宋人尤為重視太過。「凡女命大忌祿衰身旺。」〔註28〕蓋女命五行太過無制則主一生剋夫害子，其命賤薄。《廣信集》論曰：「女命多水而無土，主濫，多火而無水，主淫。大抵五行無剋制，主剋夫害子，不然賤薄也。」〔註29〕不僅如此，「凡女命以剋我者為夫」，身旺無制，或局中無剋我者，往往意味著「局中無夫」。在中國古代，婦人依丈夫、子女而貴。宋代術士們也相信「陰人之福在於夫與子也」，故其推命很重視女命命局之中剋身之五行的有無及強弱：

> 凡女命以剋我者為夫，四柱無剋我者，名曰局中無夫，更日落空亡，帶旺氣刑殺者，剋夫、下賤之甚也。
>
> ……
>
> 凡女命生日在官鬼死墓絕上，主剋夫，若官鬼落空亡，或日落空亡，又生日無氣者，主無夫，縱有如無也。
>
> 古詩云：五行夫位落空亡，更值身低豈有郎，不是風塵須婢妾，縱有卑夫身亦娼。〔註30〕

由此而論，較之男命，女命的五行有制顯然更為世人所重。這也就是為什麼後世反覆強調女命喜衰忌旺的主要原因。〔註31〕

〔註27〕　（宋）廖中撰：《五行精紀》卷29《釋女命例》，第227、228頁。
〔註28〕　（宋）廖中撰：《五行精紀》卷29《釋女命例》，第226頁。
〔註29〕　（宋）廖中撰：《五行精紀》卷29《釋女命例》，第227頁。
〔註30〕　（宋）廖中撰：《五行精紀》卷29《釋女命例》，第226頁。
〔註31〕　《淵海子平》卷3《論婦人總訣》曰：「女命只要身弱，主性純粹而溫柔，能奉公姑，助益夫主。身強欺夫，不孝公姑，是非生事，性多躁。雖身弱為病，身強亦然。」又，該書卷3《女命總斷歌》提到女命喜官星強，忌自身旺：「擇婦要沉靜，細說與君聽。夫主要強宮，身主要強甚。……專以日為主，此法少人傳。帶祿日生旺，產死教人謗。」參閱李峰注解《新刊合併官板音義評注淵海子平》卷3《論婦人總訣》、《女命總斷歌》，第328、329、349、350頁。）近代以來命理大家對女命喜弱忌旺的觀點沒有太大改變。徐樂吾說：「女

最後，還需要強調一點。五行的中和之道不僅僅體現在五行有制爲貴，事實上，在任何一個命局中，無論五行相生也好，相剋也好，都應掌握一個「中」的原則。五行用得其宜，雖相剋而爲福，五行用失其宜，雖相生而爲災。雖然「火不畏水，藉之然後以濟物，木須賴金，制之然後以成器」，但是若水制火太過則火熄，金剋木不及則金挫：

> 五行之內，火雖畏水，火不得水，則又不能濟物。木雖畏金，木不得金，則又不能成器。火人得水者，在格曰未（既）濟，言其終得相濟也。木人得金者，在格曰斷輪，言其終得用也。火少而水多者，火之勢不及於水，乃畏其水也。金寡而木眾者，金之勢不及於木，乃困於木也。〔註32〕

所以，雖然五行有制爲美，然制多制少又有一定的要求，過與不及均爲不美。當命中五行出現偏頗時，命理術士們需要尋找相應的五行來生扶、剋制出現問題的那個五行。而這個五行的確認，在實際應用中是非常困難的。爲什麼這樣說呢？因爲「水生木，木通則水竭。木生火，火旺則木焚。火生土，土旺而火瘁。土生金，金貴則土賤。金生水，水旺則金沉，是也。又如金剋木，金氣和則成器，否則伐木。木剋土，木氣和則成林麓，否則茅次。土剋水，土氣和則水流，否則成淵塞。水剋火，水氣和則既濟，否則各滅形質。火剋金，火氣和則鎔鑄，否則損模也」〔註33〕。這也就是說，這個重新中和命局五行的五行不僅需要宋代命理術士確認正確，而且他們對其強弱程度也要有清晰的把握。這種精確的把握，在實踐中的確是非常困難的。而宋人查找的這種五行，也有點類似於今天子平術中查找的用神。徐樂吾在《子

命與男命，看法不同，非命理有殊，乃婦女在社會上之習慣地位不同也。何謂習慣地位不同？男命不論格局高下，總以運行旺地，事業發榮爲美。婦女從夫爲正，夫利其婦必利，夫困其婦必困。無本身獨立之事業，即使自己運途平常，而行夫旺或子旺之運，同作佳運論之。」（轉引自陸致極著《中國命理學史論》，第 403 頁。原文參閱《命理一得・命學新義》之《命理一得》，武陵出版社，1993 年，第 29、30 頁。）另一位命學大師韋千里說：「女命看法，與男命無大異。惟女重夫、子二星。取用之道，能夫、子、自身，三者兼顧最妙。否則寧願自身較弱，夫星和子星，切不可受挫。再次必須顧全夫星，更次必須顧全子星，總以夫子兩全者爲上命。至少或夫或子，有一可靠。若全不可恃，則爲下命決矣。」參閱韋千里著《千里命稿》，中州古籍出版社，1995 年，第 160 頁。

〔註32〕 （宋）廖中撰：《五行精紀》卷 8《論五行二》，第 68 頁。
〔註33〕 （宋）廖中撰：《五行精紀》卷 8《論五行二》，第 67 頁。

平眞詮評注》中高度強調用神的意義，他指出了用神的作用及其重要性：「用神者，八字所用之神也。神者，財、官、食、印、偏財、偏官、偏印、傷官、劫刃是也。八字中察其旺弱喜忌，或扶或抑，即以扶抑之神爲用神。故用神者，八字之樞紐也。所取用神未眞，命無準理。故評命以取用神爲第一要義。」〔註34〕徐氏將用神定爲評命的第一要義，是從用神的作用來說的。而若以用神來作扶抑之神，那麼這個作用的確近似於宋代命理術士在中和原則下尋找的令命局五行平衡之五行。只不過，宋代命理術尚未發展到今法時期格局的使用時代，更提不上用神的概念。即便如此，從二者近似的角度來考慮，也還是可以意識到中和原則在當時的出現對後世命理術，尤其是子平術所產生的深遠影響。

二、十神的出現

　　南宋末期《子平三命通變淵源》的出現，標誌著古代命理術開始逐步跨入今法時期，昭示了子平術的發展時代的到來，而且以十神爲基礎的抽象的關係分析方法開始取代以往的喻象分析。對於這種分析方法的轉換意義，陸致極給予了高度的評價：「十神的運用，其意義也不能低估。它使傳統命理學在某種程度上突破了喻象觀察和分析的局限，使它能在更爲抽象的關係分析層面上，把它的探角伸向了廣闊的社會天地，並由此大大提高了它對現實人生的描寫和推測能力。」〔註35〕另一位學者何麗野也關注到了十神的出現給命理術帶來的變化。他認爲早期的命理術尚未使用今天熟知的十神的分析方法，那時的命理術是納音術和神煞推命的混合體，其中有些形而上學思維方式的成分。六十甲子各自成象，四柱就是四個象。當時（宋代）的命理術注意到了象與象之間互相影響、互相作用，但是四個象之間尚未連成一個整體。這種思維方式只能說是辯證思維和形而上學思維方式的混合。子平術出現以後，八字開始使用十神的方法，人們已經開始注意到財官印傷劫殺之間的生剋關係，已經把四柱八字連成一個整體進行考慮，初步形成了系統思維方法。〔註36〕從陸、何二人的分析來看，十神的出現的確給命理術帶來了巨

〔註34〕（清）沈孝瞻撰、徐樂吾評注：《子平眞詮評注》，中醫古籍出版社，2012年，第83、84頁。

〔註35〕陸致極著：《中國命理學史論》，第188頁。

〔註36〕何麗野著：《八字意象與哲學思維》，中國社會科學出版社，2004年，第70、71頁。

大的改變，它的關係分析較之以往的喻象分析大大地提高了一步。十神是命理術的古典模型和現代模型的重要區別之一，它是流傳至今的子平術的重要特徵。因此，對宋代命理術中十神的分析，就是對宋代子平術源流過程的梳理。

首先來瞭解一下十神的概念和彼此間的關係。

由於今法時期的子平術是以日爲主，日干成爲命局分析的一個重要核心，所以常以日干代表命主——我。按照五行的生剋關係，十神與日干分別構成了生我、我生、剋我、我剋、同我的五種關係——換言之，十神其實就是這五種關係的代名詞。具體來說，生我者是正印、偏印（又叫梟印）。其中陰陽相錯是正印，陰陽相同是偏印；我生者是傷官、食神。其中陰陽相錯是傷官，陰陽相同是食神；剋我者是正官、偏官（又叫七殺）。其中陰陽相錯是正官，陰陽相同是偏官；我剋者是正財、偏財。其中陰陽相錯是正財，陰陽相同是偏財。同我者是比肩、劫財。其中陰陽相錯是劫財，陰陽相同是比肩。假設一個命局中日主爲甲，那麼十干之中，癸爲正印，壬爲偏印，丁爲傷官，丙爲十神，辛爲正官，庚爲偏官，己爲正財，戊爲偏財，乙爲劫財，甲爲比肩。根據日主與十天干之間的陰陽五行生剋關係，總結出以下的天干十神表：

天干十神表

十神＼天干＼日主	甲	乙	丙	丁	戊	己	庚	辛	壬	癸
甲	比肩	劫財	食神	傷官	偏財	正財	偏官	正官	偏印	正印
乙	劫財	比肩	傷官	食神	正財	偏財	正官	偏官	正印	偏印
丙	偏印	正印	比肩	劫財	食神	傷官	偏財	正財	偏官	正官
丁	正印	偏印	劫財	比肩	傷官	食神	正財	偏財	正官	偏官
戊	偏官	正官	偏印	正印	比肩	劫財	食神	傷官	偏財	正財
己	正官	偏官	正印	偏印	劫財	比肩	傷官	食神	正財	偏財
庚	偏財	正財	偏官	正官	偏印	正印	比肩	劫財	食神	傷官
辛	正財	偏財	正官	偏官	正印	偏印	劫財	比肩	傷官	食神
壬	食神	傷官	偏財	正財	偏官	正官	偏印	正印	比肩	劫財
癸	傷官	食神	正財	偏財	正官	偏官	正印	偏印	劫財	比肩

　　由於十神是與日主相關的五種關係的代名詞，十神實質上是對已有的天干符號的再一次符號化，因此十神不僅與日主有生剋關係，十神之間也存在著相生、相剋的關係。十神之間的相生關係有：財生官，官生印，印生日主及比肩、劫財，日主和比肩、劫財生食神、傷官，食神、傷官再生財。十神之間的相剋關係有：財剋印，印剋食神、傷官，食神、傷官剋官，官剋日主及比肩、劫財，日主及比肩、劫財剋財。十神之相剋，同性剋重，異性剋輕。

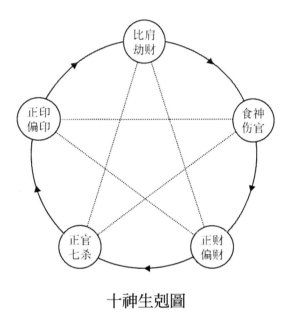

十神生剋圖

　　通常認為，十神是隨著子平術的出現而出現的。〔註37〕這種觀點不無道理。現存最早的子平術著作是南宋末年出現的《子平三命通變淵源》。十神的全面出現和應用，最早就是在《子平三命通變淵源》一書中。該書一開頭的「天干通變圖」中完整記載了天干之間互相生剋而出現的十神。現將此表略作調整，展示如下：

　　　　　　　　　　　　　　　　　　　　　　　　　　　　　　　　　　　　

〔註37〕由於十神是子平術算命的重要組成部分，因此今天很多研究者和命理術士在研究、介紹子平術時都會著重分析十神。而宋代的古典模型並不為今人熟知，大家也談不上對它的研究、介紹，因此絕大部分研究者及術士都把十神與子平術合而論之，很少有人考慮到二者出現的先後順序。如陸致極認為十神系統的建立及在此基礎上出現的六親網絡和財官網絡，就是在今法時期形成的。參照陸致極著《中國命理學史論》，第188～215頁。

《子平三命通變淵源》中的天干通變表

十神 \ 天干 \ 日主	甲	乙	丙	丁	戊	己	庚	辛	壬	癸
甲	比肩	敗財陽刃	食神	傷官	偏財	正財	七殺	正官	偏印	正印
乙	敗財	比肩	傷官	食神	正財	偏財	正官	七殺	正印	偏印
丙	偏印	正印	比肩	敗財陽刃	食神	傷官	偏財	正財	七殺	正官
丁	正印	偏印	敗財	比肩	傷官	食神	正財	偏財	正官	七殺
戊	七殺	正官	偏印	正印	比肩	敗財陽刃	食神	傷官	偏財	正財
己	正官	七殺	正印	偏印	敗財	比肩	傷官	食神	正財	偏財
庚	偏財	正財	七殺	正官	偏印	正印	比肩	敗財陽刃	食神	傷官
辛	正財	偏財	正官	七殺	正印	偏印	敗財	比肩	傷官	食神
壬	食神	傷官	偏財	正財	七殺	正官	偏印	正印	比肩	敗財陽刃
癸	傷官	食神	正財	偏財	正官	七殺	正印	偏印	敗財	比肩

　　通過比對可以發現，該表與上文的天干十神表幾乎一模一樣。只是在十神稱呼上，該表中，傷官均稱為七殺，劫財或稱為敗財，或稱為敗財陽刃。其中陽干日主逢同行異性天干曰敗財陽刃（如日主甲遇乙），陰干日主逢同行異性天干曰敗財（如日主乙遇甲）。

　　可是這裡還有一個問題急需解決。後世子平術的命局中出現的四柱八字，除了包括日主在內的四個天干外，還有年月日時四柱之地支，那麼，這四個地支又該如何納入十神的體系呢？宋人早已想到了這一點，《子平三命通變淵源》於「天干通變圖」之後緊跟的「地支造化圖」就是對這一問題的解決方案〔註38〕：

〔註38〕　（宋）徐大升撰：《子平三命通變淵源》卷上「地支造化圖」。

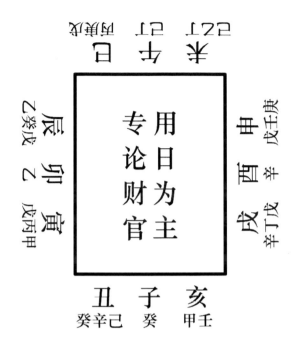

《子平三命通變淵源》中地支造化圖

很明顯，此處的地支造化圖就是今天熟知的地支藏遁。在知道了每個地支所含天干之後，地支也就順理成章地納入到了十神體系裏：

地支藏遁十神表

地支	天干藏神	甲	乙	丙	丁	戊	己	庚	辛	壬	癸
子	癸	正印	偏印	正官	七殺	正財	偏財	傷官	食神	敗財陽刃	比肩
丑	己	正財	偏財	傷官	食神	敗財陽刃	比肩	正印	偏印	正官	七殺
丑	癸	正印	偏印	正官	七殺	正財	偏財	傷官	食神	敗財陽刃	比肩
丑	辛	正官	七殺	正財	偏財	傷官	食神	敗財陽刃	比肩	正印	偏印
寅	甲	比肩	敗財	偏印	正印	七殺	正官	偏財	正財	食神	傷官
寅	丙	食神	傷官	比肩	敗財	偏印	正印	七殺	正官	偏財	正財
寅	戊	偏財	正財	食神	傷官	比肩	敗財	偏印	正印	七殺	正官
卯	乙	敗財陽刃	比肩	正印	偏印	正官	七殺	正財	偏財	傷官	食神

辰	戊	偏財	正財	食神	傷官	比肩	敗財	偏印	正印	七殺	正官
	乙	敗財陽刃	比肩	正印	偏印	正官	七殺	正財	偏財	傷官	食神
	癸	正印	偏印	正官	七殺	正財	偏財	傷官	食神	敗財陽刃	比肩
己	丙	食神	傷官	比肩	敗財	偏印	正印	七殺	正官	偏財	正財
	戊	偏財	正財	食神	傷官	比肩	敗財	偏印	正印	七殺	正官
	庚	七殺	正官	偏財	正財	食神	傷官	比肩	敗財	偏印	正印
午	丁	傷官	食神	敗財陽刃	比肩	正印	偏印	正官	七殺	正財	偏財
	己	正財	偏財	傷官	食神	敗財陽刃	比肩	正印	偏印	正官	七殺
未	己	正財	偏財	傷官	食神	敗財陽刃	比肩	正印	偏印	正官	七殺
	乙	敗財陽刃	比肩	正印	偏印	正官	七殺	正財	偏財	傷官	食神
	丁	傷官	食神	敗財陽刃	比肩	正印	偏印	正官	七殺	正財	偏財
申	庚	七殺	正官	偏財	正財	食神	傷官	比肩	敗財	偏印	正印
	戊	偏財	正財	食神	傷官	比肩	敗財	偏印	正印	七殺	正官
	壬	偏印	正印	七殺	正官	偏財	正財	食神	傷官	比肩	敗財
酉	辛	正官	七殺	正財	偏財	傷官	食神	敗財陽刃	比肩	正印	偏印
戌	戊	偏財	正財	食神	傷官	比肩	敗財	偏印	正印	七殺	正官
	丁	傷官	食神	敗財陽刃	比肩	正印	偏印	正官	七殺	正財	偏財
	辛	正官	七殺	正財	偏財	傷官	食神	敗財陽刃	比肩	正印	偏印
亥	壬	偏印	正印	七殺	正官	偏財	正財	食神	傷官	比肩	敗財
	甲	比肩	敗財	偏印	正印	七殺	正官	偏財	正財	食神	傷官

在將四柱八字統統轉化爲十神體系後，《子平三命通變淵源》上卷還記載了「正官」、「偏官」、「正財」、「偏財」、「印綬」、「傷官」等大多數十神的概念和應用。雖然在今天看來，該書對十神的分析還帶有形而上學思維方式的痕跡，如見到財官印就論好，見到傷劫殺就論不好，習慣以固定的、不變的眼光看局中的吉神與忌神，但是毋庸置疑，十神在這裡已將四柱聯繫成一個緊密的整體，它讓宋人第一次以系統思維方式來分析一個人的八字。

那麼，是否可以因此確認十神是隨著《子平三命通變淵源》一書的出現而出現的呢？筆者認爲並不是這樣。如果追根溯源，可以發現在此之前成書的《五行精紀》中已有大量的關於十神的記載。《五行精紀》卷 17 有《論官

神》一節，卷 18 有《論印綬》、《論食神》，卷 19 有《論正印》、《論財》。此外，還有一些零星分佈於全書的有關十神的記載。但是，有一點是需要注意的，那就是《五行精紀》中的十神更多的是作爲神殺的一種出現在書中的。正如子平術的形成不是憑空而來一樣，十神的出現也不是沒有淵源的。甚至可以說，十神之淵源流長，早已不是命理術之古法、今法時期可以總結的。因爲在命理術的古典模型形成以前，十神作爲神殺已在占星術及命理術的孕育時期出現了。宋代古法時期，古典模型一方面將十神作爲重要的神殺予以應用，另一方面它在參照火珠林法的六親使用方法的基礎上，開始逐漸將十神作爲關係分析的一種工具符號來使用。但是，這種從喻象分析至關係分析的轉換過程是十分漫長的。直至南宋末年子平術的第一部著作《子平三命通變淵源》誕生，十神作爲抽象關係分析的工具符號才正式確立下來。

十神作爲關係分析符號的最早出現也是在《五行精紀》中。與神殺對十神的影響不同，作爲關係分析符號出現的十神是直接受到西漢京房易及宋代火珠林法的影響的。

說到火珠林法，人們首先想到的是一種以錢代蓍的易卦占法，該占法取自西漢京房易之納甲法，故又稱爲京房納甲或納甲筮法。納甲法，首先將八卦和干支分爲陰陽兩組，乾、震、坎、艮四卦爲陽，巽、離、坤、兌四卦爲陰。甲、丙、戊、庚、壬爲陽干，乙、丁、己、辛、癸爲陰干，子、寅、辰、午、申、戌爲陽支，丑、卯、巳、未、酉、亥爲陰支。然後，再以陽卦納陽干陽支，陰卦納陰干陰支。其中，乾卦內卦納甲，外卦納壬。坤卦內卦納乙，外卦納癸。其餘艮卦納丙，兌卦納丁，坎卦納戊，離卦納己，震卦納庚，巽卦納辛。八卦納十天干，簡稱納甲。但是納甲在後世火珠林法中並不參與運算，「以致宋元以後研究『納甲』筮法者皆以爲天干無用，乾脆只納地支不納天干。只在記錄占筮時日時方用天干，以備推旬空之用」〔註 39〕。所以，這裡重點要分析的不是納甲法則，而是京房易中的納支法則，這也是對後世火珠林法及命理術產生直接影響的一種法則。一卦演成之後，以陽卦納陽支，陰卦納陰支。在納支過程中，陽卦中陽支順排，陰卦中陰支逆排。於是，得到了這樣一個八卦納十二地支表：

〔註 39〕劉大鈞著：《納甲筮法講座》，廣西師範大學出版社，2010 年，第 13 頁。

八卦納支表

八卦 爻位	乾 ☰	坎 ☵	艮 ☶	震 ☳	巽 ☴	離 ☲	坤 ☷	兌 ☱
六爻	戌	子	寅	戌	卯	己	酉	未
五爻	申	戌	子	申	己	未	亥	酉
四爻	午	申	戌	午	未	酉	丑	亥
三爻	辰	午	申	辰	酉	亥	卯	丑
二爻	寅	辰	午	寅	亥	丑	己	卯
一爻	子	寅	辰	子	丑	卯	未	己

　　定好各爻所對應的地支後，京房以八宮卦爲母，以各爻地支爲子，按照五行的生剋關係而定出六親。在《京氏易傳》卷下，京房是這樣規定的六親：「八卦，鬼爲繫爻，財爲制爻，天地爲義爻，福德爲寶爻，同氣爲專爻。」陸績注云：「天地即父母也，福德爲子孫也，專爻同氣爲兄弟也。」〔註40〕京房的這個稱謂系統並非他的獨創，而得之於較早的《淮南子》。在《淮南子·天文訓》中，作者以母子之間的生剋關係來定義六親：「子生母曰義，母生子曰保，子母相得曰專，母勝子曰制，子勝母曰困。」〔註41〕京房所謂六親，即後世火珠林法中的父母、兄弟、子孫、妻財、官鬼。其中，生本宮五行者，爲父母；剋本宮五行者，爲官鬼；同本宮五行者，爲兄弟；本宮五行所生者，爲子孫；本宮五行所剋者，爲妻財。

　　其實，京房在納甲法的建構上並未形成一個有效的占法，但是他所建立起來的八卦納支並進而安六親、飛伏、世應的框架卻爲後世的火珠林法所採納。

　　與十神極爲類似的是，六親也是與本宮五行相關的五種關係的代名詞，其實質也是對已有的地支符號的再一次符號化，因此六親之間也存在著相生相剋的關係。六親之間的相生關係有：父母生兄弟，兄弟生子孫，子孫生妻財，妻財生官鬼，官鬼生父母。六親之間的相剋關係有：父母剋子孫，子孫剋官鬼，官鬼剋兄弟，兄弟剋妻財，妻財剋父母。六親生剋關係如下圖：

〔註40〕（漢）京房撰：《京氏易傳》卷下，載盧央著《京氏易傳解讀》，九州出版社，2004年，第520頁。

〔註41〕劉文典撰：《淮南鴻烈集解》卷3《天文訓》，中華書局，1989年，第124頁。

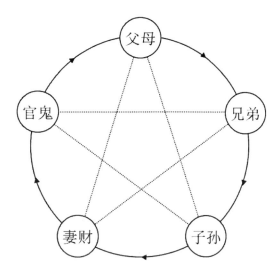

六親生剋圖

　　將六親與十神兩相對比，很容易發現二者之間的相似之處：兩套體系都有財、官，且意義相近；六親中的父母，即是十神中的印；六親中的子孫，即是十神中的食神、傷官；六親中的兄弟，即是十神中的比肩、劫財。兩套體系的代名詞，無論是含義還是作用，均極為類似。如果要對此有一個合理的解釋，那麼只能說，二者一定是承襲的關係。而且從時間順序上來講，只能是十神在承襲六親。

　　前文所述，六親之說在西漢就已出現。不過由於此後長時期以來納甲法並未用於占卜，其六親之說並未為世人，尤其是術士所廣泛採用。直到北宋晁以道將《京氏易傳》一書整理之後，宋人才陸續開始了對京氏納甲法的研究，其最顯著的成果便是應用於卜筮的納甲法——火珠林法的問世。

　　火珠林法起源於宋代。「未知撰自何人，宋時盛傳其術。《朱子語類》中屢屢稱及之，……《宋史・藝文志》載有《六十四卦火珠林》一卷，《文獻通考・經籍志》亦有《火珠林》一卷，均無撰人名姓。」〔註42〕明清時，《火珠林》多託名麻衣道者，這顯然是後人託古自重的把戲，不值一辯。搜索電子版文淵閣四庫全書，可以查到「火珠林」詞條 181 條。最早的記載出現在南宋，而最早提及「火珠林」者很可能是朱熹。朱熹在其著作中屢屢提及在當

〔註42〕杭辛齋撰：《讀易雜識・〈火珠林〉》，載氏著《杭氏易學七種》，九州出版社，
　　　　2005 年，第 752 頁。

時盛行的火珠林法。「魯可幾曰：『古之卜筮，恐不如今日所謂《火珠林》之類否？』曰：『以某觀之，恐亦自有這法。』」「今人以三錢當揲蓍，不能極其變，此只是以納甲附六爻。納甲乃漢焦贛、京房之學。」〔註43〕「上古之時，民心昧然不知吉凶所在，故聖人作《易》教之卜筮，使吉則行之，凶則避之。……初但有占而無文，往往如今之環珓相似耳。但如今人因《火珠林》起課者，但用其爻而不用其辭，則知古者之占，往往不待辭而後見吉凶」。〔註44〕郭彧認爲，北宋晁以道之前，沒有人談及火珠林，《火珠林》一書當出於晁以道將《京氏易傳》公諸世之後。〔註45〕火珠林法最早起於何時，目前還無法確定。不過，從流傳下來的文獻來看，火珠林法在南宋中期已相當普及。在這一個背景下，其對宋代命理術產生影響也是情理之中的事情。

今天的命理學學術界，無論是何麗野，還是陸致極都承認京房納甲法對命理術有直接的影響，尤其是命理術之十神應是京房易之六親之舶來品。〔註46〕但是，由於二人缺乏對宋代命理文獻的解讀，因此他們對這二者的轉變過程缺乏足夠的證據來證明。如果把目光轉向宋代命理文獻，那麼人們是可以找到六親向十神轉化的痕跡的。

首先，從六親與十神的名稱來看，二者雖然含義近似，但是名稱不盡相同。宋代命理術在使用拿來主義時，個別文獻沒有對六親的名稱進行轉換，而直接引用。如釋曇瑩在注解《珞琭子》時就直接引用了火珠林法之六親：

論其眷屬，憂其死絕。

瑩和尚注云：生我者爲父母，我生者爲子孫，剋我者爲官鬼，

我剋者爲妻財，比和者爲兄弟，處在危亡之地，憂居休囚死絕之鄉。

〔註47〕

釋曇瑩在討論五行生剋比和等關係時，完全採用了火珠林法中的六親之說。這是迄今爲止筆者見過的命理術中最直接的六親引用。值得注意的是，釋曇

〔註43〕（宋）黎靖德編、王星賢點校：《朱子語類》卷66，中華書局，1986年，第1634、1638頁。

〔註44〕（宋）黎靖德編、王星賢點校：《朱子語類》卷70，第1768頁。

〔註45〕郭彧編著：《京氏易源流》，華夏出版社，2007年，第82頁。

〔註46〕關於京房納甲對命理術的影響，可參閱何麗野著《八字易象與哲學思維》，第116～119頁；另，可見於其論文《八字易象與〈周易〉卦象的源流關係》，《周易研究》2006年第3期；陸致極著《中國命理學史論》，第170頁。

〔註47〕（宋）廖中撰：《五行精紀》卷8《論五行二》，第68頁。

瑩本人注解《珞琭子》的時間應是在北宋末年，如果廖中本人沒有錯誤引用文獻的話，那麼火珠林法很有可能在當時已經盛行。釋曇瑩的拿來主義為今天瞭解火珠林法之六親向命理術之十神的轉換提供了最直接的證據。不過，釋曇瑩的這種抄襲未必在當時能引發廣泛的承認，因為命理術雖然有與火珠林法相似的理論，但二者畢竟是不同的術數。再加上宋代命理術門派林立，「政出多門」，所以，在《五行精紀》、《子平三命通變淵源》、《玉照定眞經》等眾多宋代命理文獻中，再也沒有見過這種名稱直接移植的案例。大多數宋代命理文獻，轉而對六親進行了一些改變再拿來應用。如下面《三命鈐》對五行生剋關係所採用的代名詞就既不同於六親，也不同於十神：

> 《三命鈐》云：生我者爲祿，我生者爲庫，我剋者爲財，剋我者爲鬼，如金以土爲祿，水爲庫，木爲財，火爲鬼。餘彷此。〔註48〕

按照五行生剋關係，可以歸納出《三命鈐》中各個代名詞所對應的十神名稱。如「生我者爲祿」，顯然祿就是印綬。不過，祿能否等同於印綬，宋人似乎又有不同的說法。《金書命訣》論印綬時講到：「生祿者，謂之印綬。」〔註49〕似乎印綬又爲祿之母。又如「我生者爲庫」，那麼庫就等同於食神、傷官。但是，在命理術中，無論是五陽干還是五陰干，其墓庫之地皆爲四庫，即辰、戌、丑、未。四庫有時可能是天干之食傷（如丙火以戌土爲食神，丁火以丑土爲食神），但大多數情況下顯然不能將其等同於食傷。

又如《閭東叟書》也有對六親的改造，但其改造的結果與今天的十神也有差距：

> 且以甲言之，則辛爲官印，己爲天財，丁爲破官，庚爲畏神，若不消息五行，推究剋制，則神殺錯雜，尊卑混淆，善惡不分，災福必不驗矣。〔註50〕

以甲言之，辛爲正官，己爲正財，丁爲傷官，庚爲偏官（七殺）。《閭東叟書》以官印等同於正官，也非心血來潮，而是有其緣由，蓋《五行精紀·論官神》一節即以「官印」爲開頭，列舉諸天干與其正官：

> 【官印】
>
> 甲辛　乙庚　丙癸　丁壬　戊乙

〔註48〕　（宋）廖中撰：《五行精紀》卷8《論五行二》，第68頁。

〔註49〕　（宋）廖中撰：《五行精紀》卷18《論印綬》，第136頁。

〔註50〕　（宋）廖中撰：《五行精紀》卷3《論干神一》，第21頁。

己甲　庚丁　辛丙　壬己　癸戊

甲用庚爲官，餘彷此。(《三命纂局》) 〔註51〕

《三命纂局》在這裡列舉的十個天干組合中，甲以辛爲正官，乙以庚爲正官，丙以癸爲正官，丁以壬爲正官……它就是把所有的正官稱爲官印。由此可見，六親之官鬼引入宋代命理術時亦有官印之稱。《閻東叟書》中稱「己爲天財」，天財也是財的一種稱呼。《五行精紀》中，財不分偏正，統稱爲財，或天財。如《五行精紀・論財》一節開頭便以「天財」爲標題論十天干之財：

【天財】

甲乙人見戊己爲財，丙丁人見庚辛爲財，戊己人見壬癸爲財，

庚辛人見甲乙爲財，壬癸人見丙丁爲財。(林開《五命》) 〔註52〕

如果說《閻東叟書》以官印代正官，天財代財還是當時命理界習俗的話，那麼其以破官指傷官，畏神指偏官，則很有可能是其一家之言了。

火珠林法中的六親是不分偏正的，而十神均是分偏正的，這也就是六親和十神在數量上不同的原因。在《五行精紀》中，只有印綬是分偏正的，如《三命提要》明確將印綬分爲正印偏印：「以陽干生陰干、陰干生陽干，爲正印；陽干生陽干、陰干生陰干，爲偏印。」但是並非該書所有引用的命理文獻皆如此區分，如另一部宋代命理文獻《金書命訣》所論之印綬就均爲正印：「甲用癸陰爲印綬，乙壬庚己更堪論。戊丁己丙元相得，丁甲壬辛次第分。丙與乙運辛見戊，癸庚相遇賀皇恩。日時年月干頭上，運氣相逢印自臻。如甲陽木，用癸陰水爲正印綬生祿者，謂之印綬，他干彷此。」〔註53〕又如剛才講到宋代命理術中的財也不分偏正，而官只有正官。這種混亂的情況一直到宋末《子平三命通變淵源》才得以改變。在《子平三命通變淵源》一書中，作者已將「正官」、「偏官」、「正財」、「偏財」作爲專門的概念分別予以解釋說明。這種轉變，實質上就是六親在向十神一步步的轉換。這種轉換並非一日而就，從上文的列舉中不難發現這一點。但是如果忽略了南宋中期成書的《五行精紀》而直接把目光投向南宋末年甚至明代，那麼人們當然也不能找到充分的證據證明六親是如何一步步向十神轉換。總之，無論是釋曇瑩注解的《珞琭子》，還是《三命鈐》、《閻東叟書》，以它們爲代表的不少的宋代命

〔註51〕　(宋)廖中撰：《五行精紀》卷17《論官神》，第131頁。
〔註52〕　(宋)廖中撰：《五行精紀》卷19《論財》，第150頁。
〔註53〕　(宋)廖中撰：《五行精紀》卷18《論印綬》，第136頁。

理文獻都有過對六親改造的嘗試。只是，今天的人們只熟悉這一改造的結果，即十神的確立，卻並不瞭解這段改造的過程，當然也就很容易忽略掉這些曾經使用過的十神名稱及偏正的產生過程。

三、年主向日主的轉變

（一）己身宮位的確立

當歷史的車輪，隆隆駛向南宋晚期時，宋代命理術、乃至整個中國古代命理術的發展開始出現重大的突破。此時，出現了新的理論模型，部分學者稱其為徐子平模型或者標準模型。由這種模型主導的命理術，稱之為子平術。子平術起始於宋末，形成於明清，延續至今。命理學的這個時期，為了區別於唐宋古法時期，稱之為今法時期。今法時期的標準模型，與古典模型有較大的不同，其特點之一，是八字結構不再以年柱為主，而以日干為主。陸致極指出：「標準模型跟古典模型的差別，首先在於論命的出發點的轉移：它從年柱（年干支）移到了日干（日柱天干）。從此，日干被稱為『日主』或『命主』，成了八字結構的核心。」〔註54〕如明代的《淵海子平·論日為主》在介紹子平術的特點時反覆強調一點，那就是子平術推命是以日為主，年、月、時柱為輔的：「至於宋時，方有子平之說。取日干為主，以年為根，以月為苗，以日為花，以時為果，以生旺死絕休囚制化決人生休咎，其理必然矣，復有何疑哉。」「以日為主，年為本，月為提綱，時為輔佐。以日為主，大要看時臨於甚度，或身旺，或身弱。又看地支有何格局，金木水火土之數，後看月令中金木水火土何者旺。又看歲運有何旺，卻次日下消詳，此非是拘之一隅之說也。」〔註55〕《淵海子平》託名為宋代徐大升所編，雖成書於明代中後期，但是該書主要依據宋末《子平淵源》增注而成。此處所論，應該是宋人觀點。又如此書前身的《子平淵源》一書中，確實也有多處提及子平術算命以日為主的特點。該書的「定真論」首先說到日主的作用：

> 夫生日為主者，行君之令，法運四時，陰陽剛柔之情，內外否泰之道。進退相傾，動靜相代。取固亨出入之緩急，求濟復散斂之巨微。

「定真論」的作者認為日主之重，有如君王行君之令。「定真論」隨後在

〔註54〕陸致極著：《中國命理學史論》，第145頁。
〔註55〕李峰注解：《新刊合併官板音義評注淵海子平》卷1《論日為主》，第89頁。

講到日主推命所需要遵循的一些具體原則時，首次提出了年、月、日、時四柱爲根、苗、花、實之說：

> 釋日之法有三要：以干爲天，以支爲地，支中所藏者爲人元，分四柱者，年爲根，月爲苗，日爲花，時爲實。又擇四柱之中，以年爲祖上，則知世代宗派盛衰之理。以月爲父母，則知親陰名利有無之類。以日爲己身，當推其干，搜用八字，爲內外取捨之源。干弱則求氣旺之藉，有餘則欲不足之營。〔註56〕

此外，該書的「喜忌篇」、「繼善篇」也都指明了推命須以日干爲主本：

> 四柱排定，三才次分，專以日上天元，配合八字。其支干不見之形，無時不有。神煞相伴，輕重較量。……〔註57〕

> 人稟天地，命屬陰陽，生居覆載之內，盡在五行之間。欲知貴賤，先觀月令乃提綱，次斷吉凶。專用日干爲主本。三元要成格局，四柱喜見財官。用神不可損傷，日主最宜建旺。年傷日干，名爲本主不和。歲月時中，大怕殺官混雜。……〔註58〕

無論是明代的《淵海子平》還是宋末的《子平淵源》，二者都在明確表示一個信息，那就是與古典模型以年爲主不同，新出現的子平術的新的八字分析模型——標準模型，是以日干（即日主）爲分析的契入點。對於這種結構重心轉變的原因，至今還沒有發現一個令人信服的理論解釋。不過，如果把目光投向子平術誕生之前的宋代命理文獻，還是可以歸納出一點這種重心轉變的原因的。筆者認爲，日幹能成爲標準模型結構的重心，是與古典模型中六親宮位的逐漸確立有著直接關係的。

所謂六親宮位，是指命理模型中，命主和命主的六親在各柱干支的固定位置。在今天的四柱命理術中，六親在四柱八字中都佔有固定的位置，這些位置就定名爲宮位。以今而論，年柱爲祖上宮或父母宮，屬於祖妣、父母的位置。其中年干爲祖父、父親的宮位，年支爲祖母、母親的宮位。月柱爲父母宮或兄弟宮，屬於父母或兄弟姐妹的位置。其中月干爲父親或與自己同性的兄弟的宮位，月支爲母親或與自己異性的姐妹的宮位。日柱爲夫妻宮，屬

〔註56〕 （宋）徐大升撰：《子平三命通變淵源》卷上「定眞論」。
〔註57〕 （宋）徐大升撰：《子平三命通變淵源》卷上「喜忌篇」。
〔註58〕 （宋）徐大升撰：《子平三命通變淵源》卷上「繼善篇」。「定眞論」、「喜忌篇」、「繼善篇」三篇文章亦可見於《淵海子平》，只是文字略異。《淵海子平》對這三篇也有詳細注解。

於自己和配偶的位置。其中日干爲己身的宮位，日支爲配偶的宮位。時柱爲子女宮，屬於子女的位置。其中時干爲兒子的宮位，時支爲女兒的宮位。現將六親宮位以表格形式展示如下：

六親宮位表

四柱	年柱	月柱	日柱	時柱
宮位	祖上宮（父母宮）	父母宮（兄弟宮）	夫妻宮	子女宮
天干	祖父（父親）	父親（兄弟）	己身	兒子
地支	祖母（母親）	母親（姐妹）	配偶	女兒

今人一般認爲，六親宮位的確定可以追溯到《淵海子平》。在《淵海子平·絡繹賦》中有這樣幾句話來描述六親所主的宮位：「日乃自身，須究強弱。年爲本主，宜細推詳。年干父兮支母，日干己兮支妻，月干兄兮支弟，時支女兮干兒。」〔註59〕在《淵海子平·絡繹賦》裏，六親的宮位與今天的已基本相同。考慮到《淵海子平》在命理術今法時期的崇高地位，今天命理術士們所運用的六親宮位很可能來源於此。另外，南宋末年的《玉照定眞經》也有對各柱親人位置的排放：「若時破胎者，祖破敗。破月，門及父敗。破日，身及弟兄妻財敗，外仿此。」〔註60〕此處提到以胎柱代表祖上，月柱代表父親，日柱代表夫妻和弟兄。以上二書便是前人追尋六親宮位的源頭。但是，羅馬城不是一天建成的，萬事萬物的形成都會有一個漫長的過程，六親宮位的形成過程也是如此。下面，筆者把關注的重心重新放在宋代命理文獻上，從其中找到六親宮位的形成痕跡，並進而分析這對命局結構重心的轉移所造成的直接影響。

日柱取代年柱成爲論命的唯一中心，這一轉變的完成是在宋末的《子平三命通變淵源》一書中。這裡的問題是，它的起始時間是在何時？它的轉換過程又經歷了怎樣的變化？筆者的觀點是，日柱的崛起起始於它作爲命主本身宮位的開始，關於這些記載，下文將詳細列出，並且在這些記載中也看到了日柱已基本取得與年柱相當的地位。

《五行精紀·釋男命例》開篇便說：「凡推男命，以年爲父，胎爲母，月

〔註59〕李峰注解：《新刊合併官板音義評注淵海子平》卷3《絡繹賦》，第443頁。
〔註60〕《玉照定眞經》，文淵閣《四庫全書》第809冊，第31頁。

爲兄弟（官員以月爲僚友），日爲己身、妻妾，時爲子孫。」〔註61〕這裡的六
親宮位散佈於五柱，並不分干支。其中年柱爲父宮，胎柱爲母宮，月柱爲兄
弟宮，日柱爲夫妻宮，時柱爲子孫宮。除了年、胎二柱宮位較爲奇特外，其
餘三柱宮位分佈倒也與今日相差不大。至於不分干支，則是宋代命理術以單
柱納音五行爲基本分析單位的一種必然結果。再看《廣信集》中是如何論述
太歲與命局中各柱刑沖所導致的親人災害的：「凡太歲刑沖壓害生年，主父母
亡身之災；刑沖壓害生月，主兄弟僚友之災；刑沖壓害生日，主妻妾己身之
災；刑沖壓害生時，主子孫之災。五行不戰則生兒女；刑沖壓害胎元，主父
母長上骨肉之災。」〔註62〕從太歲與各柱沖刑所導致的親人災害來看，年柱
是主父母的，月柱是主兄弟的，日柱是主妻妾己身的，胎柱是主祖妣的。除
了胎柱沒有消失（事實上胎柱在這裡是祖上宮，尚未與年柱父母宮合併），各
柱仍不分干支外，《廣信集》中的六親各柱安排已與今日大體相同。而該書的
另一部文獻沈芝的《源髓》提到的六親宮位的安排也與《廣信集》中的大體
一致：「不特羊刃，大凡一切殺，以年爲父母，月爲兄弟姐妹，日爲妻妾、己
身、及夫，時爲子息，皆準此推之。」〔註63〕這裡沒有提到胎柱，其餘各柱
的安排與《廣信集》一致。這種六親宮位的安排，雖然還在變革中，但是它
在宋代已經出現，而且更爲重要的一點是，日柱在這裡始終代表著自己。日
柱的這一特殊的宮位安排，開始使它在各柱中的作用愈發的重要起來，並逐
漸取得與年柱分庭抗禮的地位。

宋代命理術長期以來的論命重心是在年柱上，宋人每每以年柱干支納音
稱祿、命、身，可見該柱無論是從整體上還是從分支上來講都是極爲重要的。
但是在長期的發展過程中，代表己身的日柱漸漸引起了命理術士們的注意，
雖然日柱並不代表三命，但是由於它與命主本人息息相關，因而，它在一些
宋代命理文獻中開始與年柱相提並論。如《閭東叟書》、《李虛中書》便認爲
遁月從年，以年爲主。遁時從日，以日爲本。主本兩勝，此名最上，則富貴
雙全：

> 遁月從年，則以年爲主。遁時從日，則以日爲本。主勝於本，
> 多出資蔭。本勝於主，當自卓立。主本兩勝，則富貴雙全。如主木

〔註61〕 （宋）廖中撰：《五行精紀》卷29《釋男命例》，第224頁。
〔註62〕 （宋）廖中撰：《五行精紀》卷34《論晦數》，第263頁。
〔註63〕 （宋）廖中撰：《五行精紀》卷24《論羊刃》，第192頁。

而得卯月以乘之，本金而得酉時以乘之，謂之主本乘旺氣，如主水
而得甲申、丙子、壬戌、癸亥月。本火而得丙寅、戊午、甲辰、乙
巳時。主木而得己亥、辛卯、甲寅、庚寅月。本金而得辛巳、癸酉、
庚申、壬申時，謂之主本還家。主木而得癸未月，本金而得乙丑時，
主水而得壬辰月，本火而得甲戌時，謂之主本持印。四位如此，而
更吉神往來，兇殺迴避，謂之主本得位也。（《閻冬叟書》）〔註64〕

又以年爲主，以日爲本，蓋遁月從年，遁時從日。以主推之，
五行衰死，未必凶爲凶。以本推之，則生旺類，但發遲耳。常以主
配父母，本配己身，本吉主凶，當由自立。主勝於本，多出資蔭。
主本皆強，此名最上。人命年、月、日、時、胎五位，宜有情，又
不可專執祿馬爲貴，刑殺爲賤，全要圓機，探其妙旨。（《李虛中書》）
〔註65〕

上文兩段話中，命理結構開始出現月從年、時從日的兩個系統中心。兩
個中心都坐臨官、帝旺之地，或者二者都得到他柱的生助，即主本兩勝。符
合主本兩勝之命，就是大富大貴之命。由於年柱多主祖上父母，日柱多主己
身，所以當年主勝於日本時，主此人多出資蔭；當日本勝於年柱時，主此人
當自卓立。在年柱爲單獨重心的時代，命理術士論命當然以年柱爲主，其他
次之；當年柱和日柱兩個結構重心在同一個命局中出現後，宋代命理術論命
也開始了主本爲先，其他次之的論命原則：

凡看生旺死絕，以主本爲先，次以月，又次以時，又次以胎，
假如年日見生旺，月時上雖有死絕，不妨。月日生旺，即時上死絕，
若主本死絕，月與時雖有生旺，不能救也。又如命上見時旺，月上
雖死絕，不妨。（林開《五命》）〔註66〕

在一個命局中，如果有這樣兩個論命中心，那當然是二者相安無事最好，
否則二者無論誰剋害誰，或者主本死絕，都是對命主富貴的屯剝減力。《鬼谷
遺文書》、《壺中子》就將二者這樣的關係表露無遺：

主本係和，未生貧賤之人；時月乖違，豈見久榮之者。

主本係和，相有爲貴，年剋日減力也。日剋年難主貴氣，亦多

〔註64〕　（宋）廖中撰：《五行精紀》卷10《論年月日時胎》，第79頁。
〔註65〕　（宋）廖中撰：《五行精紀》卷32《雜論》，第248頁。
〔註66〕　（宋）廖中撰：《五行精紀》卷10《論年月日時胎》，第78頁。

屯剝。況日時俱剋於年，乖離尤甚。(《鬼谷遺文書》) 〔註67〕

　　本主所屬之五行，於月與時上衰絕歇滅之甚，則曰本主休囚，其人窘甚。(《壺中子》) 〔註68〕

《五行精紀》對年柱、日柱的主本稱呼似乎多從以「年主」、「日本」。上文中的《闇東叟書》、《李虛中書》都明確是「年主」、「日本」的叫法。唯有《壺中子》有「生年、生日曰本主」〔註69〕——即年本、日主的說法。不過，以年爲主、日爲本的說法似乎也僅見於宋代這些命理文獻中。自《子平三命通變淵源》起，後世子平術所主導的今法時期則統一變爲「年本」、「日主」的稱呼。「夫生日爲主者，行君之令」〔註70〕，「年傷日干，名爲本主不和。」〔註71〕「以日爲主，年爲本，月爲提綱，時爲輔佐。」〔註72〕尤其是「日主」，更是成爲今天四柱命理術中日干的通稱。而在命理術的今法時期，日主也徹底取代年柱成爲命局中唯一的論命中心。當然，無論是年主、日本也好，還是年本、日主也罷，這種名稱上的差別或許並不意味著年日二柱的地位有什麼本質上的不同。

　　現在，進一步翻檢這些宋代史料，看看能否找到日柱逐漸壓倒年柱的蛛絲馬蹟。

　　要找到以日柱爲主判命的例子並不困難，可問題是這些例子並不一定都能說明問題。因爲在宋代命理術中，不乏以年、月、日、時、胎單柱爲據推命的法則。如女命看夫、男命看妻即以日柱爲主：

　　凡女命主日不宜帶旺氣，帶者名承旺夫，若不下賤，則多主剋夫。若帶十分福德，則是内人；五六分則貴官左右；三五分則近貴，娼婦上游也。次則尼妾，甚者剋夫淫蕩。見丙子、庚子、戊午、癸酉、辛卯日是也，戊午多貴，癸酉、辛犯次之，丙子、庚子下賤也。又云：戊午、癸酉、辛卯，大美小疵。又云：凡女命大忌祿衰身旺，日爲身，凡女命大忌日在冠帶、臨官、帝旺，主淫惡或屢嫁夫。若

〔註67〕 (宋) 廖中撰：《五行精紀》卷10《論年月日時胎》，第79頁。
〔註68〕 (宋) 廖中撰：《五行精紀》卷32《雜論》，第248頁。
〔註69〕 (宋) 廖中撰：《五行精紀》卷32《雜論》，第248頁。
〔註70〕 (宋) 徐大升撰：《子平三命通變淵源》卷上「定眞論」。
〔註71〕 (宋) 徐大升撰：《子平三命通變淵源》卷上「喜忌篇」。
〔註72〕 李峰注解：《新刊合併官板音義評注淵海子平》卷1《論日爲主》，第89頁。

男命生日上見之，主妻美麗不廉。(《廣信集》)〔註73〕

　　前文講到，宋人已將日柱定為夫妻宮位所在。宋人往往以日柱判別命主配偶的好壞，若為男人論妻命、女人論夫命，很可能就會以日為主而忽略年柱。這樣的例子在《五行精紀》中不勝枚舉。顯然不能以此作為日柱壓倒年柱的有力證據。應該繞過論夫妻命的這些案例，而直接把目光投向其他方面的論命，並從中尋找出一些證據。

　　首先來看看《五行精紀》開篇《論六甲納音法》對六十甲子納音的一一注解。宋代命理術未如今日一般形成思維縝密的系統思維推理，它基本上還是以單柱納音成象來推理命運。具體來說，當以年柱為主時，就要觀察這個年柱納音五行的具體成象是吉是凶，在此基礎上，再去考慮命局內的其他要素對年柱的影響。因此，單柱的納音成象就成為非常重要的依憑。瞭解了這一點，也就不難理解為何《五行精紀》開篇即論六十甲子納音法。《五行精紀》在書中往往先說一個甲子納音五行所成之象，然後再舉出時下著名的命書對這些象的權威解讀，以使讀者明瞭該柱的吉凶及具體推論內容。舉例來講：

　　　庚午辛未始生之土，木不能尅，惟忌水多，反傷其氣，木多卻有歸，蓋歸未也。

　　　《閣東叟》云：庚午辛未戊申丁巳，皆厚德之土，含容鎮靜，和氣融怡，福祿優裕，入格則多歷方嶽之任，有普惠博愛之功。〔註74〕

　　　庚辰氣聚之金，不用火制，其器自成，火盛反喪其器，病絕火無害，若甲辰乙巳火，惡不可言，亦不能尅眾木，益我氣亦繁耳。

　　　《閣東叟》云：庚辰之金，具剛健沉厚之德，稟聰明顯通之性，春夏禍福倚伏，秋冬秀穎充實，入格則益資文武，帶煞則好弄兵權。〔註75〕

　　　戊子己丑水中之火，又曰神龍之火，遇水方貴，為六氣之君可也。

　　　《五行要論》云：戊子含精神輝光全實之氣，作四時保生之福，

〔註73〕 （宋）廖中撰：《五行精紀》卷29《釋女命例》，第226頁。
〔註74〕 （宋）廖中撰：《五行精紀》卷1《論六甲納音法》，第3頁。
〔註75〕 （宋）廖中撰：《五行精紀》卷1《論六甲納音法》，第4頁。

入貴格則爲大人君子，器宇含弘，富貴終吉。己丑爲天將之火，又爲天乙本家，含威福光厚之氣，發越峻猛，貴極乘之，爲將德，爲魁名，而建功。

《燭神經云》：己丑胎養之火，其氣漸隆，若遇丙寅戊午之火助之，可成濟物之功。〔註76〕

如庚午、辛未，因爲天干坐胎養之地，故其象爲始生之土，木不能剋，水不可傷。《闇東叟書》從象出發，認爲此乃厚德之土，「含容鎮靜，和氣融怡，福祿優裕」，並進一步推斷出，若人命局中含之，且入格的話，「則多歷方嶽之任，有普惠博愛之功」。又如戊子、己丑，因爲其天干亦坐胎養之地，爲新育之火，故曰火中之火。《五行要論》因而認爲「戊子含精神輝光全實之氣，作四時保生之福」。戊子人能入貴格，「則爲大人君子，器宇含弘，富貴終吉」。《燭神經》認爲「己丑胎養之火，其氣漸隆，若遇丙寅戊午之火助之，可成濟物之功」，主張己丑人在命局或運勢中逢丙寅、戊午爲吉。通過對上述兩個例子的解讀，大體瞭解了一個納音五行所成之象對推命的直接作用。宋代命理術往往以年柱爲推命的出發點，故這些六十甲子所成之象在命局的四（五）柱中也主要應用於年柱。在年柱爲此納音五行的基礎上，若能再入貴格，那麼此納音五行之象及其所涵蓋的貴命內容便可以爲命理術士照搬使用了。這就是宋代命理術的喻象分析方法。

那麼《五行精紀・論六甲納音法》又和日柱逐漸成爲論命的重心有何牽連呢？且看下面兩個納音成象以及命書對其的解讀：

戊寅受傷之土，最爲無力，要生旺火，以資其氣，忌己亥、庚寅、辛卯諸色木剋之，主短夭之凶。

《五行要論》云：戊寅丙戌，此二位乘土德厚氣，一含生火，一含宿火，是謂陽靈襲中，福慶之辰，貴格得之，道德蓋世，貴極人臣。惟親王貴公子多於此日生。常格得之，亦主福壽遐遠，始終安逸。

己卯自死之土，抑有甚焉，貴得丁卯、甲戌、乙亥、己未之火，由合而來，以致其福。

《五行要論》云：己卯自死土，建於震位，風行雷動，散爲和

〔註76〕　（宋）廖中撰：《五行精紀》卷1《論六甲納音法》，第5頁。

氣，德自沖虛，稟之者類有道行，隨變而適，有養生自在之福壽，惟不利死絕，則爲久假不歸之徒。

　　《三命纂局》云：戊寅己卯受傷之土，不可有木所損，其土無力也。

　　《玉霄寶鑒》云：戊寅己卯土，不宜見水，見水不爲財，不畏木，見木愈堅，戊寅承土德旺氣，而含生火，得之主福壽綿遠，貴人多於此日生。己卯不宜再見死絕，見則凶。〔註77〕

　　對於戊寅、丙戌二土，《五行要論》贊其「乘土德厚氣，一含生火，一含宿火，是謂陽靈襲中，福慶之辰，貴格得之，道德蓋世，貴極人臣」，「常格得之，亦主福壽遐遠，始終安逸」。而其在論及貴格時，還說了這樣一句話：「惟親王貴公子多於此日生。」如此，戊寅、丙戌納音五行之貴象並非立於年柱，乃是立於日柱。換言之，一個入此貴格的人，不需要成爲戊寅、丙戌年出生的人，而只要在戊寅、丙戌日出生就可以了（當然也需要考慮到日柱在命局中的強旺問題以及其是否遭到他柱的刑剋）。無獨有偶，《玉霄寶鑒》在論及戊寅入貴格時，也提到「貴人多於此日生」。看來也將論命的重心放在了日柱上。雖然在論述龐大的六十甲子納音法所引用的當時命理文獻中，筆者只找到這兩處有關日柱爲主的記述，但是考慮到作者論命的一致性，有理由相信，《五行要論》、《玉霄寶鑒》的作者，也將這一原則應用到了他們對其他納音五行成象分析之上。而《五行精紀》的作者南宋人廖中，在本節的敘述中是非常重視《五行要論》、《玉霄寶鑒》的觀點的。這從其對二書的引用次數與其他文獻的引用次數對比中可以明顯看出：

《五行精紀·論六甲納音法》引用文獻次數表〔註78〕

引用文獻	引用次數	所佔引用次數百分比
《六指微論》	1	1.5%
《三曆會同》	1	1.5%
《閻東叟書》	15	22.7%
《玉霄寶鑒》	10	15.1%

〔註77〕　（宋）廖中撰：《五行精紀》卷1《論六甲納音法》，第3、4頁。
〔註78〕　該表統計內容源自（宋）廖中撰《五行精紀》卷1《論六甲納音法》，第1～8頁。

《五行要論》	28	42.4%
《珞琭子》（釋曇瑩注）	2	3.1%
《鬼谷遺文》	3	4.5%
《三命纂局》	2	3.1%
《燭神經》	4	6.1%
總計	66	100%

《論六甲納音法》一節中對《五行要論》、《玉霄寶鑒》的引用次數分別為 28 次和 10 次，占到總引用次數的 42.4% 和 15.1%。考慮到《五行精紀》對二者的重視程度，今人不得不重新思考廖中所在的南宋中期命理術對日柱的重視程度問題。

（二）對擇吉術的吸收和改進

除去前文所講的日柱宮位代表己身的原因外，還有什麼原因使得宋人如此衷情於日柱呢？筆者認為，另一個原因就是日柱推命比起年柱推命更具有獨特性，不易使前來問命的人命運千篇一律。這也就牽涉到宋代命理術的下一個特點：對大量擇吉術的吸收和改進。

在宋代命理術中，除去判斷夫妻以日為主的命例，也有一些以日柱為主判定的格局。這些格局，多以日柱為主，參照時柱來推命。筆者認為，這其中相當一部分可能源於擇吉術的日時柱判命法則，在《五行精紀》卷 10、卷 11 載有《釋日時貴格》、《釋日時凶中貴格》、《釋日時凶中凶格》、《釋日時犯月中惡殺》等數以百計的以日、時柱為主的所謂的貴格、凶格命例。比如《釋日時凶中貴格》便舉出了六十個甲子日裏不同時辰所主的凶中之貴，整理其內容，列表如下：

釋日時凶中貴格表 [註79]

日柱	時柱	所主命運
甲子	己巳	先貧後富。
	癸酉	先破祖後大富。
	乙亥	得妻財剋妻。

〔註79〕表格所依內容，詳見（宋）廖中撰《五行精紀》卷 10《釋日時凶中貴格》，第 82、83 頁。

甲寅	壬申	旺中有災。
	甲戌	四十後以富。
甲辰	乙丑	主血貴。
	戊辰	刑後發財。
	庚午	出血發。
	甲戌	有財凶。
甲午	甲子	身孤有財，清貴有吉。
	庚午	傷祖主刑，發財死。
甲申	己巳	身孤清貴。
	壬申	離鄉發福。
	甲戌	身孤三十後財旺，
甲戌	乙丑	先刑後財，
	戊辰	剋早身孤，中年發財。
	辛未	先刑後貴。
乙丑	己卯	中年大福。
	辛巳	初純後雜。
乙卯	丙子	凶中逢吉，大貴。
	庚辰	刑後大發。
乙巳	戊寅	中年橫發。
	庚辰	先刑後貴。
	甲申	刑中化貴。
乙未	甲申	旺中有失，終旺。
	丙戌	旺處凶。
乙酉	乙酉	旺處自刑。
	己卯	先破，中年旺，末年死無地。
乙亥	戊寅	三十年後身孤發福。
	庚辰	發中自刑害。
	丙戌	血疾。
	丁亥	有財自刑。
丙子	壬辰	有財，招是非。
丙寅	丙申	旺中脫敗。
	辛卯	無祖自立有財，有肢體疾。

丙辰	壬辰	身孤有財。
	丙申	橫發財。
丙午	戊子	先貧後富。
	丙申	見血大發。
丙申	己丑	見血疾後發。
	壬辰	旺中失。
	丙申	好色。
丙戌	己丑	刑後發旺。
	丙申	破祖了發火血災。
	戊戌	貧。
丁丑	庚子	先貧後富。
	辛丑	因貴人發福。
丁卯	丙午	旺中有失。
	丁未	刑中發。
丁巳	庚子	橫發大富。
	辛丑	因陰人致貴。
丁未	丙午	破祖而成大富。
	丁未	凶中脫爲大富。
丁酉	壬寅	貧中化貴。
	丙午	不利子孫。
丁亥	壬寅	五十後大富。
	丙午	先破後富。
	戊申	身孤發福。
戊子	甲寅	先破後發。
	戊午	先刑後發。
戊寅	甲寅	身卑賤而發。
	丙辰	龍吟虎嘯中年大貴。
戊辰	乙卯	身孤而貴。
	丙辰	尅父大發。
戊午	甲寅	賤中貴。
	戊午	先刑後發。
戊申	壬子	先帶後旺。
	庚申	刑中發。

戊戌	乙卯	身卑母賤，出身奴僕，而發有驗。
	丙辰	破盡而後大富。
己丑	辛未	破盡而發。
	甲戌	剋父雖輕，刑後大旺。
己卯	甲子	先破祖而後旺。
己巳	丙寅	先刑後旺。
	戊辰	身孤後發。
己未	辛未	先破後成。
	丙寅	多庶出過房或父不見生。
己酉	丁卯	九成十破，末年旺。
	壬申	主心狂腎病，大貴。
己亥	辛未	凶中貴。
	乙亥	多成破，晚富。
庚子	丙子	先無，中年大富。
	己卯	破祖失土，大貴。
庚寅	辛巳	孤則貴。
	丁亥	貧中秀利，末年大富旺。
庚辰	庚辰	大凶過則貴，主惡死。
	辛巳	先無後有。
庚午	壬午	破盡身孤則發。
	乙酉	刑中貴。
庚申	乙卯	少貧，中年有小官，聰明，剋妻小子。
	戊寅	先刑尾好。
庚戌	丁丑	四十後大富。
	己卯	少孤母賤，中年貴。
辛丑	癸巳	先父母而多福。
	丙申	少苦，中年貴。
辛卯	庚寅	發即風疾。
	辛卯	先苦，中年大發。
辛巳	庚寅	刑了有財。
	丙申	少蹇，中末年貴。

辛未	庚寅	風疾而發。
	丙申	因貴人門下得富。
	戊戌	尅父母，身旺，中年富。
辛酉	戊子	破祖發。
	辛卯	少貧，二十後有財。
辛亥	庚寅	有暗疾，有福。
	丙申	多孤，見血疾主財。
壬子	庚子	少年富，三十五後艱辛，末年大富。
	辛亥	父母惡疾，中末大富貴。
壬寅	壬寅	中年貴，五十年大厄。
	辛亥	艱苦中發。
壬辰	甲辰	少孤及貧中發。
	辛亥	秀貴，不善死。
壬午	壬寅	少年疾厄，中年貴。
	辛亥	貧中大富。
壬申	庚子	先凶後富。
	壬寅	貧中發不久。
壬戌	庚戌	平生為妻妾所害。
	辛亥	少年大富。
癸丑	癸丑	孤中失土貴。
	乙卯	少賤，中年貴。
癸卯	癸丑	尅陷身孤貧。
	丙辰	尅父母有財。
癸巳	丁巳	賤中貴。
	戊午	中年大富。
癸未	癸丑	先卑賤，中年大貴。
	甲寅	中年秀貴。
癸酉	丙辰	孤貴。
	丁巳	先貧後富。
癸亥	庚申	少貧好學大才。
	癸亥	性明飄逸，中年大富。

　　通過以上表格內容，可以發現擇吉術不同於命理術的顯著特點：擇吉術的吉凶，往往集中在日辰和時辰，人們不知道其吉凶的由來，也難以總結出推理的方法原則，只需依據黃曆就可以查出一月之中的黃道吉日，和一天之中的吉時凶時。《五行精紀》中的《釋日時貴格》、《釋日時凶中貴格》、《釋日時凶中凶格》、《釋日時犯月中惡殺》等數以百計的以日、時柱爲主的所謂的貴格、凶格命例，就是需要通過查詢才能得知，因爲無法推理其吉凶判定的緣由。因此，這些內容很可能就是宋代命理術士對時下流行的擇吉術的吸收和改造的結果。那麼，是什麼原因，促使宋代命理書籍大量吸收古時擇吉術的內容呢？一個直接原因應該是，這與年柱推命的局限性有很大的關係。

　　《子平三命通變淵源》之《定眞論》中的一句話似可解釋這一原因：「或用年爲主，則可知萬億富貴相同者。」〔註80〕《淵海子平・詳解定眞論》對這句話有如下的闡述：「世之談玄命者，皆古法，往往多以年爲主，則可知萬億同者矣。小運納音爲論，則水之渙漫而無所歸矣，富貴有相同者謬矣。」〔註81〕很顯然，當論命以年爲主時，一年之中所生萬億之人，富貴豈不都大體相同？以年柱論命的缺陷即在於此。尤其是隨著宋代算命市場的擴大，人們對算命的精確度的要求已越來越高。這種以年柱爲主要依憑的粗獷的算命方法很容易將同年出生之人等同論之。這必然會遭到前來問卜的人的越來越多的質疑與不滿。爲了能滿足人們的期望，並在與諸多算命術的競爭中立於不敗之地，命理術的論命重心的改革勢在必行。在這種情況下，將論命重心放在時間上更精微的日柱和時柱上是命理術士更爲明智的選擇。因爲天下雖大，人口雖多，但一個命理術士能同時逢兩個同年同月同日生之問卜者的概率還是極低的。恰恰擇吉術很多就是以日時來定吉凶的，於是宋代命理術開始了大量吸收擇吉術的工作，這也就是上文提到的爲何《五行精紀》中會出現如此眾多的日時柱判命內容的原因。而且隨著時間的向前推進，宋代命理術在大量引入擇吉術內容的同時，也自造了不少以日柱爲主、查詢時柱的貴格，使很多原本簡單直觀的擇吉術開始成爲配有歌訣內容、便於記憶應用的新的貴格。比如下面這兩個貴格，皆是以日柱天干爲主，搜尋時支而判定的貴格。命理術士們在爲人判命時，無須再查黃曆，而只要背熟裏面的歌訣就可以了：

〔註80〕　（宋）徐大升撰：《子平三命通變淵源》卷上《定眞論》。
〔註81〕　李峰注解：《新刊合併官板音義評注淵海子平》卷 1《詳解定眞論》，第 113頁。

【衣錦特賜格】

甲丙庚日遇寅時，丙庚壬向巳中推，庚壬甲地歸申坐，壬甲丙來亥取之，此是錦衣第一局，時日無差定不移。

如黃冕仲，甲申年、乙亥月、丙辰日、庚寅時。石參政，壬申年、己酉月、甲辰日、丙寅時是也。

【清貴入堂格】此以丁辛加於子午卯酉主取之。

乙丁辛見馬，丁辛癸向雞，辛癸乙還子，癸乙丁兔奇，此是正郎格，清華著錦衣。

如林按撫，己酉年、乙亥月、癸丑日、乙卯時是也。（《預知子貴格》）〔註82〕

日時柱判命的大量湧現，對於宋代命理格局以年柱爲主的推命習慣形成了一定的衝擊。對於這些貴格和凶格，雖然不能貿然認定其時日柱重要性已在年柱之上，但是其所反映的日柱地位提升的現象還是有的。不過，日柱代替年柱的過程是極爲漫長的，這一替代過程在宋代並沒有完成，而是持續了數百年之久。《五行精紀》也好，《玉照定眞經》也好，都沒有完成論命中心的轉移。《子平三命通變淵源》雖然明確提到了以日爲主的概念，但是考慮到其在當時影響的有限，也只能說這不過是命理術中的一家之言。直至明代的《淵海子平》、《三命通會》成書，才能肯定其替代過程的眞正結束。而這，已是明朝的中後期了。〔註83〕

四、胎柱的消失

再來看看胎柱在算命中的具體應用。宋人常以胎柱來代表祖上及父母。

〔註82〕（宋）廖中撰：《五行精紀》卷21《論貴局上》，第165、166頁。

〔註83〕《淵海子平》一書，原明朝楊淙於嘉靖二十七年（1548）編，由欽天監李欽增補，未署原著者。到萬曆二十八年（1600）唐錦池又增補，署宋東齋徐升編。今筆者所見版本乃崇禎七年（1634）重梓，全名爲《新刊合併官板音義評注淵海子平》。而《三命通會》作者萬民英，生於嘉靖元年（1523），嘉靖二十九年（1550）進士。該書應成書於嘉靖二十九年之後。故作者認定二書均成書於明代中後期，但是二書內容均爲宋代以來命理術的總結歸納，故日柱代替年柱成爲論命重心的時間定在成書之前。只是由於缺乏相關文獻，我們無法確知明朝中前期的命理術發展狀況，故筆者保守論斷以日爲主的普及是在二書成書之後。

筆者前言六親宮位時，曾提到祖上、父母所在之宮為年柱。但是在宋代，這一宮位的安排並非如此。不少文獻習慣用胎柱來代表一個人的祖上，並以胎柱的吉凶代表一個人祖上的好壞。如：「凡胎元被年月日時刑、沖、破、害、帶殺、空亡，皆主破祖。」〔註84〕「《寸珠尺璧》云：凡胎與年不合，主骨肉不合，被年沖刑破害損祖，甚者離居。」〔註85〕或者，以胎柱來代表父母，以其貴賤來判斷命主父母的貴賤：「胎為父母之象，胎中五行來生元命者，知其人是受蔭貴家之命也。或胎與元命五行相剋，兼處六害之地，縱使日時為福，亦主孤獨自立。鬼谷子曰：胎中如有祿，生在貴豪家，或值空亡中，貧窮起歎嗟，蓋謂此也。」〔註86〕「凡胎元在六陽位，被時沖破，主父是過房，身卻是的子。古詩云：胎宮陽干共陽支，時剋或沖破不奇，雖是親身的養子，父母應須是外兒。胎元在六陰宮被時沖破，更在暴敗上，及納音無氣於年者，母多是娼尼婢妾，不然過房。古詩云：胎低支剋母不正，更逢時殺是干生。如胎元無氣，與年同位，亦主父母不正，不然剋陷。」〔註87〕

宋人以胎元定人受氣的清濁，進而推斷此人出生後的賢愚。凡胎柱納音強旺，為氣清，其人賢明；胎柱無力，為氣濁，其人愚懵：「凡命以胎元論受氣清濁，如胎元支干納音得地，定小年賢明。古詩云：胎中清氣旺運連，少年為性必須賢。如胎元無氣，四柱不相入，五行不相生，主為性愚懵，古詩云：胎元無氣殺神虛，一世為人性更愚。」〔註88〕

由胎元也可推知人的貴盛。比如胎月喜見建祿和驛馬，「胎月或承旺氣祿馬之處為福尤多也」〔註89〕；「凡推胎月知人貴盛者，謂驛馬建祿在胎月也，假令甲子人十月生，胎月在寅，甲子人祿馬俱在寅，又寅與亥合，是生月與胎月祿馬俱合也，又陽命難順行，為向祿馬，干祿至亥為長生，支命到亥為臨官，此人三十以前必超越，但亥上空亡少年多厄。」祿馬本為命中所喜，出現於胎元判吉者，恐與其祖上父母宮位有關。因為在中國古代社會，人們判斷富貴尤重門蔭。祖上為祿馬所在，其人很可能出自富貴之門，自然貴盛

〔註84〕 （宋）廖中撰：《五行精紀》卷11《論受氣》，第89頁。
〔註85〕 （宋）廖中撰：《五行精紀》卷11《論受氣》，第90頁。
〔註86〕 （宋）廖中撰：《五行精紀》卷11《論胎》，第88頁。
〔註87〕 （宋）廖中撰：《五行精紀》卷11《論受氣》，第90頁。
〔註88〕 （宋）廖中撰：《五行精紀》卷11《論受氣》，第89頁。
〔註89〕 （宋）廖中撰：《五行精紀》卷11《論胎》，第88頁。

無比。《希尹書》云：「胎月見貴，必受福蔭。」〔註90〕又比如胎柱地支在驛馬後二辰，宋人亦判其爲貴命：「若胎月在驛馬後二辰亦貴。假令丁亥人十一月生，以亥人驛馬在巳，二月受胎，是馬後二辰，又祿干是丁火，十一月生建祿胎也，他準此推之。」〔註91〕如本命亥卯未人驛馬在巳，十一月（壬子）生，胎元在癸卯，故曰二月（卯月）受胎。按地支順序順數，卯在巳後二辰，故曰馬後二辰。

通過以上的分析，本文闡明了胎柱的相關概念及其判命應用，認爲胎柱在宋代命理術中的確佔有它的一席之地。然而，在命局中如此重要的一柱，卻也在宋代開始走向消亡。首先，從其出現的頻率上來看，胎柱不同於其他四柱，它在宋代命理文獻中總是時隱時現，若有若無。無論是南宋中期成書的《五行精紀》也好，還是宋末元時出現的《玉照定眞經》也好，雖然胎柱始終出現在人們的視野，但是它出現的頻率卻在逐漸降低。如果說這兩部書中胎柱還在參與算命的話，那麼從南宋末年出現的子平術始，在之後的今法時期的標準模型中，胎柱則徹底退出了命局的結構，並在子平術所主導的今法時期基本上退出了歷史舞臺。

其次，從宋代的相關記載來看，當時的命理術士的確也開始逐漸拋棄胎柱：「王氏注云：今談命者，或不以胎月爲意，蓋言不如日時得之獨也，然胎月是四柱根苗，……」〔註92〕「今市卜者，止據古人歌訣推理，所以多不准也。……或云勿用胎元者，其謬論耳。」〔註93〕看來，宋代命理術士對胎柱的拋棄已非一朝一夕，至於拋棄的原因，當然不能如宋代命理術士那樣歸納爲該柱算命不准，其多謬論。事實上，宋代命理文獻《壺中子》，已透露了時人不用胎元的眞正原因：

> 《壺中子》云：五行欲其自足，勿論胎。注云：乃金木水火土也，得之足者，爲五行借足格。須言借者謂年月日時，可占五行之四字，乃取當生眞氣所屬而圖之，蓋眞氣即當年之主，味者添胎元一辰納音渾四柱而爲五，謂之五命，欲其五行足而不闕。據《胎分經》言，人懷胎二百七十日而生，醫家以十月產者計其血髒乾濕之

〔註90〕（宋）廖中撰：《五行精紀》卷11《論受氣》，第89頁。
〔註91〕（宋）廖中撰：《五行精紀》卷11《論受氣》，第89頁。
〔註92〕（宋）廖中撰：《五行精紀》卷11《論胎》，第88頁。
〔註93〕（宋）廖中撰：《五行精紀》卷11《論受氣》，第89頁。

一月也，況人有多月生者以何爲準？故云：勿用胎元。〔註94〕

按照《壺中子》的說法，一些術士給命局添胎柱而爲五柱，欲使其五行足而不闕。且不言此論的合理性，單說胎元干支的確定就是一個大問題。其所舉《胎分經》言，人懷胎二百七十日而生，再加上「血臟乾濕之一月」，共計十月。但是，一般人並不知道自己是否足月生產。十月懷胎只是醫家的說法，實際情況往往不是這樣。有些人可能足月而生，但更多的人可能不足月而生，或超月而生。所以，宋代命理術以十月來推人成胎之月的做法，是很難符合實際情況的。正因爲如此，後來的命理術士們往往藉口胎元「不如日時得之獨也」、「其謬論耳」而對其棄之不用。有時，胎柱在命局中出現，也僅僅作爲一個形式，並不參與推命。久而久之，胎柱在宋代命理文獻中出現的頻率當然也就越來越低，並最終消失在今法時期的子平術中。

五、神殺的減少

（一）宋人對神殺的批判

宋代命理學界一直有一種批判神殺的聲音，他們認爲，命理推算，還是要以五行生剋制化及格局爲依據，神殺只是推命的一種輔助手段。宋時已有人反對看命一味依憑神殺，縱使是在神殺推命占全書大部分內容的《五行精紀》中，也能見到不少對神殺推命的修正意見。北宋王廷光認爲「五行爲神殺之先」〔註95〕，只要命局配合得體，惡殺不能爲禍；五行配合不當，吉神可以致凶。《鬼谷子遺文》也表達了同樣的觀點，認爲「劫災天歲四殺雖凶，若干支配合有用，則爲福祿之神」，「祿馬奇興雖干之清氣富貴之神，若干支配合爲破敗，則反爲貧賤凶害之殺」。〔註96〕不少宋代命理文獻認爲，神殺的吉凶判斷須放在其所處的大環境中來看。同樣一個吉神或兇殺，在環境有利的條件下，它就能起著對命主有利的作用，在環境不利的條件下，就會爆發出其兇惡的力量。比如食神這樣一個神殺，本是吉神，但是不同的命理文獻顯示出其在不同的命局中，對人的吉凶是複雜多變的：

雖道食神爲貴格，若無祿馬又奚爲。

凡食神須到生旺之處，及祿馬貴人比和方貴。（《理愚歌》）

〔註94〕　（宋）廖中撰：《五行精紀》卷7《論五行一》，第59頁。
〔註95〕　（宋）廖中撰：《五行精紀》卷27《論兇殺》，第208頁。
〔註96〕　（宋）廖中撰：《五行精紀》卷27《論兇殺》，第212頁。

食神一一當處，用一代於三，若遇空閒，遇三重不逮於一。食分三二，財如落葉當秋風，貴剋食神，福若朝生暮落，食神若遇空閒，大抵難逃憔悴。（《隱迷賦》）

食神遇吉爲福德，遇凶則無力，不可一概而論。（廣錄）

食在四貴四平之地者，爲福，在四忌上則難爲福也。（《三命提要》）

食神沖破，可做雜糅歇滅斷之。人格亦可以爲侍從，然終不免出入之擾。（《廣信集》）〔註97〕

神殺所處的環境包括哪些要素呢？大體而言，其主要包括以下幾點：命主強旺與否；該神殺是否也得其他五行生剋；除了該神殺，局中還有何吉神凶殺（要注意一些特殊神殺，因爲其能量遠較一般神殺爲大）；該命造是否符合某一特殊命局，等等。比如《三命指掌》在詳解貴稟神的時候，強調時人看命不可見貴神而論吉，須同時觀察三命財祿有氣無氣以及凶神貴神的具體情況：「凡遇貴命神下生者，不可一概論之，但以三命財祿有氣無氣，凶神貴神，多少折除消息，設如遇貴神三命，卻值墓絕休囚，或財祿無氣，或落在空亡，似此之人，合主有官而無位，或有名而不立，或爲僧道，或攻藝術，下等小人，或衣食不充，或一生孤獨，所謂有名而無實也。凡諸貴神下生者，皆彷此推之。」〔註98〕當然，要想兼顧這些要素是很困難的，因爲許多要素也許就是互相矛盾的，人們很難據此分析出一個命局中吉凶所佔的比例是多少。這也是宋代神殺推命難以傳承下來的原因之一。

對於神殺的合理性，自宋代以來人們便爭執不斷。宋時已有人提出神殺可以少用甚至不用，認爲百餘神殺可用十餘表示吉凶之理即足矣：「看命不許苦使神殺，但宮辰中得一二殺，可表吉凶之理。雖神殺百餘，坐當者十餘。」〔註99〕而另一部宋代命理文獻《玉照定眞經》更是明確表示，神殺不是吉凶所依，支干五行的生剋制化才是判斷吉凶禍福的根本所在：

神煞劫亡非本理，

非用神煞言貴賤得失耳，

支干五帝是元根。

〔註97〕 （宋）廖中撰：《五行精紀》卷18《論食神》，第138頁。
〔註98〕 （宋）廖中撰：《五行精紀》卷13《論釋吉貴神例》，第104頁。
〔註99〕 （宋）廖中撰：《五行精紀》卷32《雜論》，第249頁。

支干五行爲眞用耳。〔註100〕

這種觀點越到後來，越占上風。至明清之時，達到極點。

（二）明清人士對神殺的捨棄

明清時期，不少命理大家對神殺的作用持有完全否定的態度，原因是神殺的來歷不明，不合五行之理，作用也微乎其微，完全是多餘的裝飾品。明代張楠於其著作《神峰通考》中對神殺的荒謬大加鞭撻：

> 一《五星指南》，載破碎、吞啗等煞，及小兒雷公、金鎖、斷橋、休庵、百日、四柱雞飛等關，只以生年一字，妄以犯某時某日爲言；又立險語：哭斷腸不過三日死，及打腦、斷橋之説，以驚人之父母，並不以八字干支生剋制化、財官論之；且以正理搜尋，尚且禍福不驗，此只把一字以定生死，此實謬説也。……愚謂此等妄語，刊諸板籍，必須焚其板，火其書，而後可也。〔註101〕

張楠痛斥神殺，是因爲不少神殺不以五行生剋、財官論之，只以一字定生死，這種斷命方法在越來越重視系統理論的命理術今法時期當然是難容於世的，無怪乎張楠喊出「必須焚其板，火其書，而後可也」的激進之語。另一位命理大家、清初的陳素庵也有類似的觀點：

> 舊書稱神煞一百二十位，一一細推起例，毫無義理者，十嘗七八。且一字每聚吉凶神煞十餘，禍福何以取斷，此皆術家呈臆妄造。……今考定神煞如天德、月德、貴人、空亡之類，皆有義理。其餘從太歲起者爲眞，不從太歲起者爲妄。眞者精擇而存之，妄者悉舉而削之。或疑相沿既久，未必無驗。不知人命吉凶，皆由格局運氣，安可以偶合神煞而信之。即如桃花、流霞、紅豔等煞，爲男女淫欲之徵，然端人正士，烈婦貞女，犯之者甚多。況桃花煞：亥卯未在子，寅午戌在卯，巳酉丑在午，申子辰在酉，皆五行生印，……何所見其淫褻乎？且春花無不妖冶，何獨桃花爲淫花？……神煞誕妄，皆此類也，但一一辟之，太費辭説，達理之士，自當曉然耳。〔註102〕

〔註100〕　《玉照定眞經》，文淵閣《四庫全書》第809冊，第42頁。

〔註101〕　（明）張楠撰：《神峰通考闢謬命理正宗》，上海印書館，1981年，第3～5頁。

〔註102〕　（清）陳素庵撰：《命理約言》，載（清）沈孝瞻、（清）陳素庵著《子平眞詮・命理約言》，鄭同點校，華齡出版社，2010年，第287、288頁。

陳素庵認爲宋明以來流傳下來的百餘神殺，無有義理者，十之七八，很多神殺皆是術者妄自臆斷。他指出，人命吉凶，皆由格局決定，神殺實不足憑。通曉命理義理之人，自然可以知曉這些道理。在中國古代命理學史上，張楠是「病藥說」的創始人，陳素庵是八字格局標準化的有力推動者，二人皆是命理術今法時期的舉足輕重的人物。今法時期的子平術一個重要特徵就是以日爲主，專論五行、格局系統，少言神殺。無論是張楠還是陳素庵，他們都指出了神殺被後世摒棄的一個重要原因，那就是神殺不合義理（確切的說是不符子平術之義理）。梁湘潤曾指明神殺的八種來源，這八種來源之神殺中眞正符合今天子平術推命原則的恐怕爲數甚少。〔註103〕如以統計積累之神殺而言，爲數甚多的神殺都可以說是古代術士們常年算命總結出的經驗之談，這類神殺因之難以用義理來解釋。正如陸致極先生所言：「其實，神煞的取捨，是在長期對年月日時干支的對應關係的觀察中，積累起來的在統計意義上的徵驗，本身很難一一予以義理的解釋。」〔註104〕所以，張楠、陳素庵等後人對神殺的批評，是站在今法時期理論的高度上的，他們口中說出這樣的話，也在情理之中。

（三）宋代以來神殺數量的銳減

神殺這一事物，不僅存在於命理術中，它在堪輿術、占星術、擇日法中也有廣泛的應用。比如紫微斗數這樣一種占星術，就是大量採用星座神殺推知未來的。又比如鐵板神數，也引用部分神殺來推命。至於擇日法，更是大量神殺的源頭。「然而，有一項不可否認之事實，即是『祿命法』之『神煞』，十之八九皆沿用於原有『擇日法』之『神煞』」〔註105〕。神殺大約在漢代即已出現，至今已有兩千多年的歷史。在長期的發展過程中，各種術數中衍生出大量神殺。明代命書中出現的神殺已達 120 種之多。梁湘潤認爲，今天命理術中出現的神殺，多爲明代以來演變而成。〔註106〕很多命理術士或學者檢索神殺來源，多起自《三命通會》、《淵海子平》等明代中後期文獻。其實，上述二書的內容多轉引自宋代文獻《五行精紀》，故論神殺之源流，不可只止於明代。可惜的是，今天的命理學者絕大多數還未關注到宋代命理文獻《五行

〔註103〕梁湘潤著：《神煞探原》，第 17 頁。

〔註104〕陸致極著：《中國命理學史論》，上海人民出版社，2008 年，第 103 頁。

〔註105〕梁湘潤著：《神煞探原》，行卯出版社，2003 年，第 153 頁。

〔註106〕梁湘潤著：《神煞探原》，行卯出版社，2003 年，第 13 頁。

精紀》的價值。

那麼，在宋代命理書籍中出現的神殺有多少呢？今人吳俊民在其代表作《命理新論》中，詳細列舉神殺 190 餘種。〔註107〕宋代的神殺數量當在此之上。筆者檢閱《五行精紀》一書，由於神殺遍及全書，雜亂無章，因而確切數量難以統計，其數當有百餘甚或更多。而且，從該書目錄中可以發現一個驚人的現象，全書 34 章的《五行精紀》，其中從第十三章至第二十七章，皆是專論神殺的。論神殺的篇幅多達 116 頁，占到全書的 43%。由此可見，在宋代命理術中，神殺是其非常重要的組成部分。這也直接證明了古法時期的命理術，確實是以神殺為主要推命工具的。

而在經歷了明清人士對神殺批判、揚棄之後，今天流傳下來的仍為命理術士所熟知的神殺大概只有十餘了。這些神殺主要是天乙貴人、驛馬、桃花、羊刃、華蓋、空亡、天羅地網、三奇、將星等。〔註108〕凌志軒認為，「古人的神煞五花八門，有 100 多種，這些複雜的神煞，我們是不必要去理會的」。「在實踐應用之中，常用只有 10 多種神煞是具有很重要的實踐參考價值的。」〔註109〕凌志軒的觀點代表了當今大多數命理術士對神殺的態度。

六、納音五行、眞五行的逐漸消失

有關納音五行的內容，在前面專節中已有論及。納音五行產生較早，漢魏時期已經出現。隋唐時期，納音五行已廣泛應用於術數。至宋代，納音五行在命理術中的應用遠遠超過了眞五行與正五行，成為推命的主流。所以說，宋代命理術的一個主要特點，便是推命時以納音為主。而建立在天干五合基礎上的眞五行出現的時間也較早，隋代蕭吉的《五行大義》對其進行了詳盡的解釋。中唐以後，《黃帝內經·素問》部分「七篇大論」已將其廣泛應用。宋代命理術對眞五行的應用提出了更為具體的條件，使之逐漸成為能與正五行、納音五行並列的第三種推命工具。因此可以說，納音五行與眞五行都是

〔註107〕吳俊民著：《命理新論》，進源書局，2006 年，第 105～107 頁。
〔註108〕今人有關神殺的解說，筆者主要參見袁樹珊著《新命理探原》，華齡出版社，2010 年，第 43～52 頁；韋千里著《千里命稿》，第 195～199 頁；凌志軒著《古代命理學研究：命理基礎》，第 261～325 頁；邵偉華著《周易與預測學》，明報出版社，1995 年，第 89～94 頁；秦倫詩著《八字應用經驗學》，第 237～266 頁。
〔註109〕凌志軒著：《古代命理學研究：命理基礎》，第 264 頁。

宋代命理術的重要特徵之一。

但是隨著時間的推移，當歷史的車輪邁過宋代，邁向元明清三代時，曾經風行於宋代命理術中的納音五行與眞五行卻逐漸消失了。在大量的明清命理文獻中，除了《三命通會》、《淵海子平》等還收集了部分納音五行內容外，其餘文獻幾乎對此一字不提。而眞五行除了保留著十干合化的知識外，也在後世的命理書籍中難以一見。可以說，納音五行與眞五行，逐漸退出了明清以來的命理術。

其實，如果仔細翻閱相關文獻，就會發現，二者消失的時間是早在宋末，而不是晚在明代。而二者消亡的原因一樣，都是因爲自宋末子平術逐漸風行後，命理術的推命開始逐漸以正五行爲唯一的推命工具。在正五行「一統江湖」的同時，眞五行、納音五行必然要走下歷史舞臺。在宋末出現的《子平三命通變淵源》一書中，已不再見到納音五行與眞五行判命的痕跡。雖然此書在當時或影響不大，但是考慮到明清兩代及今日之命理術皆受此直接影響，則可以這樣說，納音五行與眞五行的消亡的開始，或許就是始於此書。

不過從某種角度來講，納音五行與眞五行時至今日也沒有完全消失在命理術中。嚴格來說，二者並沒有完全退出歷史舞臺。比如納音五行，仍然用於今日之流年五行的判斷。以甲子年爲例，該年五行既非甲木亦非子水，而是海中金，故人們常說出生於該年之人爲金命。不過在具體推命過程中，這種流年納音五行基本上已不在子平術考慮範圍內了。與納音五行類似，眞五行至今在命理術中也還留有一部分痕跡，那就是天干化合。時至今日，人們在看四柱八字天干有合時，還需依宋人規定專看月令等是否符合所化條件，符合，天干方可引化；不符合，天干不可引化。〔註110〕不過，需要特別指出的是，今天命理術中存留的天干化合與宋代命理術中的眞五行完全是兩種概念。眞五行是完全不同於正五行的另一種五行；天干化合，雖然也有新的五行生成，但是原先正五行的屬性基本上還保留著，只是這種五行屬性有所減弱而已，所以從本質上來講，後者還是屬於正五行的範疇，並不能將其視作新的五行。〔註111〕

〔註110〕參閱凌志軒著《古代命理學研究：命理基礎》，第97頁。
〔註111〕今天的命理書籍基本上都持這種觀點，認爲天干相合後生成的新的五行的力量還是弱於原先的五行的。比如凌志軒認爲，天干五行合去以後，大多自身還有五至七分力量，並且自身的性質多半存在。不過，相合兩干保留下的力量並不均等，往往是被剋合一方力量失去的多一些。參見凌志軒著《古代命

第三節 宋代命理術對後世的影響——以宋代命理著作《五行精紀》、《子平淵源》在明代的傳承爲例

在大體認識到宋代命理術對後世、乃至今日的影響後，本文擬用具體案例來說明宋代命理文獻對明代以後命理文化的發展的直接作用，以使人們能夠更爲直觀地感受宋代命理術對後世的影響。宋明兩代，命理術雖迥然不同，但是二者之間的聯繫卻異常緊密。宋代的命理文獻在明清時期，多湮沒不聞，以至於到清代，許多宋代命理著作逐漸佚散而不爲世人所知。但是，宋代命理文獻對明代以來命理著作的影響卻不容忽視。舉例來說，宋代兩部重要的命理著作《五行精紀》、《子平三命通變淵源》均在明代廣泛流傳。明代的兩部命理巨著——《三命通會》與《淵海子平》，正是在這兩部宋代命理著作的影響下形成的。

一、《五行精紀》、《子平淵源》與《三命通會》的關係

《三命通會》於明代命理著作中地位如何，今人可以從清代《四庫全書》中的一句話中揣測一二。該書提要論曰：「自明以來談星命者，皆以此本爲總匯，幾於家有其書。」〔註112〕這句話不僅告訴人們該書在明代的普及型，而且點明該書是一本總匯。嚴格來說，《三命通會》並不是一部純粹的子平術專著，它更像是一本宋明命理文獻的匯總之作，如同《五行精紀》性質一樣。書中既有當時人們對子平術認識的成果，也有不少宋代命理術推命的方法。故而該書古法、今法混爲一體，對古籍旁徵博引、混同諸家，理論頗爲繁雜。雖然有諸如此類缺陷，但是該書在明代命理著作中的地位卻是無可動搖的。

說《三命通會》是一本匯總之作，是因爲該書是萬民英在參照了《五行精紀》、《子平淵源》等書後寫就的。萬民英對《五行精紀》、《子平淵源》等宋代命理書籍並不陌生。他在《三命通會》卷7《子平說辯》一文中，提到過他曾目睹《五行精紀》、《子平淵源》等宋代命理著作：「觀《五行精紀》、《蘭臺妙選》、《三車一覽》、《應天歌》等書與《淵源》、《淵海》不同，蓋觀文察變，治曆明時，皆隨其時而改革，故雖百年之間，數術之說亦不能不異。」〔註113〕

理學研究：命理基礎》，第 100 頁。
〔註112〕 《四庫全書總目》卷 109《子部·術數類二》，第 928 頁。
〔註113〕 （明）萬民英撰：《三命通會》卷 7《子平說辯》，文津閣《四庫全書》第 268

可以說，萬民英的《三命通會》就是《五行精紀》、《子平淵源》等宋代命理
著作的匯總之作。

　　《三命通會》的許多內容幾乎都是照抄《五行精紀》。近代以來，最早注
意到《五行精紀》與《三命通會》之間關係的學者，是著名文獻學者葉德輝
（1864～1927）。據葉德輝寫於 1920 年的《舊抄本宋廖中五行精紀跋》言，
他很早就注意到萬民英在《三命通會》中「採摭群言」、「引據賅恰」的唐宋
命理文獻，多後人不得之書。他疑諸書明時已大半失傳，何以萬氏獨得見之？
葉氏認爲其必有所本。而宋廖中所撰《五行精紀》，可能性最大。後來葉氏找
到《五行精紀》，經與《三命通會》相比照，發現萬民英果以《五行精紀》爲
藍本而襲就其書，證實了他自己的推測是正確的。〔註 114〕

　　今人劉國忠也於近年來關注到這個問題，他曾撰文《〈五行精紀〉與〈三
命通會〉》，指出如果把《五行精紀》與《三命通會》加以對照，就會發現後
者的大量論述都抄自於前者。而且在抄寫過程中，後者存在大量抄漏、抄錯
現象。比較《三命通會》與《五行精紀》的相似內容，就會發現前者存在的
錯誤比比皆是，因而很有必要再根據《五行精紀》一書內容對《三命通會》
重新加以勘定。〔註 115〕

　　細觀《三命通會》的目錄及內容，就會發現該書的許多內容幾乎都是原
封不動地在照搬《五行精紀》。比如《三命通會》卷 1《釋六十甲子性質吉凶》
就是匯總《五行精紀》卷 1《論六十甲子上》、《論六甲納音法》及卷 2《論六
十甲子下》而得；《三命通會》卷 1《論五行》則綜合了《五行精紀》卷 7《論
五行一》及卷 8《論五行二》的相關內容。《三命通會》其餘諸如《論大運》、
《論小運》、《論六害》、《論十干祿》、《論金輿》、《論驛馬》、《論天乙貴人》、
《論三奇》、《論羊刃》、《論空亡》、《論災煞》、《論六厄》、《論孤辰寡宿》、《論
天羅地網》等內容，莫不是抄自或總結自《五行精紀》。

　　《三命通會》對《子平淵源》的引用也有不少。檢要四庫本《三命通會》，
會發現宋末《子平淵源》中「定眞論」、「繼善篇」、「喜忌篇」三篇重要文獻
於其文中皆有轉錄。而且，《三命通會》對財、官、印的概念及使用，也深受

冊，第 602 頁。

〔註 114〕葉德輝著：《郋園山居文錄》卷上《舊抄本宋廖中五行精紀跋》，載氏著《葉
　　　　　德輝文集》，華東師範大學出版社，2010 年，第 39、40 頁。

〔註 115〕劉國忠：《〈五行精紀〉與〈三命通會〉》，載氏著《唐宋時期命理文獻初探》。

《子平淵源》的影響。「至其立論多取正官正印正財，而不知偏官偏印偏財亦能得力。知食神之能吐秀，而不知傷官之亦可出奇，是則其偏執之見，未爲圓徹。」〔註116〕四庫館臣說《三命通會》中的子平術帶有未爲圓徹的偏執之見，是有失公允的。因爲萬民英書中所論，也並非其個人己見，而是他轉引自子平術早期文獻《子平淵源》中的思想。

二、《子平淵源》對《淵海子平》的影響

《子平淵源》是宋代另一部對後世影響深遠的命理著作。不僅元明兩代不斷有人爲該書做注，更爲重要的是，明代中後期出現的子平術開山之作《淵海子平》，就是在該書的基礎上形成的。

《子平淵源》於南宋末年成書，元代時即有人爲其中的「喜忌」、「繼善」二篇作注，題爲《子平三命淵源注》。〔註117〕《子平淵源》在明代中前期一直著錄不絕〔註118〕，在明代中後期也影響廣泛。明人萬民英（1521～1603）在《三命通會》中曾多處提到徐大升及其著作的名字。如該書卷1《壬戌癸亥大海水》曰：「按納音取象出自黃帝，故諸術家皆宗之。自徐大升作《定眞論》，有夔景以前未知金在海中之論。而元之星士遂有納音空自失天眞之說。故今之談命者，只論正五行，而納音不取焉。」〔註119〕明末清初的文人黃虞稷（1629～1691）在《千頃堂書目》卷13《五行類》中亦收錄有此書，題爲「徐大升《子平三命通變》三卷」。〔註120〕由此可見，《子平淵源》在明代始終是命理市場流行的作品。

明代中後期，人們開始將該書與另一本子平術著作《子平淵海》合併爲《淵海子平》刊行。和《三命通會》一樣，《淵海子平》也存在編排混亂，前後顛倒，錯訛極多的現象。雖然數百年來，該書被視爲歷史上的第一部命理術今法時期作品，但是該書有諸多與子平術不符之處。如書中神殺雜亂，納

〔註116〕《四庫全書總目》卷109《子部·術數類二》，第928頁。
〔註117〕《四庫全書總目》卷111《子部·術數類存目二》中錄有《子平三命淵源注》一卷，題爲元代李欽夫撰，並曰：「前有泰定丙寅翰林編修官王瓚中序，稱《子平三命淵源》得造化之妙。自錢塘徐大升後，知此者鮮。五羊道人李欽夫取《子平》『喜忌』、『繼善』二篇特加注解，括以歌訣，消息分明，脈絡貫通云云。蓋專釋徐子平之書。其說視後來星家亦多相仿。」
〔註118〕關於該書在明代的著錄情況，參見本文第二章第二節之「宋代命理文獻述論」。
〔註119〕（明）萬民英撰：《三命通會》卷1《壬戌癸亥大海水》，第64頁。
〔註120〕（清）黃虞稷撰：《千頃堂書目》卷13《五行類》，第370頁。

音論命隨處可見，正格之外，雜格眾多……這和稍後出現的子平術著作《命理約言》、《子平眞詮》等著作不可同日而語。然而該書貴在最早。後世命書之論皆源於此。因此，自明代以來，人們對《淵海子平》一直推崇有加，不斷重刊。而《子平淵源》則逐漸消失在歷史的長河中。至清代四庫館臣編輯《四庫全書》時，《子平淵源》已不見收錄。今天看到的《子平淵源》，是在不久前於韓國首爾大學圖書館發現的早期抄本。此書大概是在明代中後期隨眾多術數書籍一同流傳至朝鮮半島的。〔註121〕

這裡要著重指出明代坊間刊行的相傳爲徐大升所作的另一部子平術作品——《子平淵海》。因爲這本在明代廣爲流傳的作品亦與《子平淵源》有著直接密切的聯繫。《子平淵海》一書早已佚散，並無單行本傳世。不過，今天看到的《淵海子平》一書，就是以《子平淵海》、《子平淵源》爲主要依據編寫而成的。通過對照《子平淵源》與《淵海子平》的異同，或許大致可以看到《子平淵海》的原貌。

崇禎七年（1634）刊行的由唐錦池編訂的《淵海子平》（五卷）一書《引》文中有如下一段話：「至於有宋徐公升復以人生日主分作六事，議論精微，作《淵海》之書，集諸儒之義傳佈，至今悉皆宗之。後之諸君，文集淵源理義，篇章雷同，迄今數百年矣。……今唐君錦池禮請精通此理者，以二書並之，增之口訣，正其訛僞矣。」〔註122〕文中雖未提到《子平淵源》，但是唐錦池所編的五卷本《淵海子平》一書，就是以《子平淵海》與《子平淵源》二書爲底本合併而成的。這就是今天大陸所看到的《淵海子平》一書的最普及的版本。該書《引》文中也提到，明代時人們所宗皆爲《子平淵海》，以致「後之諸君，文集淵源理義，篇章雷同，迄今數百年矣」。看來，明末唐錦池本《淵海子平》成書時期，明人已普遍認爲《子平淵海》是徐大升的另一部重要著作，且該著作使用率遠在《子平淵源》之上。另外，由京都大成堂在光緒癸

〔註121〕 劉國忠曾考證韓國延世大學圖書館藏現存 34 卷完整版《五行精紀》很可能是
　　　　在朝鮮李朝時期的翻刻本。它應該是朝鮮時代中宗（1506～1544 年在位）、
　　　　宣祖（1567～1608 年在位）年間的木活體印本（劉國忠《〈五行精紀〉與唐
　　　　宋命理學說研究的新思路》，見氏著《唐宋時期命理文獻初探》）。這說明《五
　　　　行精紀》的流入時間要在這之前。筆者推測，當時一併流入朝鮮半島的術數
　　　　書籍應該還包括在明代命理市場上暢銷的《子平淵源》等作品。當時的《子
　　　　平淵源》尚接近宋末徐大升的原始版本，故而該書只有兩卷，所載命例也皆
　　　　宋人的。而非明末黃虞稷所看到的三卷本《子平三命通變》。
〔註122〕 （宋）徐升編：《新刊合併官板音義評注淵海子平・引》。

未年（1883）重刊的崇禎七年（1634）版本《新刊合併音義評注淵海子平》書名旁，有一題記，也可看到類似論述。其文曰：「子平書，宋徐公東齋已詳明矣。傳有《淵海》、《淵源》之集，其理則一，篇句俱同。今之用者，惟宗《淵海》。而《淵源》亦有妙用，或未之集。今將二書合併參考，遺失總歸一軼。加之詩訣、起例，增解字義。後學識之，則二書了然在目，無遺矣。謹白。」〔註123〕該題記作於何時，不詳。或許早已出現於明末，或許是清人所添加。由其所述可以判斷出《子平淵海》與《子平淵源》二書篇章內容多有相同之處。但是明代長期以來所宗多為《子平淵海》，《子平淵源》反遭人冷落。

事實上，在唐錦池編寫此書之前，嘉靖二十七年（1548年），清江楊淙就已編成《淵海子平》一書，唯其書版本今已不傳。依照崇禎七年唐氏五卷本引文內容，楊氏本或許並不包含有《子平淵源》一書。萬曆二十八年（1600年），在楊氏《淵海子平》一書刊行半個世紀後，李欽又增補《淵海子平》一書，題為《刻京臺增補淵海子平大全》。其書六卷，署名「欽天監承德郎李欽增補」，落款為「萬曆庚子歲春月喬山堂劉龍田梓」。該版本未署名原著者。此書現藏於臺北國家圖書館。李欽增補六卷《淵海子平大全》一書，已合併《淵海》、《淵源》二書，與唐錦池評注五卷《淵海子平》內容大致相同，只是比唐氏五卷本多了「批命活用總套、批富貴貧賤總套」一卷內容。〔註124〕如此，則二書的初次合併似乎不會早於嘉靖二十七年，至遲是在萬曆二十八年。明代後期董其昌（1555～1636）的《玄賞齋書目》中第一次見到著錄此書。《玄賞齋書目》卷6《星命》錄有「徐升《淵海子平》」。〔註125〕董氏所錄之書很可能就是李欽增補的《淵海子平》。

由上分析得知，《子平淵海》與《子平淵源》二書在明代的確是長期分離的。然而奇怪的是，筆者在明代的目錄學著作中卻未曾見到對《子平淵海》的著錄。如果它真的是徐大升的作品，那麼為何宋元明以來，在各種文獻中只看到了《子平淵源》而未見《子平淵海》？據二書「其理則一，篇句俱同」的特點，大體可以判斷出《子平淵海》和《子平淵源》二書在內容上應該差

〔註123〕　（宋）徐升編：《新刊合併官板音義評注淵海子平·題記》，海南出版社，2002年。

〔註124〕　（明）李欽增補：《刻京臺增補淵海子平大全》，萬曆庚子年（1600）喬山堂劉龍田梓。臺灣圖書館影印本。

〔註125〕　（明）董其昌撰：《玄賞齋書目》卷6《星命》，第97頁。

別不大，甚至很有可能就是一本書的不同注解版本。再考慮到明後期人們對
《子平淵海》的推崇的情況，筆者做一大膽假設，認爲《子平淵海》很有可
能是當時的命理術士或研究命理的文人以《子平淵源》爲底本，依照時人對
命理術的最新理解，重新寫就的一部書。書成後，爲了贏得更好的銷路，迅
速推廣開來，出版商借用了原書的作者徐大升的知名度，署名新書作者爲徐
升（即徐大升）。由於在明代中後期，子平術理論又有了質的飛躍，舊有的早
期命理術作品早已不適合當時的命理市場，因此《子平淵海》相對於南宋末
年的《子平淵源》，顯然更具有市場競爭的優勢。〔註126〕所以，本文的結論是，
《子平淵海》是明代中期以後的人據《子平淵源》注解的一本書。該書可以
說是《子平淵源》的明代注本，故而時人云二書「其理則一，篇句俱同」。因
爲新注本更符合明代子平術的理論，因而明人皆宗之。反而是原先的徐大升
原著《子平淵源》漸漸無人問津，並於清代最終消失。由於《子平淵海》長
期以來亦署名徐大升作，故而崇禎七年（1634）刊行的由唐錦池編訂的《淵
海子平》一書誤認爲《子平淵海》亦是徐大升的作品。由於唐氏版《淵海子
平》後於明末以來普及最廣，故而其說也影響最爲廣泛。以致今日也極少有
人質疑《子平淵海》的來源。

綜上所述，明清以來一直暢銷不衰的所謂子平術的奠基之作《淵海子
平》，實則爲明人對《子平淵源》新注版《子平淵海》的再改進。三者之間的
改進順序即《子平淵源》——《子平淵海》——《淵海子平》。在釐清了三者
的這一關係後，人們才能明白宋代的《子平淵源》與明代的《淵海子平》之
間的繼承關係，也才能進一步感受到《子平淵源》在明代的生命力和影響力。

〔註126〕 陸致極在其著作《中國命理學史論》第十章、第十一章中，將明代中期視作
　　　　 命理學今法時期中格局系統的形成時期；又將明代後期及清初視作命理學的
　　　　 深化時期。子平術在這兩個階段取得了重大進展，相對於其初創時期的特點
　　　　 水平已有了顯著的進步。參見氏著《中國命理學史論》，第 216～260 頁。

徵引文獻

一、古籍類

1. 葉倍卿譯注：《列子》，北京：中華書局，2011 年。
2. 程俊英撰：《詩經譯注》，上海：上海古籍出版社，2004 年。
3. 黃壽祺、張善文撰：《周易譯注》，上海：上海古籍出版社，2004 年。
4. 潛苗金譯注：《禮記譯注》，杭州：浙江古籍出版社，2007 年。
5. 黃懷信主撰：《論語彙校集釋》，上海：上海古籍出版社，2008 年。
6. 楊伯峻譯注：《孟子譯注》，北京：中華書局，2010 年。
7. 吳毓江撰：《墨子校注》，孫啓治點校，北京：中華書局，1993 年。
8. 黎翔鳳撰：《管子校注》，北京：中華書局，2004 年。
9. 郭丹、程小青、李彬源譯注：《左傳》，北京：中華書局，2012 年。
10. 陳奇猷校釋：《呂氏春秋校釋》，北京：學林出版社，1984 年。
11. 姚春鵬譯注：《黃帝內經》，北京：中華書局，2010 年。
12. 《黃帝內經素問》，北京：人民衛生出版社，1963 年
13. 劉文典撰：《淮南鴻烈集解》，北京：中華書局，1989 年
14. （漢）司馬遷撰：《史記》，北京：中華書局，2011 年。
15. （漢）班固撰：《漢書》，北京：中華書局，1962 年。
16. （漢）董仲舒撰：《春秋繁露》，北京：中華書局，1975 年。
17. 張世亮、鍾肇鵬、周桂鈿譯注：《春秋繁露》，北京：中華書局，2012 年。
18. （漢）王充著：《論衡校注》，張宗祥校注、鄭紹昌標點，上海：上海古籍出版社，2010 年。
19. （晉）陳壽撰：《三國志》，陳乃乾校點，北京：中華書局，1959 年。

20. （晉）葛洪著：《抱朴子內篇校釋》，王明校釋，北京：中華書局，1985年。

21. （劉宋）范曄撰：《後漢書》，北京：中華書局，1965年。

22. （梁）沈約撰：《宋書》，北京：中華書局，1974年。

23. （北齊）魏收撰：《魏書》，北京：中華書局，1974年。

24. （隋）蕭吉撰：《五行大義》，北京：中華書局，1985年。

25. （隋）蕭吉撰：《五行大義今注》，梁湘潤注，臺北：行卯出版社，2001年。

26. （唐）姚思廉撰：《梁書》，北京：中華書局，1973年。

27. （唐）房玄齡等撰：《晉書》，北京：中華書局，1974年。

28. （唐）李延壽撰：《北史》，北京：中華書局，1974年。

29. （唐）李延壽撰：《南史》，北京：中華書局，1975年。

30. （唐）李百藥撰：《北齊書》，北京：中華書局，1972年。

31. （唐）魏徵等撰：《隋書》，北京：中華書局，1973年。

32. （唐）長孫無忌等撰：《唐律疏議》，《叢書集成初編》，北京：中華書局，1985年。

33. （唐）李林甫等撰：《唐六典》，陳仲夫點校，北京：中華書局，1992年。

34. （唐）韓愈撰：《韓昌黎文集校注》，馬通伯校注，上海：古典文學出版社，1957年。

35. （唐）王勃著：《王子安集注》，（清）蔣清翊注，上海：上海古籍出版社，1995年。

36. （唐）歐陽詢撰：《藝文類聚》，王紹楹校，上海：上海古籍出版社，1982年。

37. （唐）杜光庭撰：《廣成集》，董恩林點校，北京：中華書局，2011年

38. （後晉）劉昫等撰：《舊唐書》，北京：中華書局，1975年。

39. （宋）歐陽修、宋祁撰：《新唐書》，北京：中華書局，1975年。

40. （宋）薛居正等撰：《舊五代史》，北京：中華書局，1976年。

41. （宋）歐陽修撰：《新五代史》，北京：中華書局，1974年。

42. （宋）李燾撰：《續資治通鑑長編》，北京：中華書局，2004年。

43. （宋）黃休復撰：《茅亭客話》，文津閣《四庫全書》第347冊，北京：商務印書館，2005年。

44. （宋）張君房編：《雲笈七籤》，李永晟點校，北京：中華書局，2003年。

45. （宋）王觀國、（宋）羅壁撰《學林‧識遺》，王建、田吉校點，長沙：嶽麓書社，2010年。

46.　（宋）王安石著：《王安石全集》，長春：吉林人民出版社，1996 年。

47.　（宋）蘇軾著：《東坡志林》，劉文忠評注，北京：中華書局，2007 年。

48.　（宋）蘇軾撰：《蘇軾文集》，北京：中華書局，1986 年。

49.　胡道靜著：《新校正夢溪筆談‧夢溪筆談補證稿》，上海：上海人民出版社，2011 年。

50.　（宋）陸九淵撰：《陸九淵集》，鍾哲點校，北京：中華書局，1960 年。

51.　（宋）江少虞撰：《宋朝事實類苑》，上海：上海古籍出版社，1981 年。

52.　（宋）劉剋莊撰：《後村先生大全集》，《宋集珍本叢刊》，北京：線裝書局，2004 年。

53.　（宋）孟元老撰：《東京夢華錄箋注》，伊永文箋注，北京：中華書局，2006 年。

54.　（宋）洪邁撰：《夷堅志》，何卓點校，北京：中華書局，2006 年。

55.　（宋）陸游撰：《老學庵筆記》，李劍雄、劉德權點校，唐宋史料筆記叢刊，北京：中華書局，1979 年。

56.　（宋）范鎮、（宋）宋敏求撰：《東齋記事‧春明退朝錄》，誠剛點校，唐宋史料筆記叢刊，北京：中華書局，1980 年。

57.　（宋）王辟之、（宋）歐陽修撰：《澠水燕談錄‧歸田錄》，呂友仁、李偉國點校，唐宋史料筆記叢刊，北京：中華書局，1981 年。

58.　（宋）王銍、（宋）王栐撰：《默記‧燕翼詒謀錄》，朱傑人、誠剛點校，唐宋史料筆記叢刊，北京：中華書局，1981 年。

59.　（宋）蘇轍撰：《龍川略志‧龍川別志》，李郁點校，唐宋史料筆記叢刊，北京：中華書局，1982 年。

60.　（宋）蔡襄撰：《端明集》，文津閣《四庫全書》第 364 冊。

61.　（宋）韓淲撰：《澗泉日記》，上海：上海古籍出版社，1983 年。

62.　（宋）方勺撰：《泊宅編》，北京：中華書局，1983 年。

63.　（宋）蔡絛撰：《鐵圍山叢談》，馮惠民、沈錫麟點校，唐宋史料筆記叢刊，北京：中華書局，1983 年。

64.　（宋）魏泰撰：《東軒筆錄》，李裕民點校，唐宋史料筆記叢刊，北京：中華書局，1983 年。

65.　（宋）何薳撰：《春渚紀聞》，張明華點校，唐宋史料筆記叢刊，北京：中華書局，1983 年。

66.　（宋）邵伯溫撰：《邵氏聞見錄》，李劍雄、劉德權點校，唐宋史料筆記叢刊，北京：中華書局，1983 年。

67.　（宋）周密撰：《齊東野語》，張茂鵬點校，唐宋史料筆記叢刊，北京：中華書局，1983 年。

68. （宋）羅大經撰：《鶴林玉露》，王瑞來點校，唐宋史料筆記叢刊，北京：中華書局，1983 年。

69. （宋）釋文瑩撰：《湘山野錄・續錄・玉壺清話》，鄭世剛、楊立揚點校，唐宋史料筆記叢刊，北京：中華書局，1984 年。

70. （宋）吳處厚撰：《青箱雜記》，李裕民點校，唐宋史料筆記叢刊，北京：中華書局，1985 年。

71. （宋）姚寬、（宋）陸游撰：《西溪叢語・家世舊聞》，孔凡禮點校，唐宋史料筆記叢刊，北京：中華書局，1993 年。

72. （宋）周煇撰：《清波雜志校注》，劉永翔校注，唐宋史料筆記叢刊，北京：中華書局，1994 年。

73. （宋）李廌、（宋）朱弁、（宋）陳鵠撰：《師友談記・曲洧舊聞・西塘集耆舊續聞》，孔凡禮點校，唐宋史料筆記叢刊，北京：中華書局，2002 年。

74. （宋）張邦基、（宋）范公偁、（宋）張知甫撰：《墨莊漫錄・過庭錄・可書》，孔凡禮點校，唐宋史料筆記叢刊，北京：中華書局，2002 年。

75. （宋）洪邁撰：《容齋隨筆》，孔凡禮點校，唐宋史料筆記叢刊，北京：中華書局，2005 年。

76. （宋）陳師道、（宋）朱彧撰：《後山叢談・萍洲可談》，李偉國點校，唐宋史料筆記叢刊，北京：中華書局，2007 年。

77. （宋）沈括撰：《夢溪筆談》，上海：上海書店出版社，2003 年。

78. （宋）洪适撰：《盤洲文集》，《宋集珍本叢刊》第 45 冊，北京：線裝書局，2004 年。

79. （宋）楊億、（元）楊載著：《武夷新集・楊仲弘集》，福州：福建人民出版社，2007 年。

80. （宋）王明清撰：《投轄錄・玉照新志》，汪新森、朱菊如校點，上海：上海古籍出版社，1991 年。

81. （宋）王伯大重編：《別本韓集考異》，文津閣《四庫全書》第 358 冊。

82. （宋）歐陽守道撰：《巽齋文集》，文津閣《四庫全書》第 395 冊。

83. （宋）何夢桂撰：《潛齋集》，文津閣《四庫全書》第 397 冊。

84. （宋）晁說之撰：《景迁生集》，文津閣《四庫全書》第 373 冊。

85. （宋）秦九韶撰：《數學九章》，文津閣《四庫全書》第 264 冊。

86. （宋）吳自牧撰：《夢粱錄》，文津閣《四庫全書》第 195 冊。

87. （宋）劉弇撰：《龍雲集》，文津閣《四庫全書》第 374 冊。

88. （宋）李新撰：《跨鼇集》，文津閣《四庫全書》第 375 冊。

89. （宋）呂南公撰：《灌園集》，文津閣《四庫全書》第 375 冊。

90. （宋）朱松撰：《韋齋集》，文津閣《四庫全書》第 378 冊。

91. （宋）王庭珪撰：《廬溪文集》，文津閣《四庫全書》第 379 冊。

92. （宋）汪應辰撰：《文定集》，文津閣《四庫全書》第 380 冊。

93. （宋）周紫芝撰：《太倉稊米集》，文津閣《四庫全書》第 381 冊。

94. （宋）曾丰撰：《緣督集》，文津閣《四庫全書》第 386 冊。

95. （宋）趙彥衛撰：《雲麓漫鈔》，文津閣《四庫全書》第 286 冊。

96. （宋）張端義撰：《貴耳集》，文津閣《四庫全書》第 286 冊。

97. （宋）謝伯採撰：《密齋筆記》，文津閣《四庫全書》第 286 冊。

98. （宋）陳郁撰：《藏一話腴》，文津閣《四庫全書》第 286 冊。

99. （宋）陳傑撰：《自堂存稿》，文津閣《四庫全書》第 297 冊。

100. （宋）佚名撰：《州縣提綱》，文津閣《四庫全書》第 199 冊。

101. （宋）文天祥撰：《文山集》，文津閣《四庫全書》第 395 冊。

102. （宋）李元弼撰：《作邑自箴》，《續修四庫全書》第 753 冊。

103. （宋）呂午撰：《竹坡類稿》，《續修四庫全書》第 1320 冊。

104. （宋）張杲撰：《醫說》，上海：上海科學技術出版社，1984 年。

105. （宋）吳曾撰：《能改齋漫錄》，上海古籍出版社，1979 年。

106. 《宋大詔令集》，北京：中華書局，1977 年。

107. （宋）袁文撰：《甕牖閒評》，《叢書集成初編》，北京：中華書局，1985 年。

108. （宋）佚名撰：《愛日齋叢鈔》，《叢書集成初編》，北京：中華書局，1985 年。

109. （宋）袁采撰：《袁氏世範》，北京：北京圖書館出版社，2003 年。

110. （宋）鄭樵撰：《通志二十略》，北京：中華書局，1995 年。

111. （宋）黎清德編：《朱子語類》，王星賢點校，北京：中華書局，1986 年。

112. （宋）李昉等輯：《太平御覽》，北京：中華書局，1960 年。

113. （宋）程大昌撰：《演繁露》，《四庫提要著錄叢書》，北京：北京出版社，2011 年。

114. （宋）費袞撰：《梁溪漫志》，金圓校點，宋元筆記小說大觀，上海：上海古籍出版社，2001 年。

115. （宋）莊綽、（宋）張端義撰：《雞肋編·貴耳集》，李保民校點，上海：上海古籍出版社，2012 年。

116. （宋）志磐撰：《佛祖統紀校注》，釋道法校注，上海：上海古籍出版社，2012 年。

117. （宋）許叔微著、（清）葉天士注：《類證普濟本事方釋義》，張麗娟、林晶點校，北京：中國中醫藥出版社，2012 年。

118. （宋）惠洪撰：《冷齋夜話》，李保民校點，宋元筆記小説大觀，上海：上海古籍出版社，2001 年。

119. （宋）葉夢得撰：《避暑錄話》，徐時儀校點，宋元筆記小説大觀，上海：上海古籍出版社，2001 年。

120. （宋）岳珂撰：《桯史》，吳企明點校，北京：中華書局，1981 年。

121. （宋）陳耆卿撰：《嘉定赤城志》，《宋元方志叢刊》，北京：中華書局，1996 年。

122. （宋）王觀國、（宋）羅璧撰：《學林‧識遺》，王建、田吉校點，長沙：嶽麓書社，2010 年。

123. （宋）晁補之撰：《濟北晁先生雞肋集》，《四庫提要著錄叢書》，北京：北京出版社，2011 年。

124. （宋）鄭樵撰：《通志二十略》，王樹民點校，北京：中華書局，1995 年。

125. （宋）陳振孫撰：《直齋書錄解題》，《宋元明清書目題跋叢刊》（第一冊），北京：中華書局，2006 年。

126. （宋）晁公武撰、孫猛校證：《郡齋讀書志校證》，上海：上海古籍出版社，1990 年。

127. （宋）朱熹集注：《詩集傳》，上海：上海古籍出版社，1980 年。

128. （宋）朱熹撰：《朱子全書》，朱傑人、嚴佐之、劉永翔主編，上海：上海古籍出版社、合肥：安徽教育出版社，2002 年。

129. （宋）陳元靚撰：《事林廣記》，北京：中華書局，1999 年。

130. （宋）王應麟輯：《玉海》，揚州：廣陵書社，2003 年。

131. 程毅中輯注：《宋元小説家話本》，濟南：齊魯書社，2000 年。

132. 丁傳靖輯：《宋人軼事彙編》，北京：中華書局，1981 年。

133. （宋）佚名撰：《新編分門古今類事》，《叢書集成初編》，北京：中華書局，1985 年。

134. （宋）釋曇瑩等撰：《珞琭子賦注》，文淵閣《四庫全書》第 809 冊，上海：上海古籍出版社，2007 年。

135. 《徐氏珞琭子三命消息賦注》，文淵閣《四庫全書》第 809 冊。

136. （宋）廖中著：《五行精紀》，鄭同點校，北京：華齡出版社，2010 年。

137. 《李虛中命書》，文津閣《四庫全書》第 268 冊。

138. 《三命指迷賦》，文淵閣《四庫全書》第 809 冊。

139. 《玉照定眞經》，文淵閣《四庫全書》第 809 冊。

140. 楊景磐：《玉照定眞經白話例題解》，鄭州：中州古籍出版社，1994 年。

141. 蘇衛國評注：《玉照定眞經評注》，香港：中國哲學文化協進會，2000 年。

142. （宋）徐大升編：《子平三命通變淵源》，韓國首爾大學圖書館縮微文本。

143. （元）馬端臨撰：《文獻通考》，北京：中華書局，2011 年。

144. （元）脫脫等撰：《宋史》，北京：中華書局，1977 年。

145. （元）脫脫等撰：《金史》，北京：中華書局，1975 年。

146. （元）鄭思肖撰：《鄭所南先生文集》，《續修四庫全書》第 1320 冊，上海：上海古籍出版社，2002 年。

147. （元）吳澄撰：《吳文正集》，文津閣《四庫全書》第 400 冊。

148. （元）王沂撰：《伊濱集》，文津閣《四庫全書》第 403 冊。

149. （元）吳萊撰：《淵穎集》，文津閣《四庫全書》第 404 冊。

150. （元）舒頔撰：《貞素齋集》，文津閣《四庫全書》第 406 冊。

151. （元）陳基撰：《夷白齋集》，文津閣《四庫全書》第 408 冊。

152. （元）宋禧撰：《庸庵集》，文津閣《四庫全書》第 408 冊。

153. （元）陶宗儀撰：《輟耕錄》，文津閣《四庫全書》第 346 冊。

154. （元）陶宗儀等編：《說郛三種》，上海：上海古籍出版社，1988 年。

155. （明）宋濂撰：《文憲集》，文津閣《四庫全書》第 409 冊。

156. （明）朱存理編：《珊瑚木難》，文津閣《四庫全書》第 270 冊。

157. （明）徐𤊹撰：《徐氏筆精》，文津閣《四庫全書》第 283 冊。

158. （明）王世貞撰：《弇州四部稿》，文津閣《四庫全書》第 428 冊。

159. （明）張萱撰：《疑耀》，《四庫提要著錄叢書》，北京：北京出版社，2011 年。

160. （明）李欽增補：《刻京臺增補淵海子平大全》，萬曆庚子年（1600）喬山堂劉龍田梓，臺北國家圖書館影印本。

161. （明）陳邦瞻撰：《宋史紀事本末》，北京：中華書局，1977 年。

162. （明）唐錦池編：《新刊合併官版音義評注淵海子平》，李峰注解，海口：海南出版社，2002 年。

163. （明）楊士奇撰：《文淵閣書目》，《宋元明清書目題跋叢刊》（第四冊），北京：中華書局，2006 年。

164. （明）董其昌撰：《玄賞齋書目》，《宋元明清書目題跋叢刊》（第五冊），北京：中華書局，2006 年。

165. （明）陳第撰：《世善堂藏書目錄》，《宋元明清書目題跋叢刊》（第五冊），北京：中華書局，2006 年。

166. （明）焦竑撰：《國史經籍志》，《宋元明清書目題跋叢刊》（第五冊），北

京：中華書局，2006 年。

167. （明）葉盛撰：《菉竹堂書目》，《叢書集成初編》，北京：中華書局，1985年。

168. （明）戴冠撰：《濯纓亭筆記》，《續修四庫全書》第 1170 冊。

169. （明）劉玉記：《已瘧編》，《叢書集成初編》，北京：中華書局，1985 年。

170. （明）萬民英撰：《三命通會》，陳明、王勝恩注釋，北京：中醫古籍出版社，2008 年。

171. （明）萬民英撰：《三命通會》，文津閣《四庫全書》第 268 冊。

172. （明）張介賓著：《類經圖翼》，人民衛生出版社，1965 年。

173. （清）丁丙撰：《善本書室藏書志》，《宋元明清書目題跋叢刊》（第九冊），北京：中華書局，2006 年。

174. （清）瞿鏞撰：《鐵琴銅劍樓藏書目錄》，《宋元明清書目題跋叢刊》（第十冊），北京：中華書局，2006 年。

175. （清）錢曾原著、（清）管庭芬、（清）章鈺校證、傅增湘批註、馮惠民整理：《藏園批註讀書敏求記校證》，北京：中華書局，2012 年。

176. （清）葉德輝著：《葉德輝文集》，印曉峰點校，上海：華東師範大學出版社，2010 年。

177. （清）翟灝撰：《通俗篇》，顏春峰點校，北京：中華書局，2013 年。

178. （清）永瑢等撰：《四庫全書總目》，北京：中華書局，1965 年。

179. （清）紀昀著：《閱微草堂筆記》，上海：上海古籍出版社，2010 年。

180. （清）錢大昕撰：《潛研堂集》，上海：上海古籍出版社，2009 年。

181. （清）潘永因編：《宋稗類鈔》，劉卓英點校，北京：書目文獻出版社，1985 年。

182. （清）王道亨編纂、（清）王洪緒著：《卜筮正宗》，北京：中醫古籍出版社，2010 年。

183. （清）沈孝瞻撰：《子平眞詮評注》，徐樂吾評注，臺北：武陵出版社，1986 年。

184. （清）陳啓沅著：《理氣溯源》，《晚清四部叢刊》（第八編）第 70 冊，臺中：文聽閣圖書公司，2012 年。

185. 徐樂吾評注：《造化元鑰》，香港：上海印書館，1980 年。

186. 徐樂吾評注：《滴天髓徵義》，臺北：武陵出版社，1991 年。

187. 徐樂吾評注：《滴天髓補注》，臺北：武陵出版社，1993 年。

188. 梁湘潤注：《李虛中命書》，臺北：武陵出版社，1985 年。

189. 梁湘潤注：《滴天髓・子平眞詮今注》，臺北：行卯出版社，2000 年。

190. 李鐵筆注：《滴天髓輯要評注》，臺北：益群書店，1998 年。

191. 李鐵筆著：《子平眞詮評注》，臺北：益群書店，1999 年。

192. （清）沈孝瞻著：《子平眞詮評注》，徐樂吾評注，趙嘉寧注譯，北京：中醫古籍出版社，2012 年。

193. （清）沈孝瞻、（清）陳素庵著：《子平眞詮·命理約言》，鄭同點校，北京：華齡出版社，2010 年。

194. 徐樂吾評注：《窮通寶鑒評注》，孫正治注譯，北京：中醫古籍出版社，2012 年。

195. 孫正治注譯：《滴天髓闡微》，北京：中醫古籍出版社，2012 年。

二、專著類

1. 陳寅恪著：《金明館叢稿二編》，北京：生活·讀書·新知三聯書店，2009 年。

2. 張家駒著：《兩宋經濟重心的南移》，武漢：湖北人民出版社，1957 年

3. 陳垣著：《二十史朔閏表》，北京：中華書局，1962 年。

4. （日）島邦男著：《殷墟卜辭綜類》，東京：汲古書院，1971 年。

5. 余嘉錫著：《四庫提要辯證》，北京：中華書局，1980 年。

6. 劉國鈞著：《中國書史簡編》，北京：書目文獻出版社，1982 年。

7. 錢寶琮著：《錢寶琮科學史論文選集》，北京：科學出版社，1983 年。

8. 屈萬里著：《先秦漢魏易例述評》，臺北：臺灣學生書局，1985 年。

9. 范毓周著：《甲骨文》，北京：人民出版社，1986 年。

10. 北京圖書館編：《北京圖書館古籍善本書目》，北京：書目文獻出版社，1989 年。

11. 陳永正編：《中國方術大辭典》，廣州：中山大學出版社，1991 年。

12. 張明喜著：《神秘的命運密碼》，上海：上海三聯書店，1992 年。

13. 周寶珠著：《宋代東京研究》，開封：河南大學出版社，1992 年。

14. 姚瀛艇主編：《宋代文化史》，開封：河南大學出版社，1992 年。

15. 程民生著：《宋代地域經濟》，開封：河南大學出版社，1992 年。

16. 徐道一著：《周易科學觀》，北京：地震出版社，1992 年。

17. 江曉原著：《歷史上的星占學》，上海：上海科技教育出版社，1995 年。

18. 江曉原著：《星占學與傳統文化》，桂林：廣西師範大學出版社，2004 年。

19. 李春棠著：《坊牆倒塌之後（宋代城市生活長卷）》，長沙：湖南出版社，1996 年。

20. 陸致極著：《八字命理新論》，臺北：益群書店，1996 年。

21. （法）伊麗莎白・泰西埃著：《大預測》，白巨譯，北京：作家出版社，1996 年。

22. 黃光璧著：《易學與科技》，瀋陽：瀋陽出版社，1997 年。

23. 張紹勳著：《中國印刷史話》，北京：商務印書館，1997 年。

24. 常玉芝著：《殷商曆法研究》，吉林文史出版社，1998 年。

25. 陸致極著：《八字與中國智慧》，臺北：益群書店，1998 年。

26. 陸致極著：《中國命理學史論》，上海：上海人民出版社，2008 年。

27. 陸致極著：《又一種「基因」的探索》，上海：上海人民出版社，2012 年。

28. 倪士毅著：《中國古代目錄學史》，杭州：杭州大學出版社，1998 年。

29. 朱瑞熙等編：《遼宋西夏金社會生活史》，北京：中國社會科學出版社，1998 年。

30. 鄭小江主編：《中國神秘術大觀》，南昌：百花洲文藝出版社，1999 年。

31. 劉國忠著：《五行大義研究》，瀋陽：遼寧教育出版社，1999 年。

32. 劉國忠著：《唐宋時期命理文獻初探》，哈爾濱：黑龍江人民出版社，2009 年。

33. 張榮明著：《方術與中國傳統文化》，北京：學林出版社，2000 年。

34. 胡文輝著：《中國早期方術與文獻叢考》，廣州：中山大學出版社，2000 年。

35. 黃正建著：《敦煌占卜文書與唐五代占卜研究》，北京：學苑出版社，2001 年。

36. （美）包弼德著：《斯文：唐宋思想的轉型》，劉寧譯，南京：江蘇人民出版社，2001 年。

37. 陳樂素著：《宋史藝文志考證》，廣州：廣東人民出版社，2002 年。

38. 張其凡著：《兩宋歷史文化概論》，廣州：廣東人民出版社，2002 年。

39. 羅家祥著：《朋黨之爭與北宋政治》，武漢：華中師範大學出版社，2002 年。

40. 葛金芳著：《中國經濟通史》（第五卷），長沙：湖南人民出版社，2002 年。

41. （美）伊佩霞著：《劍橋插圖中國史》，趙世瑜、趙世玲、張宏豔譯，濟南：山東畫報出版社，2002 年。

42. 陳振著：《宋史》，上海：上海人民出版社，2003 年。

43. 鄭學檬著：《中國古代經濟重心南移和唐宋江南經濟研究》，長沙：嶽麓書社，2003 年。

44. 王玉德、林立平等著：《神秘的術數——中國算命術研究與批評》，南寧：

廣西人民出版社，2003 年。

45. 王玉德著：《神秘的風水》，南寧：廣西人民出版社，2004 年。

46. 何麗野著：《八字易象與哲學思維》，北京：中國社會科學出版社，2004 年。

47. 盧央著：《京氏易傳解讀》，北京：九州出版社，2004 年。

48. 陸玉林著：《中國學術通史》（先秦卷），北京：人民出版社，2004 年。

49. 胡奇光著：《中國小學史》，上海：上海人民出版社，2005 年。

50. 趙益著：《古典術數文獻述論稿》，北京：中華書局，2005 年。

51. 吳松弟著：《中國人口史》（第 3 卷），上海：復旦大學出版社，2005 年。

52. 盧向前主編：《唐宋變革論》，合肥：黃山書社，2006 年。

53. 洪丕謨、姜玉珍著：《中國古代算命術》，上海：上海三聯書店，2006 年。

54. 李零著：《中國方術正考》，北京：中華書局，2006 年。

55. 李零著：《中國方術續考》，北京：中華書局，2006 年。

56. 黃雲鶴著：《唐宋下層士人研究》，石家莊：河北人民出版社，2006 年。

57. 游彪：《宋代特殊群體研究》，北京：商務印書館，2006 年。

58. 虞雲國主編：《宋代文化史大辭典》，上海：漢語大辭典出版社，2006 年。

59. 衛紹生著：《神秘與迷惘：中國古代方術闡釋》，鄭州：河南人民出版社，2006 年。

60. 張秀民著：《中國印刷史》，韓琦增訂，杭州：浙江古籍出版社，2006 年。

61. 郭彧編著：《京氏易源流》，北京：華夏出版社，2007 年。

62. 許老居著：《京氏易傳發微》，臺北：臺灣新文豐出版公司，2007 年。

63. 戚福康著：《中國古代書坊研究》，北京：商務印書館，2007 年。

64. 皮慶生著：《宋代民眾祠神信仰研究》，上海：上海古籍出版社，2008 年。

65. 祝尚書著：《宋代科舉與文學》，北京：中華書局，2008 年。

66. 林炳釗編著：《中國命理學研究》，香港：中國科學出版社，2008 年。

67. 蘇穎主編：《中醫運氣學》，北京：中國中醫藥出版社，2009 年。

68. 王居恭著：《術數入門——奇門遁甲與京氏易學》，北京：華齡出版社，2009 年。

69. 馮達文著：《中國古典哲學略述》，廣州：廣東人民出版社，2009 年。

70. 何忠禮著：《南宋科舉制度史》，北京：人民出版社，2009 年。

71. 李平君編著：《術士》，北京：中國社會出版社，2009 年。

72. 金瀅坤著：《中晚唐五代科舉與社會變遷》，北京：人民出版社，2009 年。

73. 容肇祖著：《占卜的源流》，北京：海豚出版社，2010 年。

74. 顧宏義、黃國榮著：《中國方術史話》，北京：中國國際廣播出版社，2010年。

75. 劉大鈞著：《納甲筮法講座》，桂林：廣西師範大學出版社，2010年。

76. 晏昌貴著：《簡帛數術與歷史地理論集》，北京：商務印書館，2010年。

77. 漆俠主編：《遼宋西夏金代通史》（宗教風俗卷），北京：人民出版社，2010年。

78. 葛金芳著：《兩宋社會經濟研究》，天津：天津古籍出版社，2010年。

79. （法）謝和耐著：《中國社會史》，黃建華、黃迅余譯，北京：人民出版社，2010年。

80. 陳詔著：《解讀〈清明上河圖〉》，上海：上海古籍出版社，2010年。

81. 王見川、皮慶生著：《中國近世民間信仰：宋元明清》，上海：上海人民出版社，2010年。

82. 林文勳著：《唐宋社會變革論綱》，北京：人民出版社，2011年。

83. 董向慧著：《中國人的命理信仰》，上海：上海人民出版社，2011年。

84. 劉樂賢著：《簡帛數術文獻探論》（增訂板），北京：中國人民大學出版社，2012年。

85. 楊新等著：《清明上河圖的故事》，北京：故宮出版社，2012年。

86. （美）黃仁宇著：《中國大歷史》，北京：生活・讀書・新知三聯書店，2008年。

87. 楊小敏著：《蔡京、蔡卞與北宋晚期政局研究》，北京：中國社會科學出版社，2012年。

88. 劉祥光著：《宋代日常生活中的卜算與鬼怪》，臺北：政大出版社，2013年。

89. 蔡亞平著：《讀者與明清時期通俗小說創作、傳播的關係研究》，廣州：暨南大學出版社，2013年。

90. 凌志軒著：《古代命理學研究：命理基礎》，廣州：中山大學出版社，2013年。

91. 凌志軒著：《古代命理學研究：命理格局》，廣州：中山大學出版社，2013年。

92. 袁樹珊著：《新命理探原》，北京：北京燕山出版社，2010年。

93. 韋千里著：《千里命稿》，鄭州：中州古籍出版社，1995年。

94. 徐樂吾著：《子平粹言》，臺北：武陵出版社，1998年。

95. 梁湘潤著：《大流年判例》，臺北：金剛出版有限公司，1986年。

96. 梁湘潤著：《命略本紀》，香港：中國哲學文化協進會，2000年。

97. 梁湘潤著：《金不換大運詳解》，香港：中國哲學文化協進會，2000 年。

98. 梁湘潤著：《子平基礎概要》，香港：中國哲學文化協進會，2000 年。

99. 梁湘潤著：《神煞探原》，臺北：行卯出版社，2003 年。

100. 吳懷雲著：《命理點睛》，臺北：希代書版，1985 年。

101. 何建忠著：《八字心理推命學》，臺北：希代書版，1985 年。

102. 陳品宏著：《預言命律正解》，臺南：大成出版社，1986 年。

103. 陳品宏著：《命理奧義》，臺北：金剛出版有限公司，1986 年。

104. 鍾義明著：《現代命理實用集》，臺北：武陵出版社，1993 年。

105. 鍾義明著：《現代命理與中醫》，臺北：武陵出版社，1993 年。

106. 鍾義明著：《現代破譯滴天髓》，臺北：武陵出版社，1997 年。

107. 徐樂吾、潘子瑞著：《命理一得・命學新義》，臺北：武陵出版社，1993 年。

108. 郭耀宗著：《四柱命理預測學》，鄭州：中州古籍出版社，1994 年。

109. 陳柏諭著：《四柱八字闡微與實務》，臺北：益群書店，1997 年。

110. 吳俊民著：《命理新論》，臺北：進源書局，2006 年。

111. 邵偉華著：《四柱預測學》，香港：明報出版社，1993 年。

112. 邵偉華著：《周易與預測學》，香港：明報出版社，1995 年。

三、論文類

1. 龐樸：《陰陽五行探源》，《中國社會科學》1984 年第 3 期。

2. （日）竺沙雅章：《陳摶與麻衣道者——「若水見僧」傳說之辯析》（原載《道教與宗教文化》，平和出版社，1987 年），張其凡譯，載於《歷史文獻與傳統文化》（第 2 集），廣州：廣東人民出版社，1992 年。

3. 張邦煒：《兩宋時期的社會流動》，《四川師範大學學報》（社會科學版）1989 年第 2 期。

4. 徐洪興：《占卜術與中國傳統文化散論》，《復旦學報》（社會科學版）1990 年第 3 期。

5. 吳彤：《中國古代正統史觀中的「科技」》，《內蒙古大學學報》（哲學社會科學版）1990 年第 4 期。

6. 張明喜：《中國術數文化發凡》，《社會科學》1992 年第 2 期。

7. 楊曉紅：《宋代占卜與宋代社會》，《四川師範大學學報》（社會科學版）2002 年第 3 期。

8. 楊金梅：《「俗化」視野中的宋代文人及其詞的創作》，《上海大學學報》2002 年第 5 期。

9. 馮勤：《北宋士民文化的勃興及其與士大夫審美趨向的轉化》,《西南民族學院學報》2002 年第 12 期。

10. 張涅：《五行說由經驗性認識向先驗信念的異變》,《中國哲學史》2002 年第 2 期。

11. 劉旭東：《宋代術數芻議》,《重慶師院學報》(哲學社會科學版) 2003 年第 1 期。

12. 劉長東：《本命信仰考》,《四川大學學報》(哲學社會科學版) 2004 年第 1 期。

13. 金霞：《略論魏晉南北朝時期「占卜」的基本表現與社會影響》,《內蒙古社會科學》2004 年第 3 期。

14. 劉國忠：《中國古代數術研究綜論》,《湖南科技學院學報》2005 年第 3 期。

15. 劉祥光：《兩宋士人與卜算文化的成長》,蒲慕州主編：《鬼魅神魔：中國通俗文化側寫》,臺北：麥田出版,2005 年。

16. 郭學信：《宋代俗文化發展探源》,《西北師大學報》2005 年第 5 期。

17. 張濤：《錢大昕的易學成就》,載《易學與儒學國際學術研討會論文》,2005 年。

18. 張文智：《八字易象與哲學思維》,《周易研究》2006 年第 1 期。

19. 何麗野：《八字易象與〈周易〉卦象的源流關係》,《周易研究》2006 年第 3 期。

20. 劉雲超：《易學與術數辨析》,《周易研究》2006 年第 4 期。

21. 郭學信：《宋代士大夫生活世俗化探析》,《歷史教學》2007 年第 1 期。

22. 郭友亮：《宋代文人士大夫占卜活動探析》,《社科縱橫》2008 年第 3 期。

23. 郭友亮：《宋代皇帝的占卜活動與占卜術的影響》,《求索》2008 年第 6 期。

24. 鮑新山：《論宋代的占相算命之風》,《青海師範大學學報》(哲學社會科學版) 2008 年第 6 期。

25. 史少博：《中國大陸對古代術數研究缺失問題》,《社會科學論壇》2008 年第 11 期。

26. 劉國忠：《徐子平相關問題辯證》,《東嶽論叢》2009 年第 5 期。

27. 劉婷婷：《「衰世多信鬼」——宋季士大夫與相士交往詩文透視》,《文學遺產》2009 年第 6 期。

28. 劉祥光：《宋代にぉける卜算書籍の流通》,《中國-社會と文化》2010 年 7 月第二十五號。

29. 董向慧：《徐子平與「子平術」考證——兼與劉國忠先生商榷》,《東嶽論

叢》2011 年第 2 期。

30. 田建平：《書價革命：宋代書籍價格新考》，《河北大學學報》（哲學社會科學版）2013 年第 5 期。

31. 程佩：《宋代古法時期命理文獻中的正五行考》，《湖北民族學院學報》（哲學社會科學版）2013 年第 2 期。

32. 程佩、張其凡：《近百年來中國命理學研究述評》，《甘肅社會科學》2013 年第 5 期。

33. 張文智：《從出土文獻看京房「六十律」及「納甲」說之淵源》，《周易研究》2015 年第 5 期。

34. 林碩：《納音術形成時間考》，《中國道教》2017 年第 1 期。

四、未刊學位論文

1. 彭華：《陰陽五行研究》（先秦篇），華東師範大學 2004 年博士學位論文。

2. 歐陽秀敏：《宋代占卜風氣中的士人行為與心態研究》，福建師範大學 2010 年碩士學位論文。

3. 顧紹勇：《蔡卞研究》，河北大學 2007 年碩士學位論文。